사자성어500 이야기

KB162306

이광호 편저

(주)세원문화사

머리말

    단 한 권의 책도 스스로 사본 적 없는 시골 초등학교 시절, 서울 사는 누이가 고구려, 백제, 신라의 삼국지 만화 시리즈를 사주셨다. 너무 재미있어 내용을 다 암기할 정도로 읽고 또 읽었다. 도회지 고등학교 시절, 함께 살던 큰 누이 댁 책장의 박종화 삼국지, 한국사, 세계사 전집을 밤을 새워가며 읽었다.

    내가 사자성어와 역사에 흥미를 느낀 건 그 때부터였다. 특히 박종화님의 웅장하고 화려한 필체의 삼국지는 큰 감동이었다. 유비, 관우, 장비가 만나 의형제를 맺는 도원결의, 적벽대전의 승패를 가른 주유와 황개의 고육지계, 제갈량과 사마의가 명운을 걸고 난형난제의 지략 대결을 벌이는 장계취계. 마치 작정하고 쓴 듯 셀 수 없을 정도의 사자성어가 나오는 명문이었다. 50년 가까이 지난 지금도 그 순간 벅차올랐던 감동이 아직 생생하다.

    금년 8월, 41년 6개월의 교직생활을 정리하고 정년퇴직을 한다. 평교사로 21년, 장학사 · 교감 · 교장의 관리자로 20년 6개월 교단생활을 하며 욕심을 많이 부렸다. 초등교육을 하면서 사회체육으로 석사, 평생교육으로 박사학위를 받았다. 교사시절 다양한 형태의 체육활동이 자율과 책임, 협동과 준법 등 인성 함양과 창의력 신장에 효과적이라는 신념이 있었다. '놀이하는 인간'이란 뜻의 호모루덴스. 성인은 물론 학생들도 호모루덴스다. 학교 밖 사회체육으로 학교 안 호모루덴스들을 즐겁게 해 주고자 끊임없이 노력했다.

    작년 코로나19로 학교도 제대로 못다니고 졸업하는 학생들이 안타까웠다. 힘들었을 졸업생들에게 특별한 선물로 격려를 해 주고 싶었다. 나의 유년기와는 다른 환경에서 사는 그들에게 필요한 것은 무엇일까? 고민하는 중에 사자성어가 떠오른 건 우연이 아닐 것이다. 내 청소년기를 밝혀준 소중한 경험을 선물하고 싶었고, 분명 도움이 될 거라 믿었다.

    사자성어를 익히기 위해서는 일상생활에서 자연스럽게 활용할 수 있는 예문이 필요하다. 하지만 잘 만든 예문일지라도 자칫 지루하게 느껴질 수 있다. 호모루덴스들을 위하여 놀이 형식으로 만들 수는 없을까? 고민 끝에 중국 고대사로 퀴즈 형식의 예문을 만들었다. 호모루덴스들에겐 퀴즈풀이도 놀이다.

그런데 왜 한국사가 아니고 하필 우리와 역사 갈등을 겪는 중국사인가? 많은 고사성어가 중국의 고대사에서 유래했기 때문이었지만 집필 기간 내내 아쉬움이 컸다. 말미에 현재 중국에서 벌이는 역사왜곡인 동북공정을 다루며 위안을 삼았다.

일상생활에서 사자성어가 왜 필요할까?

사자성어에는 인간 삶의 다양한 모습이 담겨있다. 옛사람들의 지혜와 충고도 들어있다. 사춘기를 보내며 인생관, 세계관이 정립되는 중고생들이 지치고 힘들 때, 위기라고 느낄 때 상황별로 되새겨 보는 사자성어는 큰 도움이 될 것이다. 성인들도 예외는 아니다. 오히려 인생 경험이 많은 성인들이 사자성어에 더 관심이 많다. 인간, 세상, 정치, 위기, 승부, 성공 등 이 책에서 분류한 7가지 주제와 무관한 삶을 산 이들은 거의 없기 때문이다.

또한 사자성어는 사고와 언어, 교양과 인격 수준을 높이는 데에도 도움이 된다. 인격 수준은 사고의 폭과 깊이에 달려 있고 사고는 언어와 문장으로 표현된다. 어른이라면 누구나 생각한 것을 말이나 글로 잘 표현할 수 없어 답답했던 경험이 있을 것이다. 지적 호기심이 충만한 시기의 청소년들 또한 마찬가지이다. 그럴 때 사자성어보다 더 효과적인 표현 수단이 있을까? 특히 마지막 주제인 '어휘력 향상'의 성어를 일상생활에서 자연스럽게 구사할 수 있다면 읽는 이의 언어 수준은 최고가 될 것으로 믿는다.

힘든 작업이었지만 도와주시는 분들이 많아 항상 마음 든든했습니다. 특히 원고 수정을 도와 준 대학동기 고재홍, 오길상 교장선생님과 문예창작을 전공한 딸 나래. 이분들 덕분에 많은 격려와 도움이 되었습니다. 감사합니다. 집필 기간 내내 주말에도 쉼 없는 작업에 불평 한마디 안하고 묵묵히 내조해준 아내. 고맙고 사랑합니다. 졸고임에도 반듯한 책자로 출간해 주신 (주)세원문화사 김기열 대표님께도 진심으로 감사드립니다.

2021. 7월 중 편저자

차례

- 사자성어의 유래와 사자성어의 뜻 등 장 별로 필요한 안내 사항은 각각의 앞머리에 따로 제시하였다. 여기서 제시하는 일러두기는 책의 내용 전체에 해당하는 것이다.

- 본 책에서 다루는 사자성어는 500개이다

- 모든 사자성어는 뜻(의미)에 따라 7개의 대주제와 이를 자세하게 구분한 30개의 소주제로 분류하여 범주화시켰다. (범주화: 비슷한 성질의 것들을 일정한 기준에 따라 몇 개의 종류로 묶음)

- 하나의 사자성어의 뜻이 여러 개의 주제에 해당되는 경우 가장 적합한 하나의 주제로만 분류하였다.

- 「사자성어 뜻풀이」의 제시 순서는 주제별 가나다순으로 하였다.

- 공무원 시험에 출제되었던 사자성어 256개를 뜻풀이에 횟수와 함께 제시하였다.

- 찾고자 하는 사자성어가 본 책에 실려 있는지의 여부를 쉽게 확인할 수 있도록 부록에 전체 가나다순 목록을 제시하였다.

- 「유래가 있는 사자성어」는 105개를 선정하였다.

- 사자성어는 일상생활 속에서 실제 사용을 해야 암기가 쉽다. 중국고대사를 사자성어로 풀어 쓰고 이를 퀴즈로 풀도록 하여 일상생활에서 사용하는 예문의 효과를 기대하였다.

- 위 「사자성어 퀴즈」에서는 현재 중국에서 진행되고 있는 우리나라 고대사의 중국역사 편입, 즉 동북공정의 내용도 다루었다.

- 도가사상과 불교 관련 사자성어는 읽는 이에 따라 이해가 어려울 수 있으므로 본문이 아닌 〈부록 1과 2〉에서 별도로 다루었다.

- 사자성어의 뜻풀이를 위한 「사자성어500」 속 한자의 해석 구조를 분석하여 공통적인 특징을 〈부록3〉에 제시하였다.

사자성어500 이야기

주제별 사자성어

1. 인생과 교훈

1-1 힘들고 가난한 삶 1~19 *번호는「사자성어의 뜻풀이」순서임.

간난고초, 간어제초 유래 3, 고군분투, 고립무원, 근근득생, 남부여대, 문전걸식, 사고무친, 사면초가 유래 49, 적수공권, 진퇴양난, 천신만고, 첩첩산중, 초근목피, 파란만장, 폐포파립, 풍찬노숙, 혈혈단신, 호구지책

1-2 즐겁고 행복한 삶 20~39

강호지락, 고량진미, 고복격양, 군자삼락, 금슬지락, 금의환향 유래 18, 금지옥엽, 단사표음 유래 24, 단표누항, 무릉도원 유래 37, 문전성시, 문전옥답, 빈이무원, 산해진미, 안분지족, 안빈낙도, 음풍농월, 죽장망혜, 천석고황 유래 87, 함포고복

1-3 효도와 그리움 40~45

망운지정 유래 34, 반포지효 유래 40, 수구초심, 육적회귤 유래 73, 풍수지탄 유래 96, 혼정신성 유래 103

1-4 뜻밖의 행운 46~56

가롱성진, 견토지쟁 유래 6, 고목생화, 망양득우, 무주공산, 방휼지쟁 유래 41, 어부지리 유래 41, 일거양득, 일석이조, 천우신조, 천재일우

1-5 인생의 교훈 57~77

과공비례, 과유불급, 교각살우, 교왕과직, 구화지문, 권불십년, 근묵자흑, 남가일몽 유래 19 , 노생지몽 유래 22 , 당랑규선 유래 26 , 망양보뢰 유래 33 , 맥수지탄 유래 35 , 백구과극 유래-도가 6 , 사불급설, 소탐대실, 욕속부달, 인명재천, 인자무적, 인중유화, 일장춘몽, 적선여경

2. 인간의 품격

2-1 여자와 남자 78~89

가인박명, 갑남을녀, 경국지색, 단순호치, 선남선녀, 옥골선풍, 요조숙녀, 장삼이사, 초동급부, 필부필부, 헌헌장부, 화용월태

2-2 훌륭한 인간 90~128

• **2-2-1 충절과 지조** 90~103

견리사의, 견위치명, 공명정대, 극기복례, 대도무문, 대의멸친, 독야청청, 동호지필 유래 29 , 멸사봉공, 살신성인 유래 51 , 선공후사, 설중송백, 일편단심, 파사현정

• **2-2-2 용기와 절제** 104~112

겸양지덕, 겸인지용, 내유외강, 등고자비, 모수자천 유래 20 , 외유내강, 호시우보, 호연지기, 화이부동

• **2-2-3 뛰어난 능력** 113~128

개세지재, 군계일학, 낭중지추 유래 20 , 동량지재, 명론탁설, 명불허전, 무소불위, 박학다식, 용사비등, 일사천리, 일취월장, 일필휘지, 청산유수, 촌철살인 유래 불교 8 , 팔방미인, 현하구변

2-3   부족한 인간 `129~173`

• **2-3-1 경솔하고 오만함** `129~142`

견강부회, 경거망동, 과대망상, 당랑거철 `유래 25`, 마이동풍, 방약무인, 수수방관, 아전인수, 안하무인, 오만방자, 오불관언, 우이독경, 주마간산, 천방지축

• **2-3-2 어리석고 게으름** `143~158`

각주구검 `유래 1`, 격화소양, 군맹무상, 금의야행 `유래 18`, 노승발검, 동족방뇨, 무위도식, 미생지신 `유래 39`, 배중사영, 부화뇌동, 수주대토 `유래 62`, 앙천이타, 연목구어, 오우천월 `유래 66`, 취생몽사, 풍성학려 `유래 95`

• **2-3-3 무지하고 모자람** `159~173`

구상유취 `유래 16`, 동문서답, 망양지탄 `유래-도가 1`, 무골호인, 무지몽매, 박이부정, 백면서생 `유래 45`, 불식태산 `유래 46`, 수서양단 `유래 60`, 숙맥불변, 우유부단, 자격지심, 좌고우면, 좌정관천, 중언부언

2-4   나쁜 인간 `174~190`

곡학아세 `유래 10`, 교언영색, 구밀복검 `유래 15`, 면장우피, 면종복배, 문전박대, 소리장도 `유래 58`, 배은망덕, 염량세태, 인면수심, 지록위마 `유래 86`, 초요과시 `유래 90`, 포악무도, 표리부동, 호가호위 `유래 102`, 혹세무민, 후안무치

3. 세상과 정치

3-1 만남과 사귐 191~209

각골난망, 간담상조 유래 2 , 견원지간, 결초보은 유래 7 , 경이원지, 관포지교 유래 12 , 금란지교, 동병상련, 막역지우, 문경지교 유래 38 , 백골난망, 상마지교, 상부상조, 수어지교 유래 61 , 순망치한 유래 63 , 십시일반, 유유상종, 죽마고우 유래 84 , 초록동색

3-2 공허한 논쟁 210~218

가담항설, 갑론을박 유래 4 , 공리공론, 묘항현령 유래 36 , 백가쟁명 유래 43 , 설왕설래, 유언비어, 중구난방, 탁상공론

3-3 정치와 사회 219~237

강구연월, 개국공신, 경세제민, 권선징악, 논공행상, 덕업상권, 보국안민, 부국강병, 삼강오륜 유래 52 , 소급적용, 수렴청정, 신상필벌, 이목지신 유래 75 , 이합집산, 일등공신, 적재적소, 적폐청산, 태평성대, 흑묘백묘 유래 105

3-4 나쁜 정치 238~246

가렴주구, 강목수생, 골육상쟁, 구미속초 유래 14 , 시위소찬 유래 64 , 조령모개, 조변석개, 주지육림 유래 83 , 탐관오리

4. 위기와 반전

4-1 위기와 불안 247~266

고심참담, 기호지세, 내우외환, 노심초사, 누란지세, 망연자실, 백척간두, 오리무중, 일촉즉발, 자중지란, 전전긍긍, 전전반측, 전호후랑, 절체절명, 좌불안석, 중과부적, 천학지어 유래-도가 7 , 초미지급, 풍전등화, 혼비백산

4-2 위기탈출의 지혜 267~283

각자도생, 견마지로, 결자해지, 계명구도 유래 9 , 궁여지책, 발본색원, 백절불굴, 분골쇄신, 사석위호 유래 50 , 심기일전, 암중모색, 요지부동, 은인자중, 임기응변, 조삼모사 유래 82 , 쾌도난마 유래 91 , 허심탄회

4-3 운명과 반전 284~297

개과천선, 계란유골 유래 8 , 고진감래, 기사회생, 사필귀정, 새옹지마 유래 56 , 오비이락, 인과응보, 자가당착 유래 불교 6 , 자승자박, 자업자득, 전화위복, 호사다마, 회자정리

5. 공부와 성공

5-1 공부와 성공 298~310

금과옥조, 대기만성, 불간지서, 수불석권 유래 59 , 온고지신, 위편삼절 유래 71 , 입신양명, 자고현량 유래 78 , 절차탁마 유래 80 , 주경야독, 한우충동, 형설지공 유래 101 , 화룡점정 유래 104

5-2　우직한 노력 `311~320`

각고면려, 경당문노, 마부위침 `유래 31`, 불광불급, 불치하문, 수적천석, 심사숙고, 우공이산 `유래 69`, 초지일관, 칠전팔기

5-3　무언의 가르침 `321~330`

교학상장, 단기지계 `유래 23`, 동성이속, 반면교사, 삼천지교 `유래 54`, 이심전심, 일벌백계, 줄탁동시 `유래 불교 7`, 청출어람 `유래 89`, 후생가외

6. 승부와 전쟁

6-1　처절한 승부 `331~343`

건곤일척 `유래 5`, 군웅할거, 권모술수, 난공불락, 백중지세, 사생결단, 오합지졸 `유래 67`, 용호상박, 이전투구, 일진일퇴, 임전무퇴, 적자생존, 파죽지세 `유래 94`

6-2　철저한 준비 `344~355`

권토중래 `유래 5`, 대의명분, 도광양회 `유래 27`, 도원결의 `유래 28`, 백의종군, 비육지탄 `유래 48`, 삼고초려 `유래 53`, 오월동주 `유래 68`, 와신상담 `유래 68`, 유비무환 `유래 72`, 절치부심, 호시탐탐

6-3　전술과 전략 `356~366`

공피고아 `유래 11`, 배수지진 `유래 42`, 성동격서 `유래 57`, 원교근공 `유래 70`, 읍참마속 `유래 74`, 이이제이, 장계취계, 파부침선 `유래 93`, 합종연횡 `유래 98`, 허장성세 `유래 99`, 허허실실 `유래 100`

6-4   패자의 운명 367~380

낙화유수, 멸문지화, 목불인견, 삭탈관직, 시산혈해, 아비규환 유래 불교 4 , 약육강식, 일망타진 유래 76 , 일패도지 유래 77 , 지리멸렬, 추풍낙엽, 토사구팽 유래 92 , 패가망신, 풍비박산

7. 어휘력 향상

7-1   단호한 표현 381~393

거두절미, 금시초문, 기왕지사, 단도직입, 명약관화, 불문곡직, 시종일관, 언감생심, 언어도단, 이실직고, 인지상정, 전대미문, 전인미답

7-2   삶의 희로애락 394~410

격세지감, 대갈일성, 대경실색, 대오각성, 만사휴의 유래 32 , 만시지탄, 박장대소, 분기충천, 불구대천, 비분강개, 앙앙불락, 앙천대소, 천인공노, 청천벽력, 파안대소, 포복절도, 학수고대

7-3   빗대는 표현 411~427

각곡유목, 각자무치, 갈이천정, 견물생심, 고장난명, 노마지지 유래 21 , 백년하청 유래 44 , 백전노장, 언중유골, 오비삼척, 우수마발, 우후죽순, 일어탁수, 일엽지추, 천의무봉 유래 88 , 타산지석, 함흥차사 유래 97

7-4　비교하는 표현 `428~445`

감언이설, 감탄고토, 난형난제, 대동소이, 동가홍상, 비몽사몽, 사소취대, 수원수구, 시시비비, 양두구육 `유래 65`, 어두육미, 외화내빈, 용두사미 `유래 불교 3`, 유구무언, 유명무실, 이구동성, 일구이언, 재승박덕

7-5　거듭되는 표현 `446~464`

경천동지, 금상첨화, 능소능대, 다다익선, 동분서주, 득롱망촉 `유래 30`, 산전수전, 설상가상, 승승장구, 심모원려, 우여곡절, 욱일승천, 유일무이, 일파만파, 점입가경 `유래 81`, 주마가편, 천태만상, 환골탈태, 황당무계

7-6　과장된 표현 `465~482`

괄목상대 `유래 13`, 구사일생, 구우일모, 급전직하, 기고만장, 기상천외, 무아도취, 빙산일각, 사상누각, 소극침주, 오매불망, 일기당천, 전광석화, 창해일속, 천려일실, 천양지차, 천편일률, 침소봉대

7-7　역설적인 표현 `483~500`

굴화위지 `유래 17`, 노이무공, 동공이곡, 동상이몽, 등하불명, 본말전도, 불원천리 `유래 47`, 상전벽해 `유래 55`, 식자우환, 양약고구, 역지사지, 이열치열, 이율배반, 임중도원, 적반하장, 주객전도, 충언역이, 하석상대

Ⅱ 사자성어의 유래

일러두기

- 사자성어에 쓰인 한자들은 여러 가지 훈(뜻)과 음이 있으나, 여기서는 사자성어에 해당하는 훈(뜻)과 음만 나타내었다.
- 직역은 한자 그대로의 뜻이고 의역은 실제로 쓰이는 뜻이다.
- 인명(사람 이름)이나 지명은 훈과 음이 의미가 없는 경우 생략하고 그대로 '사람 이름', '지명', '나라 이름' 등으로 표기하였다.
- 훈과 음만으로 직역이 어려운 경우 실제로 쓰이는 낱말의 뜻을 훈과 음 아래에 추가로 제시하였다.
- 사자성어에 관련된 예문을 1~2개 제시하였다.

1. 각주구검(刻舟求劍)

- 훈과 음: 새길 각(刻) · 배 주(舟) · 구할 구(求) · 칼 검(劍)
- 직역/의역: 배에 새기어 칼을 구함 / 시대나 상황이 변했음에도 옛날 사고방식을 고집하는 어리석은 사람

초나라 사람이 강을 건너다가 배에서 물속으로 칼을 떨어뜨렸다. 그는 급히 뱃전에 칼자국을 내어 표시하면서 말했다.

"여기가 내 칼이 떨어진 곳이다."

배가 뭍에 닿자 칼자국이 있는 물속으로 뛰어들어 칼을 찾았다. 배는 움직였고 칼은 움직이지 않았으니 당연히 찾을 수 없었다.

「여씨춘추, 찰금」에 나오는 이야기이다. 그리고 이렇게 끝을 맺는다.

「옛 법을 가지고 나라를 다스리는 것도 이와 마찬가지이다. 시대가 바뀌었는데 법을 바꾸지 않는다면 어찌 나라를 잘 다스릴 수 있겠는가?」

이 이야기에서 각주구검(刻舟求劍)이 유래하였다.

⑩ 요즘 세상은 너무 빨리 변해. 그 변화를 받아들이고 적응하는 자만 살아남는 것을 적자생존이라고 하지. 각주구검하는 사람은 다 사라지는 거야.

2. 간담상조(肝膽相照)

- 훈과 음 : 간 간(肝) · 쓸개 담(膽) · 서로 상(相) · 비칠 조(照)
- 직역/의역 : 간과 쓸개를 서로 비추어 봄 / 진심으로 서로를 대함. 친구 사이의 진정한 우정

당송팔대가(중국 당, 송나라의 뛰어난 여덟 명의 문인)의 한 사람인 당나라 문인 유종원이 유주자사(자사: 오늘날 도지사)로 발령 났다. 그의 절친한 친구인 유우석도 발령이 났는데 파주자사였다. 파주는 도성에서 멀리 떨어진 외딴 고을이었다. 80이 넘은 노모를 모시는 유우석은 어머니를 모시고 갈 수도, 홀로 두고 갈 수도 없는 곤란한 상황에 처했다. 이런 사정을 알고 있는 유종원이 눈물을 흘리며 말했다.

"그가 힘들어하는 것을 차마 볼 수 없구나. 황제에게 유주자사와 파주자사를 바꾸어 달라고 간청해야겠다. 이 일로 내가 죄를 지어 벌을 받더라도 원망하지 않으리라."

그 자리에 있었던 배도가 먼저 유종원의 말을 황제에게 아뢰었다. 유우석은 도성에서 가까운 연현자사로 다시 발령이 났다.

역시 당송팔대가의 한 사람인 한유는 '유자후(종원)묘지명'이란 글을 지어 유종원의 참다운 우정과 의리를 다음과 같이 비유해서 칭찬했다.

「아! 선비는 어려운 일에 처했을 때 비로소 본성이 드러나는 법이다. 오늘날 사람들은 평소 함께 지내면서 상대가 없으면 못살듯이 서로 매우 친한 척한다. 간과 쓸개를 꺼내어 서로 보여주듯이 하늘의 해를 가리키며 서로 배반하지 말자고 진실인 양 맹세를 한다.

하지만 아주 조그마한 이해관계만 얽혀도 갑자기 서로 모르는 체 돌아서 남남이 된다. 그가 함정에 빠지면 손을 뻗어 구해 주기는커녕 오히려 구덩이 속에 더 밀어 넣고 돌까지 던진다. 세상에는 이런 자들이 널려 있다.」

'간과 쓸개를 서로 꺼내어 보여 준다.'는 한유의 글에서 간담상조(肝膽相照)가 유래하였다. 처음에는 이처럼 부정적인 의미로 사용되었으나 후대로 오면서 서로 마음을 터놓고 지낸다는 좋은 의미로 쓰이게 되었다.

⑩ 평소 간담상조했던 사이라면 친구가 위급할 때 목숨까지도 내 놓을 수 있어야 한다. 상황과 처지가 달라졌더라도 변함없이 대해 주는 것. 그것이 바로 진정한 우정이다.

3. 간어제초(間於齊楚)

- 훈과 음: 사이 간(間) · 어조사 어(於) · 나라이름 제(齊) · 나라이름 초(楚)
- 직역/의역: 제나라와 초나라 사이에 끼임 / 약한 등나라가 강한 제나라와 초나라 사이에 낌. 강자들 틈에 끼어 괴로운 약자의 처지

전국시대 여러 제후국 중 가장 강했던 일곱 나라를 전국칠웅이라고 한다. 칠웅 중 제나라와 초나라는 앞서거니 뒤서거니 패권을 다투던 초강국이었다. 북쪽 산둥반도를 중심으로 한 제나라는 물자가 풍부했고 양쯔강 중하류 지역에 위치한 초나라는 영토가 가장 넓었다. 이 두 나라 사이에 끼인 사방 오십 리의 조그만 왕국 등나라는 주변국의 침략으로 늘 힘들어 했다.

등나라 문공은 세자 때부터 맹자의 왕도정치에 빠져 있었다. 그는 왕위에 오르자마자 맹자를 초청하여 가르침을 청했다. 맹자가 문공에게 묻기를

"등나라는 작은 나라로서 제나라와 초나라의 사이에 끼어 있습니다. 그렇다면 제나라를 섬겨야 할까요? 아니면 초나라를 섬겨야 할까요?"

문공은 대답하지 못했다. 맹자 또한 명쾌하게 말할 수는 없었는지 다음과 같이 다른 해법을 제시하였다.

"왕께서 나라를 지키시겠다면 해자(적의 침입을 막기 위해 성 주위에 만든 연못)를 깊이 파고 성을 높이 쌓은 후 백성과 함께 굳게 지키십시오. 그렇지 않다면 나라를 버리고 떠나십시오."

백성들과 함께 목숨을 바칠 각오로 지키겠다면 당당히 맞서고 눈치만 보며 비굴하게 살 바엔 차라리 버리는 게 낫다고 충고한 것이다. 「맹자, 양혜왕」에 나오는 이 고사에서 '강자들 사이에 끼인 약자의 신세'라는 뜻의 간어제초(間於齊楚)가 유래하였다.

> 예 과거 우리나라는 일본과 중국, 미국과 소련이라는 강대국 사이에서 간어제초 같은 초라한 신세였다. 그러나 세계 10위의 경제대국이 된 지금은 그들과 당당하게 맞설 수 있다. 너무 뿌듯하고 자랑스럽다.

4. 갑론을박(甲論乙駁)

- 훈과 음: 첫째 갑(甲) · 말할 논(論) · 둘째 을(乙) · 어긋날 박(駁)
- 직역/의역: 갑이 말하고 을이 어긋나게 말함(반박함) / 서로 자기주장만 말하여 결론 없이 의견이 여러 갈래로 나뉨

옛날에 세 형제가 바닷가에서 고기잡이를 하다가 잠시 쉬고 있었다. 그때 한 무리의 새들이 날아왔다. 큰형이 말하기를

"저 새들을 잡아서 삶아 먹자"

그러자 둘째가 반박하고 나섰다.

"삶아 먹는 것 보다 구워 먹는 게 더 맛있다."

두 형의 말을 듣고 있던 셋째도 끼어들었다.

"다 별로다. 새고기는 끓는 물에 데친 다음 구워 먹는 게 최고다."

세 형제는 서로 자기가 옳다고 주장하며 날이 저물 때까지 논쟁을 벌였다. 결국 결론을 내지 못하고 밤늦게 사또를 찾아갔다. 세 형제의 사연을 듣고 사또가 말했다.

"내일 아침 그 새를 잡아서 가져오너라. 내 눈으로 직접 보고 결정하겠다."

이튿날 세 형제는 새를 발견하였던 바닷가에 갔다. 그러나 새들은 이미 날아가고 없었다.

갑론을박(甲論乙駁)의 뜻은 갑이 주장을 하고 을이 반박한다는 것이다. 즉 서로 자기의 주장만 내세우고 남의 주장은 무조건 반대하여 치열하게 토론하지만 결론 없이 의견만 분분한 경우에 사용하는 사자성어이다.

㉠ 요즘 많은 TV 채널에서 다양한 주제로 전문가들을 초청하여 토론을 벌인다. 대개의 경우 갑론을박만 펼칠 뿐 결론 없이 끝난다.

5. 건곤일척(乾坤一擲), 권토중래(捲土重來)

- 건곤일척(乾坤一擲)
- 훈과 음: 하늘 건(乾) · 땅 곤(坤) · 한 일(一) · 던질 척(擲)
- 직역/의역: 하늘과 땅을 걸고 (주사위를) 단 한 번 던짐 / 승패와 흥망을 걸고 마지막으로 결행하는 단판 승부를 비유한 말.
- 권토중래(捲土重來)
- 훈과 음: 말(돌돌 감을) 권(捲) · 흙 토(土) · 다시 중(重) · 올 래(來)
- 권토(捲土): 부대가 말을 달려 전진할 때 일으키는 흙먼지가 멀리서 보면 마치 땅을 말면서 달리는 것처럼 보이는 현상
- 직역/의역: 땅을 말아 다시 옴 / 한 번 패했다가 세력을 회복하여 다시 쳐들어 옴. 실패 후에 재기하는 것을 비유하는 말.

「사기, 항우본기」에 나오는 고사이다.

진시황의 진나라가 망하고 항우와 유방이 패권을 다투던 초한전쟁도 막바지에 다다랐다. 팽성(초나라 수도) 전투에서 대패한 유방은 겨우 목숨만 부지하여 형양으로 달아났다. 그리고 그곳에서 군사를 정비하고 항우와 대치했다.

그 후 두 진영은 진퇴를 거듭하다 홍구를 경계로 천하를 둘로 나누고 휴전을 하였다. 항우는 약속을 지켜 팽성을 향해 군사를 돌렸다. 하지만 유방은 장량과 진평의 계책에 따라 약속을 지키지 않고 퇴각하는 항우를 추격했다. 유방은 한신과 팽월 등의 군사와 연합하여 해하에서 초나라와 최후의 일전을 벌여 대승을 거두었다. 항우는 달아나다 오강에 이르러 자살했고 마침내 천하는 유방의 차지가 되었다.

훗날 당나라의 문인 한유가 항우와 유방이 천하를 놓고 싸우면서 경계선으로 삼았던 홍구를 지나다 다음과 같은 시를 지었다.

"용도 지치고 범도 피곤하여 강과 들을 나누니/ 억만창생 목숨이 보전되었네/ 누가 왕에게 권해 말머리 돌려/ 실로 일척에 건곤을 걸게 했는가?"

한유의 이 시 마지막 구절에서 '건곤일척(乾坤一擲)'이 유래했다. 한편 초나라 영토는 모두 9개의 군이었다. 해하에서 패했을 때도 아직 5개 군이 남아 있었다. 그래서 훗날 많은 사람들이 항우가 자살하지 말고 오강을 건너 재기를 노렸어야 했다며 안타까워했다. 당나라 시인 두목은 오강을 유람하다 '오강정'이란 시를 지어 못내 아쉬워했다.

"이기고 지는 것은 병가의 일로 뜻대로 되지 않는 것/ 수치를 끌어안고 부끄러움을 견디는 것이 대장부지/ 강동에 뛰어난 인물들 많았으니 / 땅을 말아 다시 올 생각을 왜 못했소."

두목의 이 시 마지막 구절에서 권토중래(捲土重來)가 유래하였다.

例 1) 한국과 일본의 국가대표팀 스포츠 경기는 늘 건곤일척의 승부를 펼친다.

2) 한번 실패했다고 그렇게 낙담만 하면 어떻게 하나. 다시 힘을 내서 권토중래해야지.

6. 견토지쟁(犬兔之爭)

• 훈과 음: 개 견(犬) · 토끼 토(兔) · ~의 지(之) · 다툴 쟁(爭)
• 직역/의역: 개와 토끼의 싸움 / 실력이 비슷한 두 사람이나 단체가 싸우는 사이 제삼자가 이득을 보는 것을 비유하는 말.

전국시대 제나라의 순우곤은 말하는 재주가 뛰어난 인물이었다. 제나라 왕이 위나라를 치려고 하자 순우곤이 비유를 들어 이를 제지하였다.

「천하에 가장 날랜 사냥개와 발 빠른 토끼가 있었습니다. 개가 토끼를 뒤쫓았습니다. 그들은 수십 리에 이르는 산자락을 세 바퀴나 돌고 가파른 산꼭대기까지 다섯 번이나 오르락내리락하면서 조금의 양보도 없이 달렸습니다. 결국 쫓기던 토끼와 쫓던 개 모두 지쳐 그 자리에 쓰러져 죽고 말았습니다. 그것을 발견한 농부가 힘들이지 않고 횡재를 하였습니다.

지금 제나라와 위나라는 오랫동안 대치하느라 병사들과 백성들이 너무 힘들고 지쳐 있습니다. 강한 진나라나 큰 초나라가 이를 기회로 견토지쟁(犬兔之爭)을 거두려 하지 않을지 그것이 걱정입니다.」

제나라 왕은 두려워 군사 일으키는 것을 그만두었다.

이 이야기는「전국책, 제책」에 나온다. 이 고사 중 순우곤이 비유로 든 사냥개와 토끼의 싸움 이야기에서 견토지쟁(犬兔之爭)이 유래하였다. 양자의 다툼에 제삼자가 힘들이지 않고 이익을 얻는 것을 비유하는 말이다. 의미가 같은 사자성어로 어부지리와 방휼지쟁이 있다.

예 스포츠 경기에서 대진표를 추첨할 때 강자끼리 예선에서 맞붙는 경우가 있다. 치열하게 견토지쟁을 벌이다 어느 한 쪽이 이겨도 상처가 크다. 힘이 다 빠져 다음 라운드에서 약자에게 진다면 너무 억울하지 않은가?

7. 결초보은(結草報恩)

- 훈과 음: 맺을 결(結) · 풀 초(草) · 갚을 보(報) · 은혜 은(恩)
- 직역/의역: 풀을 묶어 은혜를 갚음 / 죽어서도 은혜를 잊지 않고 반드시 은혜에 보답함.

진(晉)나라의 위무자에게 둘째 부인이 있었는데 그에게는 아들이 없었다. 위무자가 병에 걸리자 첫째 부인의 아들인 위과에게 말했다.

"내가 죽거든 작은 어머니를 꼭 다시 시집보내라."

그런데 병이 위독해지고 정신이 혼미해지자 말을 바꾸었다.

"내 시신 옆에 작은 어머니를 산 채로 같이 묻어라."

위무자가 세상을 떠나자 위과는 그녀를 시집보내며 말했다.

"사람은 병이 위독하면 정신이 혼미해진다. 나는 아버지가 정신이 맑을 때 내리신 명을 따르는 것이다."

진(秦)나라 환공이 진(晉)나라를 침공하였을 때 위과는 장군이 되어 진(秦)나라 장수 두회와 싸우게 되었다. 그러던 중 위과가 수세에 몰려 위태로움에 처했다. 그 순간 어떤 노인이 나타나 적군의 앞길에 있는 풀을 묶어 적장 두회가 탄 말이 걸려 넘어졌다. 위과는 두회를 사로잡고 대승을 거두었다.

그런데 위과는 자기를 도와준 노인이 누구이며, 왜 자기를 도와주었는지 알 수가 없었다. 그날 밤 노인이 꿈속에 나타나서 말했다.

"나는 당신이 다시 시집을 보낸 둘째 부인의 아버지요. 당신이 아버지가 정신 맑을 때의 명에 따랐기 때문에 내가 보답을 한 것이오."

「좌전, 선공 15년」에 나오는 이 고사에서 결초보은(結草報恩)이 유래했다. 죽어서 은혜를 갚는다는 뜻이지만, 은혜를 잊지 않고·언젠가 꼭 갚겠다는 뜻으로도 쓰인다.

㉑ 당신이 내게 베풀어준 은혜는 절대 잊지 않고 언젠가 반드시 결초보은할 것입니다.

8. 계란유골(鷄卵有骨)

- 훈과 음: 닭 계(鷄) · 알 란(卵) · 있을 유(有) · 뼈 골(骨)
- 직역/의역: 계란에 뼈가 있음 / 계란이 곯았음. 운이 나쁜 사람은 아무리 좋은 기회가 와도 일이 뜻대로 되지 않음

조선 세종 때 영의정을 지낸 황희는 깨끗하고 올곧은 관리로 이름난 인물이었다. 욕심이 없다 보니 관복도 한 벌 밖에 없었고 장마철에는 집에 비가 샐 정도로 가난했다. 세종은 그런 황희를 도와줄 방법이 없을까 고민했다. 어느 날 세종은 하루 동안 성문을 통해 들어오는 모든 물건을 사서 황희에게 갖다 주라고 지시했다. 그러나 그날따라 새벽부터 몰아친 폭풍우가 종일토록 멈추지 않았다. 사람의 왕래도 적고 성을 드나드는 장사치는 한 명도 없었다.

해가 저물어 문을 닫으려 할 때 달걀 한 꾸러미를 든 사람이 들어왔다. 그것은 곧 사서 황희의 집으로 보내졌다. 그러나 모두 상해서 아무도 먹을 수 없었다.

계란유골(鷄卵有骨)에서 '골(骨)'은 뼈가 아니라 우리말 '곯다'의 음을 따서 쓴 것이다. 비슷한 우리말 속담으로는 '재수 없는 포수는 곰을 잡아도 웅담(곰의 쓸개, 값이 비쌈)이 없다.', '밀가루 장사를 하면 바람이 불고, 소금 장사를 하면 비가 온다.' 등이 있다.

㉑ 어렵게 공부해서 겨우 취직을 했는데 바로 회사가 망하더군. 계란유골이라더니 나는 뭐 하나 되는 일이 없다니까.

9. 계명구도(鷄鳴狗盜)

- 훈과 음: 닭 계(鷄) · 울 명(鳴) · 개 구(狗) · 훔칠 도(盜)
- 직역/의역: 닭 울음소리를 내고 개처럼 (개구멍으로) 물건을 훔침 / ① 천한 재주로 남을 속임
  ② 보잘것없는 재주도 쓰일 때가 있음

제나라 민왕이 맹상군을 진나라에 보냈다. 진나라 소왕은 즉시 맹상군을 재상으로 임명했다. 그러자 신하들 중 한 사람이 소왕에게 간했다.

"맹상군은 똑똑하고 재주가 뛰어난 사람이며 제나라 왕의 친척입니다. 이제 진나라의 재상이 되었으니 분명 먼저 제나라를 앞세우고 진나라를 뒤에 둘 것입니다. 그러면 진나라가 위태로워집니다."

이 말을 들은 소왕은 맹상군을 파직하고 옥에 가두어 죽이려고 했다. 맹상군은 소왕의 총희에게 구해달라고 부탁했다. 총희는 조건을 제시했다.

"맹상군의 호백구를 갖고 싶소."

당시 맹상군은 호백구(여우의 흰 겨드랑이 털로 만든 옷) 하나를 가지고 있었는데 엄청난 가치가 있는 천하의 귀한 물건이었다. 그런데 진나라에 들어올 때 소왕에게 선물로 주어 가지고 있지 않았다.

맹상군은 근심에 차서 데리고 온 식객들과 상의를 했다. 식객 중 하나가 개처럼 개구멍으로 기어들어가 도둑질하는 재주가 있었다. 그가 밤에 진나라 궁중 창고에 들어가 소왕에게 바쳤던 호백구를 가져왔다. 맹상군은 그것을 총희에게 바쳤다. 총희가 소왕에게 잘 말해 주어 맹상군은 풀려났다. 맹상군 일행은 서둘러 도성을 떠나 깊은 밤 함곡관(진나라로 들어가고 나가는 관문)에 이르렀다. 뒤늦게 소왕이 맹상군을 풀어 준 것을 후회하고 사람들을 시켜 추격하도록 했다. 함곡관 문은 늦은 시간이라 잠겨 있었다. 닭이 우는 시간이 되어야 문이 열리는데 마침 식객 중에 닭 울음소리를 낼 줄 아는 사람이 있었다. 그가 닭 울음 흉내를 내자 주변의 모든 닭들이 함께 울어댔다. 곧 문이 열리고 일행은 함곡관을 빠져 나올 수 있었다.

처음 이들을 일행에 넣었을 때 다른 사람들이 모두 이를 수치로 여겼다. 그런데 맹상군이 위험에 처했을 때 이들이 구해 낸 것이다. 식객들은 사람 보는 눈이 뛰어난 맹상군에게 더욱 충성하였다.

이 이야기는 「사기, 맹상군열전」에 나온다. 이 고사 중 '닭 울음소리'와 '개처럼 훔쳤다'는 표현에서 계명구도(鷄鳴狗盜)가 유래하였다.

㉠ 그의 재주는 비록 계명구도에 불과하지만 언젠가 나에게는 큰 도움이 될 수 있을 거야.

10. 곡학아세(曲學阿世)

• 훈과 음: 굽을 곡(曲) · 배울 학(學) · 아부할 아(阿) · 세상 세(世)
• 직역/의역: 배운 것을 굽혀 세상에 아부함 / 배운 대로 정의롭게 세상을 살지 않고 권력에 아부하여 출세하려는 태도나 행동

원고생은 제나라 사람으로 성품이 강직해 평소 누구도 두려워하지 않고 올바른 말을 하는 충신이었다. 그래서 그를 싫어하는 신하들이 많았지만 왕의 믿음은 항상 두터웠다. 이런 원고생도 나이 들고 병으로 몸이 안 좋아지자 벼슬을 그만두었다.

황제가 죽고 그의 아들이 황제가 되자 천하의 인재를 뽑아서 쓰겠다고 하면서 원고생도 다시 부름을 받았다. 그러나 그의 나이가 이미 아흔이었다. 평소 그의 바른 말을 시기하던 신하들이 그의 나이를 문제 삼아 헐뜯었다. 황제도 차마 그를 다시 뽑아 쓰지 못했다.

원고생이 부름을 받았을 때 공손홍이란 사람도 함께 부름을 받았다. 그는 원고생을 늙은이라고 깔보고 무시하며 못마땅한 눈초리로 바라보곤 했다. 그러나 원고생은 전혀 신경 쓰지 않고 오히려 그에게 이렇게 말했다.

"그대는 젊은데다가 학문을 좋아하는 선비란 말을 들었네. 그러니 부디 올바른 학문을 열심히 닦아서 세상에 널리 전파해 주기 바라네. 힘써 학문을 익혀 세상에 옳은 말을 하되 절대로 학문을 굽혀 세상에 아첨하는 일이 없도록 하게나."

원고생의 말에 공손홍은 당황하여 어찌할 바를 몰랐다. 태산북두(태산과 북두칠성, 존경받는 큰 인물)처럼 인격이 높고 학문이 깊은 위인을 알아보지 못한 자신이 부끄러웠기 때문이다. 그는 무례를 사과하고 그 자리에서 원고생의 제자가 되었다.

「사기, 유림열전」에 나오는 고사이다. 원고생이 공손홍에게 충고한 '학문을 굽혀 세상에 아첨한다.'는 말에서 곡학아세(曲學阿世)가 유래하였다.

㉠ 학창 시절에 열심히 공부하여 출세한 사람이 국가와 국민을 위해서가 아니라 자신만을 위해 일하는 것도 일종의 곡학아세라 할 수 있다.

11. 공피고아(攻彼顧我)

• 훈과 음: 공격할 공(攻) · 저쪽 피(彼) · 돌아볼 고(顧) · 나 아(我)
• 직역/의역: 저쪽을 공격하기 전에 나를 돌아봄 / 상대를 공격하기 전에 먼저 나를 돌아봄

공피고아는 바둑에서 사용하는 용어이다. 바둑에서는 자기 돌의 안전은 돌보지 않고 상대편 돌을 공격하다 거꾸로 자기 돌이 잡히는 경우가 많다. 바둑 고수들은 적을 공격하기 전에 나를 돌아본다는 공피고아의 전략에 능하다. 이 성어의 유래는 확실하지 않으나 이 같은 전법

으로 승리한 역사적 사건은 매우 많다. 대표적인 예로 삼국지에서 제갈량과 사마의가 마지막으로 겨룬 오장원 전투를 들 수 있다.

위나라 사마의는 뛰어난 전략가였음에도 촉의 제갈량에게 번번이 패퇴하였다. 그러자 오장원에서 마지막 전투를 벌일 때 사마의는 공격 대신 성문을 굳게 닫고 기다리는 전법을 썼다. 자신의 지략이 제갈량에게 못 미쳐 우세한 전력으로도 지는 경우가 많았기 때문이다.

수명이 얼마 남지 않은 제갈량은 사마의를 전장으로 끌어내 최후의 일전을 기하려고 했다. 그러나 아무리 유인해도 사마의는 응대하지 않았다. 제갈량이 치마를 입은 병사를 내보내 사마의의 비겁한 태도를 희롱하는 장면을 연출했다. 분을 참지 못한 부하들이 성문을 열고 나가서 싸우자고 했으나 사마의는 끝까지 참았다. 결국 제갈량은 뜻을 이루지 못하고 세상을 떠났다.

성을 나가 싸우면 자신이 제갈량을 이길 수 없다는 것을 잘 알고 수비전술로 일관했던 사마의가 마침내 최후의 승자가 된 것이다.

⬤ 네가 겁도 없이 그 친구에게 도전을 했다고? 공피고아라고 했어. 너 자신의 실력부터 돌아보는 게 좋을 거야.

12. 관포지교(管鮑之交)

- 훈과 음: 관포(인물이름, 관중과 포숙아) · ~의 지(之) · 사귈 교(交)
- 직역/의역: 관중과 포숙아의 사귐(우정) / 관중과 포숙아처럼 서로를 굳게 믿어 주는 아주 절친한 친구 관계. 친구 사이의 두터운 우정.

춘추시대 제나라에 관중과 포숙아라는 두 친구가 있었다. 그들은 같이 장사를 하며 서로 뜻이 잘 맞았다. 그러다 같은 시기에 관리가 되면서 각자 다른 길을 가기 시작했다. 관중은 제나라 임금인 양공의 아들 규의 보좌관이 되었고 포숙아는 규의 이복동생인 소백을 섬겼다.

그 무렵 양공의 사촌 공손무지가 양공을 죽이고 임금 자리를 뺏었다. 목숨이 위태롭게 된 규는 관중의 도움으로 함께 노나라로 달아났다. 소백 또한 포숙아와 함께 거나라로 달아났다. 이듬해 공손무지가 살해됨으로써 상황은 빠르게 변했다. 양공의 두 아들 규와 소백, 둘 중 하나가 임금이 되어야 했다. 관중과 포숙아는 본의 아니게 서로 적이 되었다.

관중이 먼저 움직여 소백을 죽이려 했으나 한 걸음 늦었다. 소백이 포숙아와 함께 재빨리 먼저 귀국하여 임금 자리를 차지한 것이다. 그가 곧 환공이다. 환공은 노나라에 규를 죽이고 관중은 묶어서 보내라고 요구했다. 관중은 오랏줄에 묶여 끌려와 죽을 처지에 놓였다. 이때 환공의 가장 큰 신뢰를 받는 포숙아가 엎드려 간곡히 청하였다.

"전하, 한 나라의 주인으로 만족하신다면 신의 보필만으로 충분합니다. 그러나 천하의 주인이 되고자 하신다면 부디 관중을 죽이지 말고 신하로 쓰시옵소서."

환공은 옹졸한 인물이 아니었다. 그전부터 관중의 능력을 알았으므로 포숙아의 건의대로 죽이지 않고 대부로 임명하였다. 과연 관중은 환공과 포숙아의 기대를 저버리지 않았다. 환공을 도와 정치를 안정시키고 여러 왕들을 굴복시켜 환공을 중원의 패자로 만들었다. 포숙아는 관중의 성공을 자기 일처럼 기뻐했다. 관중은 그런 포숙아가 고마워 곧잘 이런 소리를 했다.

"나를 낳아 준 이는 부모님이지만, 나를 알아 준 사람은 포숙아다."

포숙아는 관중을 추천한 후 자신은 늘 관중의 아랫자리에 들어가서 일을 하였다. 세상 사람들은 관중의 현명함보다 오히려 포숙아의 그런 태도를 더 칭찬하였다.

「사기, 관안열전」에 나오는 이 이야기에서 유래하여 사람들은 절친한 친구 사이를 '관중과 포숙의 사귐', 즉 관포지교(管鮑之交)라고 하였다.

📖 관포지교와 같은 우정은 정말 품격이 높은 우정이다. 나보다 능력이 뛰어난 것을 인정하고 친구를 더 높은 지위에 올려놓는 사람이 세상에 얼마나 될까?

13. 괄목상대(刮目相對)

- 훈과 음: 비빌 괄(刮) · 눈 목(目) · 자세히 볼 상(相) · 대할 대(對)
- 직역/의역: 눈을 비비고 상대를 자세히 봄 / 학식이나 재주가 이전과 비교가 되지 않을 정도로 매우 발전함

삼국시대 적벽대전을 승리로 이끈 오나라의 대장군 주유가 죽자 노숙이 그 자리를 대신하였다. 어느 날 육구로 가는 길에 여몽의 군사 지역을 지나게 되었다. 노숙은 여몽을 우습게 생각했다. 그냥 지나치려는데 참모 하나가 설득했다.

"여장군의 학문이 나날이 빛나고 있습니다. 가서 인사를 나누시지요."

노숙은 여몽을 찾아갔다. 술자리가 한창일 때 여몽이 물었다.

"당신은 대장군이 되어 관우와 겨루게 되었는데 어떤 계략으로 대비하고 있습니까?"

"때에 임하여 적당한 방법을 택할 것이오."

노숙은 엉겁결에 대답했다. 그러자 여몽이 말했다.

"지금 동쪽의 오나라와 서쪽의 촉나라는 한 집안이지만 관우는 사실 호랑이 같은 사람입니다. 계획을 어찌 미리 정하지 않을 수 있습니까?"

그리고 다섯 가지 계책을 제시했다. 노숙은 자세를 고쳐 앉고 말했다.

"나는 이제껏 그대가 무술만 아는 줄 알았는데 지금 보니 학문 또한 보통이 아니구려. 옛날 시골구석에 있던 그 여몽이 아니오."

여몽이 말했다.

"선비는 모름지기 여러 날을 떨어져 있다가 만나면 눈을 비비고 다시 봐야 할 정도가 되어야 하지 않겠습니까."

이 이야기는 「삼국지, 오서〈여몽전〉」에 나온다. 이 고사의 마지막 부분 여몽의 말에서 괄목상대(刮目相對)가 유래하였다.

㉠ 어쩌면 쟤가 저렇게까지 실력이 늘었지? 못 보는 사이 괄목상대하게 발전했네. 엄청 노력을 많이 한 모양이야.

14. 구미속초(狗尾續貂)

- 훈과 음: 개 구(狗) · 꼬리 미(尾) · 이을 속(續) · 담비 초(貂)
- 직역/의역: 개 꼬리로 담비 꼬리를 이음 / 불필요하게 벼슬을 함부로 주는 것을 비유한 말

삼국시대 위, 촉, 오의 삼국을 통일하고 진(晉)나라를 세운 무제 사마염이 죽자 나라가 어지러워졌다. 사마염의 숙부였던 조왕 사마륜이 반란을 일으켜 황제가 되었다. 사마륜이 황제가 되자 그의 친척과 친구들도 덩달아 벼슬을 하게 되었다. 함께 반란을 꾸몄던 자들은 모두 높은 벼슬을 받았는데 그 수가 헤아릴 수 없이 많았다. 심지어는 종들과 심부름꾼들까지도 벼슬을 주었다. 그래서 당시 사람들이 이를 비꼬아 말했다.

"담비가 부족하니 개 꼬리로 잇는구나."

「진서, 조왕륜전」에 나오는 이야기이다. 이 고사에서 벼슬을 마구 주다 보니 모자에 장식하는 담비가 부족하여 개 꼬리로 대신했다는 뜻의 구미속초(狗尾續貂)가 유래하였다. 또한 이 말은 어떤 일이 앞부분은 잘되었으나 뒤가 잘못된 경우를 비유하는 데 사용되기도 한다.

㉠ 정권이 바뀔 때마다 구미속초 현상이 일어난다. 정권을 잡을 때 공이 있는 사람 모두에게 벼슬을 주다 보니 그렇게 되는 것이다.

15. 구밀복검(口蜜腹劍)

- 훈과 음: 입 구(口) · 꿀 밀(蜜) · 배 복(腹) · 칼 검(劍)
- 직역/의역: 입에는 꿀을 바르고 뱃속에는 칼을 품음 / 입으로 듣기 좋은 말을 하지만 속으로 해칠 생각을 하거나 돌아서서 헐뜯음

양귀비와의 사랑으로 널리 알려진 당나라 현종은 황제의 자리에 오른 후 수십 년간 선정을 펼쳤다. 안으로는 경제를 챙겨 민생의 안정을 꾀하고 밖으로는 국경 지대 방비를 튼튼히 하여 수십 년간 평화로운 시대를 이루었다. 그러나 나이가 많아지자 35살이나 어린 양귀비를 궁내로 끌어들인 뒤 나랏일을 등한히 하였다. 권신 이임보가 나랏일을 모두 독차지했다.

이임보는 성격이 매우 나쁜 사람이었다. 현명한 사람을 미워하고 능력 있는 사람을 질투하여 자기보다 나은 사람을 멀리하였다. 사람들은 그를 보고 입에는 꿀이 있고 배에는 칼이 있다고 말했다. 그가 한밤중에 서재에 앉아 깊은 생각을 하면 다음 날 예외 없이 누군가 죄를 뒤집어쓰고 죽었다. 또한 자주 사건을 일으켜 많은 사람을 죽였으므로 모두 그를 두려워했다. 그가 재상으로 있던 19년 동안 천하가 매우 혼란스러웠지만 현종은 끝까지 이를 깨닫지 못했다.

이 이야기는 「자치통감, 당기」에 나온다. 이 이야기 중 사람들이 이임보를 평가한 말에서 구밀복검(口蜜腹劍)이 유래하였다.

⑩ 간도 빼 줄듯이 듣기 좋은 말만 하는 사람이 있다면 일단 경계하는 것이 좋다. 이런 사람들은 대부분 구밀복검형의 사람이다.

16. 구상유취(口尙乳臭)

- 훈과 음: 입 구(口) · 아직 상(尙) · 젖 유(乳) · 냄새 취(臭)
- 직역/의역: 입에서 아직 젖 냄새가 남 / 말이나 행동이 어리고 수준이 낮음

최초로 천하를 통일한 진시황이 죽은 후 여러 곳에서 반란이 일어났다. 유방과 항우가 천하를 둘로 나누고 팽팽하게 세력을 다투었다. 이들은 일진일퇴를 거듭했는데 팽성 전투에서 유방은 항우에게 크게 패하였다. 그를 따랐던 제후들도 하나둘씩 유방을 배반하고 항우 쪽으로 붙었다.

유방이 이처럼 곤경에 처하게 되자 이번에는 위왕 표가 유방을 배반하고 초나라와 평화협정을 맺었다. 유방은 위나라를 잘 아는 역이기를 보내 위왕 표를 달랬으나 듣지 않았다. 몹시 화가 난 유방은 한신, 관영, 조참을 시켜 위표를 치기로 하면서 먼저 역이기를 불러 물었다.

"위나라의 대장은 누구인가?"

"백직이라는 자입니다."

유방은 가소롭다는 듯이 웃더니 이렇게 말했다.

"이 자는 입에서 아직 젖내가 나서 한신을 당할 수 없다. 그럼 위나라의 기병대장은 어떤 자인가?"

"풍경이라는 자입니다."

유방는 또한 웃으며 말했다.

"이 자는 비록 현명하지만 관영을 당하지 못할 것이다. 위나라의 보병대장은 누구인가?"

"항타라는 자입니다."

"이 자는 조참과 비교할 수가 없으니 내가 걱정할 필요가 없겠군."

유방은 이렇게 말하고는 한신, 관영, 조참을 보내 위표를 공격하였다. 유방의 호언장담과 같이 위표는 힘 한번 제대로 쓰지 못하고 포로로 잡혔다.

이 이야기는 「사기, 고조본기」에 나온다. '입에서 아직 젖내가 나서 한신을 당할 수 없을 것이다.'는 유방의 말에서 구상유취(口尙乳臭)가 유래하였다.

㉠ 요즘엔 방송 매체의 발달로 어린아이들도 어른 못지않게 상식과 지식이 풍부하다. 구상유취라고 깔보다가는 큰코다친다.

17. 귤화위지(橘化爲枳)

- 훈과 음: 귤나무 귤(橘) · 될 화(化) · 만들 위(爲) · 탱자나무 지(枳)
- 직역/의역: 귤나무가 탱자나무가 됨 / 만물은 환경에 따라 성질이 변함

춘추시대 제나라의 명재상 안영(안자)이 초나라에 사신으로 가게 되었다. 초나라 영왕은 이 소식을 듣고 신하들과 재미있는 계략을 꾸몄다. 안자의 사람됨과 그 실력을 시험해 보고자 한 것이다. 안자가 도착하기 전 제나라 사람으로 초나라에서 도적질하다 잡힌 죄수를 데려왔다.

이윽고 안자가 도착했다. 영왕은 그에게 성대한 환영식을 베풀어 주었다. 환영식이 한창 무르익었을 때 옆방에 데려다 놓은 죄수를 불러왔다.

"어떤 사람인데 데려 왔는고?"

영왕이 묻자 신하가 대답했다.

"제나라 사람인데 도적질을 했습니다.

영왕이 안자를 돌아보며 물었다.

"제나라 사람들은 도적질을 잘 하는 모양이구려."

그러자 안자가 눈 하나 깜짝하지 않고 대답했다.

"제가 듣건대 귤이 회남에서 나면 귤이 되지만, 회북에서 자라면 탱자가 된다고 합니다. 그 둘의 잎은 비슷하지만 맛은 다릅니다. 그 까닭은 무엇이겠습니까? 물과 땅의 질이 다르기 때문입니다. 제나라 땅에서 나고 자란 백성들은 도적질을 하지 않습니다. 그런데 초나라로 들어가면 도적질을 합니다. 초나라 물과 땅이 백성들을 도적으로 만드는 것입니다."

영왕이 웃으며 말했다.

"성인은 농담을 하지 않는 법인데, 과인이 부끄럽소."

이 이야기는 「안자춘추, 내잡하」에 나온다. 이 고사 중 '귤이 회남에서 자라면 귤이 되지만 회북에서 자라면 탱자가 된다.'는 안자의 말에서 귤화위지(橘化爲枳)가 유래하였다.

　⑩ 맹자의 어머니가 자식교육을 위해 세 번 이사했다는 삼천지교를 알고 있지? 맹자가 귤화위지 될까 걱정했기 때문이야.

18. 금의야행(錦衣夜行), 금의환향(錦衣還鄕)

- 금의야행(錦衣夜行)
- 훈과 음: 비단 금(錦) · 옷 의(衣) · 밤 야(夜) · 갈 행(行)
- 직역/의역: 비단옷을 입고 밤길을 감 / 아무런 보람도 없는 일을 함
- 금의환향(錦衣還鄕)
- 훈과 음: 비단 금(錦) · 옷 의(衣) · 돌아올 환(還) · 시골/고향 향(鄕)
- 직역/의역: 비단옷을 입고 고향에 돌아옴 / 성공하고 출세해서 자랑스럽게 고향으로 돌아감.

천하를 통일한 진(秦)나라 진시황이 죽고 여러 곳에서 반란이 일어났다. 진나라 내부에서는 권력을 모두 가지게 된 환관(내시) 조고가 진시황의 손자인 자영을 황제로 만들고 권력을 휘둘

렸다. 보다 못한 자영이 계략을 써 조고를 살해하고 그의 삼족(가까운 친척)을 모두 죽여 버렸다. 그러고는 마침 함양을 향해 진격해 오는 유방에게 나라를 주고 항복하였다.

한편 거록에서 진나라 군대를 크게 무찌르고 항복을 받아 낸 항우는 서둘러 관중 땅 함양으로 향했다. 그런데 항우가 관중에 도착했을 때에는 이미 유방이 진왕 자영의 항복을 받아 먼저 터를 잡고 있었다. 유방은 원래 항우가 들어오는 것을 저지하고 자신이 관중 땅을 차지할 생각이었다. 그러나 아직 세력이 불리하다고 판단하여 살아남기 위해 관중을 항우에게 바쳤다. 유방의 양보로 항우는 40만 대군을 이끌고 함양에 들어갔다.

함양에 들어온 항우는 유방에게 항복한 진나라 왕 자영을 죽이고 궁실을 불태웠다. 그리고 금은보화를 챙겨 고향 땅인 동쪽으로 돌아가려고 했다. 이때 한생이라는 신하가 간했다.

"관중은 사방이 산과 강으로 둘러싸여 방어하기 좋은 데다 땅도 비옥하므로 수도로 정하면 천하를 다스리기 좋습니다. 떠나시면 안 됩니다."

그러나 궁전이 모두 불에 타 흔적만 남은 것을 본데다가 고향으로 돌아가고 싶은 생각이 간절한 항우가 말했다.

"부귀해져서 고향으로 돌아가지 않는 것은 비단옷을 입고 밤길을 가는 것과 같으니 누가 알아주겠는가. 비단옷을 입었으면 고향으로 돌아가는 것이 마땅하다."

그러고는 군사를 이끌고 고향인 초나라로 돌아갔다. 항우의 근거지인 초나라는 중국 남부에 위치해 당시 중국 역사의 중심인 북부에서 한참 떨어진 곳이다. 고향으로 귀국한 항우의 이 행동은 천하를 유방에게 넘겨주는 결정적인 원인이 되었다.

이 이야기는 「사기, 항우본기」에 나온다. 이 고사 중 항우와 한생의 대화에서 금의야행(錦衣夜行)과 금의환향(錦衣還鄉)이 모두 유래하였다.

예 1) 명품만 사서 쓰는 친구들을 보면 안타까워. 하기야 자랑하려고 산 것이니 금의야행할 필요까지야 없겠지. 2) 한 친구가 말했다. 자기 꿈은 서울에 가서 열심히 공부해 출세해서 자랑스럽게 금의환향하는 거라고.

19. 남가일몽(南柯一夢)

- 훈과 음: 남녘 남(南) · 가지/도낏자루 가(柯) · 한 일(一) · 꿈 몽(夢)
- 직역/의역: 남가에서의 한바탕 꿈 / 인생의 부귀영화가 덧없음

당나라 때 이공좌가 저술한 「남가기」에 다음과 같은 이야기가 있다.

어느 날 순우분이 꿈을 꾸었다. 꿈속에서 괴안국으로 들어가 그 나라 공주에게 장가를 들고 남가군의 태수가 되어 부귀영화를 누리고 있었다. 얼마 후 군사를 이끌고 전쟁에 나갔다가 패하고 돌아왔다. 공주도 세상을 떠나니 국왕의 시기와 의심을 받아 결국 쫓겨나고 말았다.

꿈을 깨고 보니 괴안국이란 뜰 앞 홰나무 아래에 있는 개미굴이었다. 남가군은 홰나무 남쪽 가지 아래에 있는 작은 개미굴이었다. 이로부터 남가일몽(南柯一夢)은 한바탕 헛된 꿈 또는 헛된 즐거움에 비유되는 말로 쓰였다.

예 권력이나 부귀영화는 지나고 보면 한갓 남가일몽에 지나지 않는다. 퇴임 후 감옥에 간 몇몇 대통령들이 그걸 증명하지 않는가?

20. 낭중지추(囊中之錐), 모수자천(毛遂自薦)

- 낭중지추(囊中之錐)
- 훈과 음: 주머니 낭(囊) · 가운데 중(中) · ~의 지(之) · 송곳 추(錐)
- 직역/의역: 주머니 가운데(속)의 송곳 / 능력과 재주가 뛰어난 사람은 주머니 속의 송곳이 튀어나오듯 스스로 두각을 나타내게 됨
- 모수자천(毛遂自薦)
- 훈과 음: 모수: 사람 이름 · 스스로 자(自) · 추천할 천(薦)
- 직역/의역: 모수가 자기 스스로를 추천함 / 어떤 일에 자신을 추천하거나 스스로 청해서 나섬

전국시대 조나라 왕족으로 재상이었던 평원군은 성품이 어질고 사람들을 몹시 좋아했다. 그리하여 수백 명의 사람들을 식객으로 거느리고 있었다. 당시 서쪽의 강한 진나라가 동쪽의 여러 나라들을 침략하였다. 이 과정에서 조나라의 수도 한단이 포위를 당했다. 조나라는 남쪽 초나라와 연합하기 위해 사신을 보내게 되었다. 이때 사신으로 임명된 이가 바로 평원군이었다.

평원군은 자신의 식객 중에서 함께 떠날 용기 있고 학식과 무예를 갖춘 인물 20명을 뽑을 생각이었다. 19명은 뽑았는데 한 명을 더 뽑기가 어려웠다. 그 때 모수가 자신을 스스로 추천하였다. 이에 평원군이 말했다.

"어진 선비의 처세는 마치 송곳이 주머니 속에 있는 것과 같아서 그 끝이 보이기 마련이라네. 자네는 나와 같이 지낸 지가 삼 년이 지났는데도 내가 아직 이름을 들어보지 못했네. 자네에게는 무슨 능력이 있는가?"

모수가 큰 소리로 대답하였다.

"저는 오늘에야 처음으로 공께서 주머니 속에 넣어주기를 바랄 뿐입니다. 만약 일찍 주머니 속에 넣어주셨다면 비단 송곳 끝만 보였겠습니까? 송곳 자루까지 보여드렸을 것입니다."

조금 미심쩍었지만 자신 있게 말하는 것을 믿고 평원군은 모수를 일행에 가담시켰다. 그리고 초나라로 들어갔다.

예상했던 대로 협상은 쉽지 않았다. 이 때 모수가 나서서 뛰어난 말솜씨로 초왕을 설득하여 협상을 성공시켰다. 돌아오는 길에 평원군이 말했다.

"내 다시는 사람들의 관상을 보지 않겠소. 모 선생을 제대로 알아보지 못했으니 말이오. 모 선생의 무기는 단지 세치의 혀였지만 그 힘은 백만대군보다 강했소."

이 이야기는 「사기, 평원군우경열전」에 나온다. 모수가 스스로를 천거한 것에서 모수자천(毛遂自薦)이 유래하였다. 또한 송곳이 주머니 속에 있는 것과 같아 그 끝이 보이기 마련이라는 평원군의 말에서 낭중지추(囊中之錐)가 유래하였다.

예 1) 반대표를 누가 하겠냐고 물었더니 다섯 명이 모수자천을 하고 나섰다. 할 수 없이 다섯 명을 두고 투표를 했다. 2) 내 친구 지수는 낭중지추 같은 놈이야. 자신을 드러내지 않는데도 함께 있으면 그 실력과 인품에 저절로 압도 되거든.

21. 노마지지(老馬之智), 노마식도(老馬識道)

- 훈과 음: 늙을 노(老) · 말 마(馬) · ~의 지(之) · 슬기 지(智) · 알 식(識) · 길 도(道)
- 직역/의역: 늙은 말의 지혜 (늙은 말이 길을 앎) / 나이가 많은 사람이 인생의 경험이 풍부하여 젊은 사람보다 지혜로울 수 있음

춘추시대 제나라 관중과 습붕이 환공을 따라 고죽을 정벌했다. 봄에 떠나 겨울에 돌아오면서 그만 길을 잃고 말았다. 관중이 말했다.

"늙은 말의 지혜를 이용할 수 있을 것이오."

그리고 늙은 말을 풀어 놓고 그 뒤를 따라갔다. 과연 곧 길을 찾게 되었다. 또 산중에서 행군을 하다가 물이 떨어졌다. 습붕이 말했다.

"개미는 겨울에 산의 남쪽에 살고 여름에는 산의 북쪽에 산다. 개미가 쌓아 놓은 흙이 한 치면 한 길 깊이에 물이 있다는 것이다."하여 땅을 파보니 과연 물이 나왔다.

「한비자, 설림」에 나오는 이 이야기 중 관중이 늙은 말을 이용하여 길을 찾았다는 말에서 '노마지지(老馬之智)'가 유래하였다. 늙은 말이 길을 알고 있었다고 하여 노마식도(老馬識道)라고도 한다. 이 책에서 한비자는 다음과 같이 말을 이었다.

"관중과 습붕의 지혜는 늙은 말과 개미에게 배운 것이거늘, 요즘 사람들은 어리석으면서도 성인의 지혜를 배우려 하지 않으니 어찌 한심한 일이 아니겠는가?"

(예) 요즘 젊은이들은 어른들을 꼰대라고 비하하면서 어떤 충고도 듣지 않아. 당연히 어른들에게 노마지지의 지혜도 배울 수 없겠지.

22. 노생지몽(老生之夢), 한단지몽(邯鄲之夢)

- 훈과 음: 노생(인물 이름) · 한단(지명) · ~의 지(之) · 꿈 몽(夢)
- 직역/의역: (한단에서 꾼) 노생의 꿈 / 인생과 부귀영화의 덧없음.

당나라 현종 때 노생이라는 선비가 어느 날 한단에 갔다가 여관에 들었다. 노생은 같은 방에 든 여옹이라는 도인과 이야기를 나누며 신세 한탄을 했다. 여옹은 보따리에서 도자기 베개를 꺼내 주며 이 것을 베고 자면 꿈을 이룰 수 있을 것이라고 했다. 여관 주인은 노란 기장밥을 짓고 있었다. 노생은 베개를 베고 잠을 청했다. 누운 지 얼마 안 되어 잠이 들어 꿈을 꾸었다.

꿈속에서 노생은 최씨라는 사람의 딸에게 장가를 들고 그 이듬해에는 진사 시험에 합격하여 벼슬길에 나섰다. 이후 계속 승진을 하여 절도사와 어사대부를 거쳐 10년 동안 재상을 지냈다. 그러나 어느 날 갑자기 역적으로 몰려 잡혀가게 되었다. 노생은 옛날 고향에서 농사를 짓고 살던 때를 그리워하며 자살하려 했으나 아내와 아들의 만류로 뜻을 이루지 못했다.

다행히 사형은 면하고 변방으로 귀양을 갔다. 수년 후 자신을 모함한 음모가 드러나 다시 재상의 자리에 올라 조국공에 봉해졌다. 노생은 아들 오형제를 낳았는데 모두 명문대가의 딸들에게 장가들어 손자도 수십 명이나 되었다. 노생은 이렇게 부귀영화를 누리고 살다가 80여 세에 세상을 떠났다.

자신이 죽었다고 느낀 순간 노생은 잠에서 깨어났다. 방 안에는 아직 여옹이 있었으며 주인이 짓고 있는 노란 기장밥은 아직 익지 않은 상태였다. 모든 것이 이전과 같았다. 노생은 벌떡 일어나 말했다.

"모든 것이 꿈이었구나!"

이 이야기는 심기제의 「침중기」에 나온다. 이 고사에서 '노생의 꿈'이란 뜻의 노생지몽(老生之夢)과 '한단에서 꾼 꿈'이란 뜻의 한단지몽(邯鄲之夢)이 유래하였다.

예 인생은 노생지몽이라고 아무 것도 안하고 세월만 보내면 어떻게 해. 부귀영화를 꿈꾸지 않더라도 하루하루는 의미 있게 살아야지.

23. 단기지계(斷機之戒), 맹모단기(孟母斷機)

- 훈과 음: 끊을 단(斷) · 베틀 기(機) · ~하는 지(之) · 타이를 계(戒)
- 직역/의역: 베틀 기구를 자르는 타이름. 맹모가 베틀 기구를 자름 / 베틀 기구를 잘라 타이름(경계함). 자녀교육에 대한 열정과 엄격함

맹자의 어머니는 맹자에게 공부를 하라고 멀리 보내며 공부를 마칠 때까지 오지 말라고 하였다. 그러나 맹자는 도중에 어머니가 보고 싶어 집으로 왔다. 이때 어머니는 베틀로 베를 짜고 있었다. 맹자가 방안에 들어서자 맹자의 어머니는 베틀에 걸려 있는 베를 모두 칼로 잘라 버렸다. 그리고는

"공부를 하다가 중도에서 그만두는 것은 짜던 베를 끊는 것과 같다"

라고 말하면서 엄하게 타일렀다. 당황한 맹자는 다시 공부를 하러 떠났다. 그리고 중도에 돌아오는 일 없이 더욱 열심히 노력하여 드디어 공자 다음 가는 성인인 아성이 되었다.

이 이야기는 유향의 「열녀전」에 나온다. '맹자의 어머니가 짜고 있던 베를 잘라 아들을 타일렀다.'는 말에서 단기지계(斷機之戒)가 유래했다. '가르칠 교(敎)'를 써 단기지교(斷機之敎)라고도 하며, 맹자 어머니(孟母)를 넣어 맹모단기(孟母斷機)라고도 한다.

예 예로부터 훌륭한 어머니들은 단기지계의 엄한 교육으로 자식을 길렀다. 요즘 어머니들에게서는 찾아보기 어려운 일이다.

24. 단사표음(簞食瓢飮)

- 훈과 음: 대광주리 단(簞) · 먹을 식, 밥 사(食) · 표주박 표(瓢) · 마실 음(飮)
- 직역/의역: 한 대그릇의 밥을 먹고 한 표주박의 물을 마심 / 꾸밈이나 거짓이 없으며 깨끗하고 가난한 생활을 비유하는 말.

공자에게는 3천 명의 제자가 있었다. 그중 자공처럼 이익을 보는 사람이 있었는가 하면 자로처럼 벼슬길에 나아가 성공한 사람도 있었다. 안회는 다른 욕심 없이 오직 학문에만 몰두하는 제자였다. 공자는 그런 안회를 많은 제자들 중에서 유독 좋아하고 아꼈다. 안회는 평생 지게미(술을 빚고 남은 찌꺼기)조차 배불리 먹어 본 적이 없을 정도로 너무나 가난하여 끼니 거르기를 밥 먹듯 했다. 그렇지만 가난을 부끄럽게 여기지 않고 오직 학문에 힘썼다. 이런 안회를 보고 공자는 칭찬을 아끼지 않았다.

"어질도다 안회여. 한 대그릇의 밥을 먹고 한 쪽박의 물을 마시면서 누추한 곳에 살면, 다른 사람은 그 근심을 견디어 내지 못하거늘 안회는 즐거움을 잃지 않는구나. 어질도다, 안회여." 하지만 안회는 젊은 나이에 죽었다. 공자는 하늘이 자신을 버렸다며 몹시 슬퍼했다.

「사기, 중니제자열전」에 나오는 위 이야기 중 '대그릇의 밥을 먹고 표주박 물을 마신 것'으로 대표되는 안회의 가난한 삶에서 단사표음(簞食瓢飮)이 유래하였다.

⑩ 다 같이 못살던 과거에는 단사표음으로 공부하여 성공한 사람들이 참 많았는데, 요즘은 공부도 돈이 있어야 된다니 참 안타깝구나.

25. 당랑거철(螳螂拒轍)

- 훈과 음: 사마귀 당(螳) · 사마귀 랑(螂) · 막을 거(拒) · 바큇자국 철(轍)
- 직역/의역: 사마귀가 수레바퀴를 막아섬 / 자기 능력도 생각하지 않고 강적에게 덤비는 것. 생각이나 행동이 어리석고 신중하지 않음

춘추시대 제나라 장공이 사냥터로 가던 도중에 웬 벌레 한 마리가 앞발을 들고 수레바퀴를 칠 듯이 덤벼드는 것을 보았다. 수레를 모는 자에게 물었다.

"저건 무슨 벌레인가?"

"사마귀라는 벌레입니다. 앞으로 나아갈 줄만 알지 물러설 줄 모르며, 제 힘도 생각하지 않고 적을 가볍게 보는 경솔한 놈입니다."

장공이 말했다.

"저 벌레가 인간이라면 틀림없이 천하의 용사가 되었을 것이다. 수레를 돌려 피해 가도록 하라."

「회남자」와 「한시외전」에 나오는 이 고사에서 '사마귀가 수레를 막아서다.'라는 뜻의 당랑거철(螳螂拒轍)이 유래하였다.

⑩ 우리나라처럼 작은 나라가 스포츠 강국이라는 게 참 신기해. 당랑거철 같았지만 축구 월드컵 4강에도 올랐고 야구 올림픽 우승도 했잖아?

26. 당랑규선(螳螂窺蟬), 당랑포선(螳螂捕窺)

- 훈과 음: 사마귀 당(螳) · 사마귀 랑(螂) · 엿볼 규(窺) · 매미 선(蟬) · 잡을 포(捕)
- 직역/의역: 사마귀가 매미를 엿봄(규), 잡음(포) / 닥쳐올 위기는 모르고 눈앞의 이익에만 눈이 먼 것을 비유적으로 표현한 말.

춘추시대 오나라 왕 수몽은 국력이 강해지자 초나라를 공격하려고 했다. 신하들은 상황이 오나라에 유리할 것이 없다며 이를 말렸다. 그러나 오왕은 자신의 뜻을 따르지 않는 자는 모두 사형에 처하겠다고 엄명을 내렸다. 더 이상 어느 누구도 감히 나서지 못하였다.

젊은 시종 하나가 오왕을 설득할 방안을 생각해 냈다. 그는 아무 말 없이 활을 들고 궁전 정원 이곳저곳을 돌아다녔다. 마침내 사흘째 되던 날 아침 오왕은 이슬에 흠뻑 젖은 채 꼼짝 않고 나뭇가지만을 바라보고 있는 시종을 발견하였다. 오왕이 물었다.

"이른 아침에 옷을 다 적시면서 여기에서 무엇을 하느냐?"

그러자 시종이 말했다.

"정원 나무 위에 매미가 있었습니다. 매미는 높은 곳에서 노래를 부르며 사마귀가 뒤에 있는 것을 몰랐습니다. 사마귀는 몸을 웅크린 채 매미를 잡으려고 하다가 그 옆에 참새가 있는 것을 알지 못했습니다. 참새는 목을 늘여 사마귀를 쪼아 먹으려다 아래에 포수가 있는 것을 알지 못했습니다. 이 셋은 모두 눈 앞의 이익을 얻으려다가 그 뒤에 있는 위기를 알지 못한 것입니다."

이 말을 듣고 오왕 수몽은 초나라 공격 계획을 중지하였다.

「한시외전, 정간」에 나오는 고사이다. 사마귀가 자기 뒤에 참새가 있는 것도 모르고 매미를 노렸다는 이야기에서 당랑규선(螳螂窺蟬)이 유래하였다. 엿보면서 노린 것이 아니라 잡았다는 표현으로 당랑포선(螳螂捕窺)이라고도 한다.

> 예 네가 사기를 당한 것은 당랑규선처럼 눈앞의 작은 이익에 눈이 멀어 너를 노리는 그들의 마음을 읽지 못한 때문이다. 너를 원망해라.

27. 도광양회(韜光養晦)

- 훈과 음: 김출 도(韜) · 빛 광(光) · 기를 양(養) · 어둠 회(晦)
- 직역/의역: 빛을 감추고 어둠 속에서 힘을 기름 / 자신의 재능을 숨기고 인내하며 때를 기다림.

삼국시대 유비가 여포에게 쫓겨 조조에게 얹혀살던 무렵이었다. 유비가 예사로운 인물이 아님을 알게 된 조조는 가까운 사람들의 충고를 받아들여 어떻게든 곁에 두려고 하였다. 가슴에 품은 큰 뜻을 펼치기 위해 조조의 군영에서 떠나고 싶어 했던 유비는 기회만 엿보고 있었다. 조조의 경계심을 풀기 위해 아무 욕심도 없다는 듯 후원에서 채소만 가꾸었다. 유비를 경계하라는 신하들의 충고는 계속되었다. 어느 날 조조는 유비를 시험해 보기 위해 식사에 초대하였다. 그러고는 세상 돌아가는 이야기를 나누며 유비의 진심을 떠보았다.

"지금 천하에 영웅이 있다면 그대와 나 둘 뿐이오."

그 순간 우연히 천둥과 벼락이 쳤다. 당황한 유비는 짐짓 천둥소리에 놀란 듯 들고 있던 젓가락을 떨어뜨렸다. 이것을 본 조조는 유비가 생각보다 그릇이 작은 인물이라고 생각하여 떠나는 것을 허락했다.

삼국지에 나오는 이 고사에서 유비가 '속내를 감추고 스스로를 낮추어 상대방의 경계심을 풀면서 때를 기다린다.'는 뜻의 도광양회(韜光養晦)가 유래하였다. 훗날 유비는 조조에 대적할 만한 큰 인물이 되었다.

㈜ 2000년대 들어 비약적인 경제 발전을 이룬 중국은 미국의 견제를 피하기 위해 도광양회를 기본 정책으로 채택하였다.

28. 도원결의(桃園結義)

- 훈과 음: 복숭아 도(桃) · 동산 원(園) · 맺을 결(結) · 옳을 의(義)
- 직역/의역: 복숭아 동산에서 의형제를 맺다. / 뜻이 맞는 사람끼리 특별히 정한 목적을 이루기 위해 행동을 같이할 것을 약속하는 것.

후한시대 말기 환관들의 횡포로 정치가 어지러워지자 사방에서 반란이 일어났다. 대표적인 것이 장각이 태평도 신도들을 거느리고 일으킨 황건적의 난이다. 장각의 군대가 유주까지 쳐들어오자 태수 유언이 병사들을 모집하는 방을 내걸었다.

탁현이라는 작은 고을에서 짚신을 짜고 방석을 만드는 일로 생계를 삼고 있던 유비, 정육점을 운영하던 장비, 사납고 악한 관리의 난폭함을 참지 못하고 죽여 버린 후 도망 다니던 관우, 이 세 사람이 만났다. 어느 날 그들은 장비의 집 뒤 복숭아 동산에서 하늘과 땅에 제사를 지내고 의형제를 맺었다. 이를 역사에서는 도원결의(桃園結義)라고 한다.

도원결의 후 이들은 3백여 명의 젊은이를 이끌고 유주태수 유언의 부대에 합류하여 황건적 토벌에 나섰다. 그리고 잘 알려진 대로 훗날 촉나라를 세워 위나라의 조조, 오나라의 손권과 함께 천하를 셋으로 나누게 되었다.

◉ 인생을 살면서 도원결의한 친구가 세 명이 있다면 그 사람은 최고로 성공한 사람일 것이다.

29. 동호지필(董狐之筆)

• 훈과 음: 동호: 사람 이름 · ~의 지(之) · 붓, 쓸 필(筆)
• 직역/의역: 동호의 글 / 사실을 숨기지 아니하고 그대로 씀. 권세에 아부하거나 두려워하지 않고 원칙에 따라 사실을 바르게 기록함

일곱 살 어린 나이에 왕위에 오른 진(晉)의 영공은 무능하면서도 포악한 왕이었다. 재상 조돈이 수없이 바른 말을 했지만 영공은 그의 충간을 듣지 않았을 뿐만 아니라 오히려 죽이려고 했다. 생명의 위협을 느낀 조돈은 피신하려고 도성을 떠났다. 그런데 조돈이 아직 국경을 넘기 전 그의 사촌 형인 조천이 영공을 살해했다. 이 소식을 들은 조돈은 발길을 돌려 도성으로 돌아와 성공을 왕으로 세우고 다시 재상을 맡았다.

태사(사관의 우두머리)인 동호가 역사 자료에 이렇게 적었다.

"조돈이 왕을 죽이다!"

조돈이 이 기록을 보고 항의하자 동호가 이렇게 말했다.

"그대는 높은 벼슬에 있던 사람이지만 달아났고, 돌아와서는 죄인들을 징벌하지 않았으니 이 죄를 그대가 지지 않으면 누가 지겠소?"

이 이야기는 「좌전, 선공 2년」에 나온다. 이 고사에서 '권세에 아부하거나 두려워하지 않고 원칙에 따라 사실을 기록한다.'는 뜻의 동호지필(董狐之筆)이 유래하였다. 또한 공정한 역사가를 칭송할 때 '동호'라고 하게 되었다.

◉ 어떤 정권하에서도 언론은 동호지필의 정신으로 국민들의 알 권리를 충족시켜 주어야 한다.

30. 득롱망촉(得隴望蜀)

• 훈과 음: 얻을 득(得) · 땅이름 롱(隴) · 바랄 망(望) · 나라이름 촉(蜀)
• 직역/의역: 농 땅을 얻고 촉 땅까지 바람 / 만족할 줄 모르고 계속 욕심을 냄

전한 말기 나라가 어지러워지자 왕망이 한나라를 무너뜨리고 신나라를 세웠다. 15년 후 한나라 왕족이었던 유수가 신나라를 무너뜨리고 잠시 끊어졌던 왕위를 계승하였다. 이 사람이 바로 후한을 세운 광무제이다.

광무제가 다시 천하를 차지할 당시 큰 세력으로는 농의 외효, 촉의 공손술이 있었다. 농의 외효는 처음에 광무제 유수와 촉의 공손술을 놓고 비교하다가 큰아들 외순을 인질로 보내고 광무제에게 항복하였다. 그러나 얼마 후 마음이 바뀌어 촉의 공손술에게 항복하여 그의 신하가 되었다. 광무제는 외효와 공손술을 무력으로 진압하기로 결정하고 먼저 대장군 잠팽을 보

내 농을 공격하게 했다. 외효는 사천성으로 도망가 병들어 죽었는데 그의 아들 외순이 항복함으로써 농 지방은 점령되었다. 농이 점령되기 직전 광무제는 농을 공격중인 잠팽에게 서신을 보냈다.

「성을 무너뜨리거든 곧 군사를 거느리고 촉나라를 쳐라. 사람들은 만족할 줄 모르는 것을 미워한다지만 이제 농을 얻게 되니 촉을 바라게 되는구나. 매번 군사를 출동시킬 때마다 머리가 희어진다.」

농을 점령한 잠팽은 서신대로 군사를 이끌고 촉으로 향했다. 광무제 또한 대사마 오한을 장수로 삼아 촉을 공격하게 하였다. 오한은 잠팽의 부대와 함께 성도를 무너뜨리고 공손술을 죽였다. 이로써 천하는 모두 점령되었다. 광무제는 낙양을 수도로 정하고 고조를 모시는 사당을 세워 자신이 한 왕조를 다시 세웠음을 세상에 알렸다. 후한의 시작이었다.

이 이야기는 「후한서, 잠팽전」에 나온다. 광무제가 서신을 통해 잠팽에게 내린 명령서에서 득롱망촉(得隴望蜀)이 유래하여 욕심이 끝이 없는 것을 비유하는 말로 쓰이게 되었다.

㉺ 사람들은 돈을 벌면 보람 있게 쓸 생각을 하기 보다 그 돈으로 권력과 명예까지 얻으려는 득롱망촉(得隴望蜀)의 심리가 있다. 그러다가 잘못하여 돈을 잃고 건강까지 잃는 패가망신(敗家亡身)하는 경우도 많다.

31. 마저작침(磨杵作針), 마부위침(磨斧爲針)

- 훈과 음: 갈 마(磨) · 도끼 부(斧) · 쇠공이 저(杵) · 만들 위(爲) · 지을 작(作) · 바늘 침(針)
- 직역/의역: 쇠공이(도끼)를 갈아 바늘을 만듦 / 불가능할 것 같아도 꾸준히 노력하면 이룰 수 있음

중국의 유명한 시인 이백은 무역상이었던 아버지를 따라 어린 시절을 촉나라에서 보냈다. 젊은 시절 도교에 푹 빠졌던 이백은 또래와 어울려 사천성 각지의 산을 떠돌았다. 이때의 일로 다음과 같은 이야기가 전해진다.

이백은 젊은 시절 굳게 결심하고 공부를 하려고 팽산의 상이산에 들어갔다. 그러나 도중에 공부를 포기하고 고향으로 돌아가려고 했다. 가는 길 냇가에서 한 할머니가 쇠공이를 갈고 있는 것을 보고 이백이 물었다.

"할머니, 지금 무엇을 하고 계십니까?"

"바늘을 만들려고 한단다."

할머니가 아무렇지도 않게 말했다. 이백은 어이가 없어 그게 어떻게 가능하냐고 따져 물었다. 할머니가 대답했다.

"물론 가능하단다. 중간에 포기만 않는다면 말이다."

할머니의 말에 크게 깨달은 그는 오던 길을 되돌아가 다시 공부를 시작하였다. 쇠공이를 갈아 바늘을 만드는 마음으로 차근차근 열심히 공부하여 두보와 함께 쌍벽을 이루는 유명한 시인이 되었다.

남송 축목이 지은 「방여승람, 미주.마침계」에 나오는 이 이야기에서 마저작침(磨杵作針)이 유래하였다. 어느 할아버지가 도끼를 갈아 바늘을 만들려 했다는 마부위침(磨斧爲針)도 의미가 같은 사자성어이다.

㉠ 누구나 성공하고 싶으면 마부위침(마저작침)의 노력을 해야 한다. 그것이 바보 같아 보이기는 하지만 가장 확실한 방법이다.

32. 만사휴의(萬事休矣)

- 훈과 음: 일만 만(萬) · 일 사(事) · 그칠 휴(休) · 어조사 의(矣)
- 직역/의역: 만 개의 일(모든 일)이 그쳤음(끝났음) / 모든 일이 끝장남

당나라 말기 5대 10국 중 형남은 절도사였던 고계흥이 세운 나라이다. 형남은 4대에 걸쳐 약 40년간 유지되었다. 이 중 2대 고종회와 그의 열 번째 막내아들인 4대 고보욱 사이에 다음과 같은 이야기가 전해진다.

고종회는 업무를 보다가 불같이 화를 내는 일이 잦았다. 그때마다 그의 신하들은 불똥이 어디로 튈지 몰라 걱정이 태산이었다. 불안에 떨며 감히 고개조차 들지 못했다. 그런데 이상하게도 막내아들만 나타나면 갑자기 화를 풀고 온 얼굴에 웃음을 띠었다. 곤경에 처했던 신하들 입장에서 고보욱은 구세주였다. 그래서 신하들은 고보욱만 나타나면 '만사휴(萬事休)', 즉 사람들을 공포 분위기로 몰아갔던 모든 상황이 끝난 것으로 여겼다.

「송사, 형남고씨세가」에 나오는 이 이야기에서 만사휴의(萬事休矣)가 유래하였다. 이 고사에서 '만사휴'는 공포의 순간에서 벗어난 기쁨의 의미였다. 그러나 후대로 오면서 '모든 일이 끝장났다.'는 부정적인 의미로 바뀌었다.

㉠ 사람들은 어떤 일을 하다 실패하면 곧잘 만사휴의라 생각하고 절망에 빠진다. 실패에서 교훈을 얻지 못하니 어리석은 일이다.

33. 망양보뢰(亡羊補牢)

- **훈과 음:** 잃을 망(亡) · 양 양(羊) · 고칠 보(補) · 우리 뢰(牢)
- **직역/의역:** 양을 잃고 우리를 고침 / ① 어떤 일이 이미 실패한 뒤에는 뉘우쳐도 소용이 없음 ② 일을 실패한 뒤에 바로 수습을 하면 그래도 늦지 않음

전국시대 초나라 양왕은 술과 여자에 빠져 나랏일을 돌보지 않았다. 그러자 나라의 힘이 날로 쇠약해져 갔다. 장신이 양왕에게 여러 차례 정사를 돌보도록 간언을 했지만 양왕은 오히려 화를 내며 듣지 않았다. 장신은 할 수 없이 조나라를 떠나 몸을 피했다.

얼마 후 진나라가 초나라를 침공하여 도성까지 짓밟았다. 양왕은 성양으로 달아났고 그제야 장신의 간언을 듣지 않은 것을 후회했다. 사람을 보내어 장신을 다시 불러들였다. 그가 돌아오자 친절히 그를 맞이하면서 말했다.

"과인이 애당초 그대의 말을 듣지 않은 것을 후회하오. 이제 과인이 어찌하면 좋겠소?"

장신이 대답했다.

"신은 일찍이 이런 속담을 들었습니다. '토끼를 발견하고 나서 사냥개를 돌아봐도 늦지 않고, 양을 잃은 후에 우리를 고쳐도 늦지 않다.' 옛날 탕왕과 무왕은 백리 작은 땅에서 나라를 일으켰고, 걸왕과 주왕은 천하를 갖고도 멸망했습니다. 지금 초나라는 비록 전쟁에 패하여 작아지긴 했지만 그래도 수 천리의 땅이 있습니다. 어찌 백 리의 땅과 비교할 수 있겠습니까? 지금도 늦지 않았습니다."

이 이야기는 「전국책, 초책」에 나온다. '양을 잃은 후에 우리를 고쳐도 늦지 않다.'는 장신의 말에서 망양보뢰(亡羊補牢)가 유래하였다.

> 예 정수야, 실패는 성공의 어머니라는 말이 있단다. 그만한 일로 포기하지 말아라. 실패한 원인을 찾아 망양보뢰하면 곧 만회할 수 있을 거야.

34. 망운지정(望雲之情), 백운고비(白雲孤飛)

- **훈과 음:** 바라볼 망(望) · 구름 운(雲) · ~하는 지(之) · 마음 정(情) · 흰 백(白) · 외로울 고(孤) · 날 비(飛)
- **직역/의역:** 구름을 바라보는 마음. 흰 구름이 외롭게 날아다님 / 고향을 떠난 자식이 타향에서 고향에 계신 부모를 그리워 함

적인걸이란 사람은 당나라 고종과 측천무후 때 명재상으로 이름을 날린 인물이다. 그는 젊은 시절 정주에서 관리를 하였다. 그의 부모는 고향인 하양에 살고 있었는데 정주와 하양은 거리가 멀었다. 효성이 지극했던 적인걸은 늘 고향에 계신 부모님을 그리워했다. 그리고 부모님이 그리울 때마다 태항산에 올라 하늘의 구름을 바라보며 일행들에게 이렇게 이야기했다.

"저의 부모님께서는 저 흰 구름 아래에 살고 계십니다."

그러고는 눈물을 글썽이며 하염없이 하늘만 바라보았다. 그렇게 오랫동안 슬픈 모습으로 하늘을 보다 구름이 걷히고 나서야 비로소 그곳을 떠났다.

「신당서, 적인걸전」에 나오는 이야기이다. 이 고사에서 '하늘의 구름을 쳐다보며 부모를 그리워한다.'는 뜻의 망운지정(望雲之情)이 유래하였다. 또한 하늘에 나는(떠다니는) 구름을 쳐다보며 그 구름 아래 계실 부모를 그리워한다는 뜻의 백운고비(白雲孤飛)도 유래가 같다.

＠ 어릴 때부터 부모와 헤어져 객지생활을 오래 하면서 망운지정에 눈물을 흘린 적이 한두 번이 아니었다.

35. 맥수지탄(麥秀之嘆)

- 훈과 음: 보리 맥(麥) · 빼어날 수(秀) · ~의 지(之) · 탄식할 탄(嘆)
- 직역/의역: 보리가 빼어남(무성하게 자람)을 탄식함 / 나라를 잃은 설움(세월의 덧없음)

은나라(상나라)의 마지막 왕인 주왕이 술과 여자에 빠져 난폭한 정치를 일삼자 왕족인 미자, 기자, 비간이 충성스런 마음으로 주왕에게 말했다. 하지만 주왕은 이들의 충간을 듣지 않았다.

미자는 원래 주왕의 서형(어머니가 다른 형)으로 장남이었지만 그의 어머니가 낮은 신분 출신이라 왕위에 오르지 못한 인물이었다. 그는 주왕의 난폭한 정치를 견디다 못해 신변의 위협을 느껴 다른 나라로 피신하였다. 기자 또한 머리를 풀어 헤치고 미친 사람 행세하며 몸을 숨겼다. 비간 만은 주왕 곁을 떠나지 않고 끝까지 간언하였다. 참다못한 주왕이

"성인의 심장에는 일곱 개의 구멍이 있다던데 비간은 어떠한가 보자."

하면서 그를 죽여 심장을 갈기갈기 찢어 버렸다. 주왕은 이 밖에도 임신한 여자의 배를 가르고, 발이 시려 강을 건너지 못하는 노인의 다리를 자르는 등 나쁜 짓을 계속하였다.

주왕의 난폭한 정치가 계속되는 사이 나라는 크게 어지러워지고 주나라 무왕이 군사를 일으켜 은나라를 멸망시키고 주왕을 죽였다. 그리고 은 왕조의 제사를 위해 다른 나라로 피신하였던 미자를 송왕으로 삼으며 불러들였다. 기자의 인품 또한 높이 사 조선의 왕으로 임명했다.

기자가 조선으로 가는 도중 이미 모두 파괴된 은나라 도읍터를 지나게 되었다. 그러나 궁전은 사라지고 이미 폐허가 된 궁전터에 보리가 무성하게 자라 있었다. 허무한 마음이 든 기자는 이를 한탄하여 「맥수의 노래(맥수가)」를 지어 불렀다.

"보리 이삭은 무럭무럭 자라나고 / 벼와 기장(곡식의 종류)도 기름지고나(아주 잘 자랐구나) 아주 못된 저 철부지 아이가 / 내 말을 듣지 않은 탓이지"

백성들이 이 말을 듣고 모두 눈물을 흘렸다.

이 이야기는 「사기, 송미자세가」에 나온다. '맥수가'의 노랫말에서 맥수지탄(麥秀之嘆)이 유래하여 '망한 조국을 생각하며 탄식하는 심정'을 비유하는 말로 쓰이게 되었다. 노랫말 중 아주 못된 철부지 아이는 주왕을 말한다.

> 예 저 곳이 옛날 내가 살던 마을인데 지금은 몇 집 안 남았구나. 갈수록 어려워지는 우리 농촌의 현실에 맥수지탄을 금할 수가 없다.

36. 묘항현령(猫項懸鈴), 묘두현령(猫頭縣鈴)

- **훈과 음**: 고양이 묘(猫)·목 항(項)·머리 두(頭)·매달 현(懸)·방울 령(鈴)
- **직역/의역**: '고양이 목(머리)에 방울 달기' / 실제로 행할 수 없는 의견이나 대책을 이르는 말.

고양이에게 시달리던 쥐들이 대책을 논의했다. 쥐 한 마리가 좋은 의견을 냈다.

"고양이의 목에 방울을 매답시다. 그러면 고양이가 나타날 때 그 방울 소리를 듣고 미리 피할 수 있지 않겠습니까?'

쥐들은 모두 좋은 의견이라고 뛸 듯이 기뻐했다. 그러자 늙은 쥐가 물었다.

"누가 고양이의 목에다 방울을 달겠는가?"

모두 당황해서 어쩔 줄 몰라 했다. 누구도 감히 용기를 낼 수 없었던 것이다.

우리나라 조선 인조 때의 학자 홍만종의 「순오지」에 나오는 이 이야기에서 '고양이 목에 방울 달기'라는 뜻의 묘항현령(猫項懸鈴)이 유래했다. 목 대신 頭(머리 두)를 써서 묘두현령(猫頭縣鈴)이라고도 한다.

㉠ 저 친구 공부나 운동 모두 잘하는데 힘이 센데다 성격이 나쁜 게 문제야. 약한 아이들을 괴롭히는데 묘항현령처럼 아무도 감히 나서서 말리질 못하니.

37. 무릉도원(武陵桃源)

- 훈과 음: 무릉(지명) · 복숭아 도(桃) · 근원 원(源)
- 도원(桃源): 도연명의 도화원기에 나오는 가상의 선경. 별천지. 피난처.
- 직역/의역: 무릉의 별천지 / 도연명의 《도화원기》에 나오는 상상속의 아름다운 동산. 사람들이 꿈꾸는 이상향.

무릉도원의 유래와 관련하여 동진(東晉)의 천재 시인 도연명의 시 도화원기에 다음과 같은 내용이 있다.

무릉에에 살던 어부가 배를 타고 가다가 복숭아꽃 피는 마을에서 길을 잃었다. 배에서 내려 동굴을 따라가다 어느 마을에 들어섰다. 그곳은 풍경이 무척 아름답고 무엇보다 사람들이 모두 행복한 모습이었다. 그 행복과 평화로움이 어디로부터 비롯된 것인지 도연명은 이렇게 시로 표현하였다.

"서로 격려하며 농사일에 힘쓰고 / 해 지면 더불어 돌아와 쉬었다네.

뽕나무와 대나무는 짙은 그늘 드리우고 / 콩과 기장은 철 따라 심네.

봄에는 누에에서 긴 실을 뽑고 / 가을에는 수확해도 세금이 없네.

아이들은 마음껏 다니면서 노래 부르고 / 노인들은 즐겁게 놀러 다니네.

초목이 무성하면 봄이 온 걸 알고 / 나무가 시들면 바람 매서움을 아네.

비록 세월 적은 달력 없지만 / 사계절은 저절로 한 해를 이루노니

기쁘고도 즐거움이 많은데 / 어찌 수고로이 힘쓸 필요 있으랴.

그 유명한 무릉도원(武陵桃源)의 실제 모습이 보통 시골 마을의 풍경 같아서 실망스럽다. 그러나 도연명이 꿈꾼 아름다운 세상은 일하지 않아도 배부르게 먹고 사는 에덴동산이 아니었다. 각자 자기 책임을 다하고 열심히 일하면 저절로 기쁘고 즐거움이 따르는 세상이었다.

㉠ 1) 마음먹기에 따라서는 가정도 무릉도원이 될 수 있는 거라네. 2) 그 집 정원에 들어서니 듣던 바대로 무릉도원이 따로 없더구먼.

38. 문경지교(刎頸之交)

- 훈과 음: 목 벨 문(刎) · 목 경(頸) · ~하는 지(之) · 사귈 교(交)
- 직역/의역: 대신 목 베임을 당해 줄 수 있을 정도로 절친한 사귐 / 생사를 함께할 수 있는 벗이나 그 벗과의 사귐

전국시대 조나라 혜문왕 때에는 재상인 인상여와 장군 염파가 있어 강국인 진나라도 감히 조나라를 넘보지 못했다. 어느 때 진왕이 조왕에게 면지에서의 회합을 제안했다. 조왕은 진나라가 두려워 만남에 응하고 싶지 않았으나 염파와 인상여의 권고로 응하게 되었다.

면지에서의 회합은 아주 위험한 분위기였다. 그러나 인상여의 적절한 대처로 조왕은 끝까지 위엄을 잃지 않고 위기를 벗어날 수 있었다. 회합을 무사히 마치고 돌아온 혜문왕은 인상여를 염파의 윗자리인 상경에 임명했다. 인상여가 자신의 윗자리에 오르자 염파는 매우 불쾌했다.

"나는 장군으로 전쟁에 큰 공을 세웠다. 그런데 인상여는 겨우 입과 혀를 놀렸을 뿐인데 나보다 윗자리에 있다. 게다가 상여는 본래 천한 출신이다. 부끄러워 도저히 그의 밑에 있을 수 없다. 인상여를 만나면 기필코 모욕을 주고 말겠다."

이 말을 전해들은 인상여는 염파와 마주치지 않으려고 했다. 그는 회의 때마다 병을 핑계로 나가지 않았다. 염파와 지위 다툼을 하지 않기 위해서였다. 인상여는 외출할 때 멀리 염파가 오는 것이 보이면 수레를 끌고 피해 버리곤 했다.

인상여 측근들의 불만이 날로 커졌다. 계속 염파를 피해 다닌다면 모두들 곁을 떠나겠다고 난리를 쳤다. 그러자 인상여가 말했다.

"내 비록 늙고 힘없다 하나 어찌 염장군을 두려워하겠는가? 강한 진나라가 감히 우리 조나라를 공격하지 못하는 것은 우리 두 사람이 있기 때문이다. 지금 두 마리 호랑이가 싸우면 형세로 보아 둘 다 무사할 수 없을 것이다. 내가 이렇게 하는 것은 국가의 급한 것을 앞세우고 사사로운 원한을 뒤로 하기 때문이다."

이 말을 전해 들은 염파는 웃옷을 벗고 가시나무 회초리를 등에 지고 인상여의 집 문 앞에 이르러 사죄했다.

"비천한 사람이 장군께서 이토록 큰 인물인 줄을 알지 못했소."

두 사람은 마침내 화해를 하고 문경지교를 맺었다.

이 이야기는 「사기, 염파인상여열전」에 나온다. 인상여와 염파의 관계처럼 서로 죽음을 함께 하는 막역한 사귐을 문경지교(刎頸之交)라 한다.

⑩ 평생에 문경지교로 맺어진 친구 셋을 가지고 있다면, 그 사람은 성공한 삶을 살았다고 해도 과언이 아닐 것이다.

39. 미생지신(尾生之信)

- **훈과 음**: 미생: 인물 이름 · ~의 지(之) · 믿을 신(信)
- **직역/의역**: 미생의 믿음 / 1) 약속을 잘 지킴 2) 깊은 생각 없이 약속만 잘 지키는 어리석음.

춘추시대 노나라에 미생이라는 사람이 있었다. 어느 때 사랑하는 여자와 다리 아래에서 만나기로 약속하고 기다렸다. 하필 그 때 엄청난 소나기가 내렸다. 여자는 오지 않고 소나기로 물이 엄청나게 불어나 떠내려 갈 지경이었다. 그러나 여자와 그곳에서 만나기로 약속한 터라 물이 밀려와도 끝내 자리를 떠나지 않았다. 끝까지 기다리다 마침내 교각을 끌어안고 죽었다.

후세 사람들은 이러한 미생의 행동으로 미생지신(尾生之信)이란 말을 만들었다. 미생의 믿음이란 뜻으로 '미련하도록 약속을 굳게 지키는 것'이나 '오직 한 가지 생각 외에는 다른 생각을 하지 않음' 등 두 가지의 의미로 쓰인다.

🔘 그 친구와 함께 사업을 하겠다는 계획에 전적으로 찬성한다. 미생지신을 가지고 있는 친구이니 너를 배신하지는 않겠지.

40. 반포지효(反哺之孝)

- 훈과 음: 되돌릴 반(反) · 먹을(먹일) 포(哺) · ~하는 지(之) · 효도 효(孝)
- 직역/의역: 까마귀 새끼가 자라서 늙은 어미에게 먹이를 물어다 주는 효도 / 자식이 자라서 어버이의 은혜에 보답하는 효성을 이르는 말

까마귀는 부화한 지 60일 동안은 어미가 새끼에게 먹이를 물어다 주어 키운다. 그러나 새끼가 다 자라면 먹이 사냥에 힘이 부친 어미를 다 자란 까마귀가 먹여 살린다고 한다. 그리하여 까마귀를 자오(인자한 까마귀) 또는 반포조라고 한다. 즉 까마귀가 어미를 되먹이는 습성을 '반포'라고 하는데 이는 극진한 효도를 의미한다. 이런 연유로 반포지효(反哺之孝)는 어버이의 은혜에 대한 자식의 지극한 효도를 뜻한다.

그러나 가장 큰 효도는 자식이 훌륭한 사람이 되어 부모의 명예를 높이는 것이다. 이를 일컬어 공자는 입신양명(立身揚名)하여 이현부모(以顯父母)하는 것이 효지종야(孝之終也)라고 하였다. 이를 풀이하면

(뜻(몸)을 세워서 이름을 떨침(입신양명) / 이로써 부모를 빛나게 함(이현부모) / 효도의 끝(효지종야)이라 할 것이다.

🔘 사람이 불효하면 반포지효를 다하는 까마귀만도 못한 놈이지.

41. 방휼지쟁(蚌鷸之爭), 어부지리(漁父之利)

- 방휼지쟁(蚌鷸之爭)
- 훈과 음: 민물조개 방(蚌) · 도요새 휼(鷸) · ~의 지(之) · 다툴 쟁(爭)
- 직역/의역: 민물조개와 도요새의 싸움 / 둘이 싸우다 엉뚱한 제삼자가 이익을 보는 것을 비유하는 말.

- 어부지리(漁父之利)
- 훈과 음: 고기 잡을 어(漁) · 아비 부(父) · ~의 지(之) · 이로울 이(利)
- 직역/의역: 어부의 이익 / (방휼지쟁과 같음)

전국시대에 조나라가 연나라를 공격하려고 하자 때마침 소대는 연나라 왕의 부탁을 받고 조나라의 혜문왕을 찾아가 말했다.

「오늘 오면서 역수를 지나는데 민물조개가 입을 벌리고 햇볕을 쪼이고 있었습니다. 도요새가 조갯살을 쪼아 먹으려 하자 조개가 입을 오므려 도요새의 주둥이를 물어 버렸습니다. 도요새가 말했습니다. '오늘도 비가 안 오고 내일도 비가 안 오면 너는 죽고 만다.' 조개 역시 도요새에게 말했습니다. '오늘도 못 빠져나가고 내일도 못 빠져나가면 너도 역시 죽고 만다.' 둘이 서로 놔주려 하지 않자, 마침 지나가던 어부가 그 둘을 한꺼번에 잡아 버렸습니다.

지금 조나라가 연나라를 쳐 두 나라가 전쟁을 하면 백성들이 지치고 피곤해집니다. 신은 강한 진나라가 어부처럼 두 나라를 한 번에 얻는 이득을 얻을까 우려됩니다. 그러므로 왕께서는 연나라 공격 문제를 깊이 생각해 보시기 바랍니다.」

혜문왕은 과연 옳은 말이라 하여 연나라 공격 계획을 중지하였다.

이 이야기는 「전국책, 연책」에 나온다. 이 고사 중 '민물조개와 도요새가 서로 싸워 어부가 뜻밖의 횡재(이익)를 했다.'는 말에서 방휼지쟁과 어부지리가 유래하였다. 둘의 싸움에 제삼자인 어부만 횡재를 하였다는 뜻으로 쓸데없는 싸움은 피하라는 의미이다.

예 1) 선거에서 여야 중 단일화를 못한 쪽의 후보들이 방휼지쟁을 하면 다른 쪽 후보는 힘들이지 않고 쉽게 당선된다. 2) 빙상 쇼트트랙 경기에서 코너를 돌 때 앞서가던 선수들이 엉켜 넘어지면서 꼴찌가 어부지리로 1등을 하기도 한다.

42. 배수지진(背水之陣)

- 훈과 음: 등 배(背) · 물 수(水) · ~하는 지(之) · 진지 진(陣)
- 직역/의역: 물을 등지고 진을 침 / 물러설 곳이 없다는 각오를 하고 모든 힘을 다해 노력함.

한나라의 장군 한신이 조나라 군을 공격할 때의 일이다. 한신이 조군에게 쫓기며 진을 치는데 큰 강을 뒤로 하고 쳤다. 한신 군대의 진을 바라보던 적장은 그 어리석음에 코웃음을 쳤다. 이렇게 세운 진은 한 발짝이라도 뒤로 물러서면 모두 강물에 빠져 죽는다. 그러나 한신의 군대는 이 막다른 상태에서 모든 병사들이 죽기 살기로 싸워 드디어 승리할 수 있었다.

이처럼 배수지진(背水之陣)이란 더 이상 물러설 데가 없는 위기의 상황을 스스로 만드는 것이다. 위기에서 모든 힘을 기울여 어떤 일에 대처해나가는 태도나 방법을 가리키는 말이다.

예 1) 임진왜란 초기 신립 장군이 금강에서 배수지진을 치고 싸우다 크게 패했다. 이는 조총이라는 왜군의 신무기를 알지 못했기 때문이었다. 2) 외국 유학을 가게 되었다니 축하한다. 그러나 학위를 못 따면 한국에 안 오겠다는 배수진(背水陣)을 치고 공부를 해야 할 거야.

43. 백가쟁명(百家爭鳴)

- 훈과 음: 일백 백(百) · 전문가 가(家) · 다툴 쟁(爭) · 말할 명(鳴)
- 직역/의역: 백 명(많은)의 전문가들이 다투면서 말함 / 많은 학자들이 각기 자기의 주장을 펴면서 논쟁하는 것

세계 역사상 예를 찾아보기 힘들 만큼 다양한 문화와 인물, 학문이 나타난 시대가 바로 춘추전국시대이다. 그런 까닭에 사람들이 살아가는 다양한 모습을 표현하는 고사성어가 많이 등장하기도 했다. 많은 영웅과 호걸들이 권력을 다투며 경쟁하기도 했지만 또 그만큼 다양한 종류의 학문과 주장이 경쟁한 시대이기도 했다.

이러한 학파와 학자들을 가리켜 제자백가(諸子百家)라고 한다. 대표적인 학파로는 공자와 맹자의 유가, 노자와 장자의 도가, 한비자와 순자의 법가, 묵자의 묵가, 그 외에 계절의 변화와 만물의 순환을 주장하는 음양가, 명분과 논리를 중시하는 명가 등이 있었다.

이렇게 다양한 학문과 주장이 나누어져 서로 토론하고 경쟁하는 모습을 백가쟁명(百家爭鳴)이라고 한다. 이들이 자신의 주장을 펼치면 군주들은 자신의 생각에 맞는 주장을 받아들여 부국강병을 이루고자 했다. 춘추전국시대를 끝내고 천하통일을 이룬 진(秦)나라는 법가 사상가들을 중용하였다.

예 그 문제라면 지금 수많은 학자들이 백가쟁명으로 다투고 있으니 머지않아 결론이 나지 않겠니?

44. 백년하청(百年河淸)

- **훈과 음**: 일백 백(百) · 해 년(年) · 강 하(河) · 맑을 청(淸)
- **직역/의역**: 100년(무수한 세월)이 지나야 강물(중국의 황하)이 맑아질 것임 / 아무리 기다려도 이루어지기 힘든 일이나 기대할 수 없는 일

춘추시대 소국인 정나라는 북방의 강국 진나라와 남방의 초나라 틈바구니에서 간신히 버티고 있었다. 어느 때 정나라는 초나라의 지배를 받는 채나라를 침공하여 화를 자초하였다. 초나라는 이를 자신에 대한 도전으로 여겨 이웃 나라들에게 정나라를 공격하라고 했다. 정나라 신하들이 대책회의를 열었다. 진나라에 원병을 요청하자는 주장과 초나라와 화친을 하자는 주장이 팽팽하게 맞섰다. 이때 화친을 주장하던 자사가 말했다.

"이런 시 구절이 있습니다. '황하의 물이 맑기를 기다리지만 사람 수명은 얼마나 되는가. 이런저런 점을 치지만 그물에 얽힌 듯 갈피를 못 잡네.' 우선 초나라와 휴전을 해서 일단 백성들을 위험에서 구합시다. 그 후에 진나라가 오면 진을 따르는 것이 좋겠습니다."

정나라는 자사의 말에 따라 초나라와 화친하여 위기를 벗어났다.

이 이야기는 「좌전, 양공」에 나온다. 자사가 황하가 맑아지기를 기다린다는 구절을 인용한 것은 진나라의 원병을 기다리는 것은 황하가 맑아지기를 기다리는 것처럼 어려운 일이라는 뜻이다. 이 고사에서 아무리 기다려도 황하가 맑아지지 않듯이 불가능한 일을 기대하는 것이란 뜻의 백년하청(百年河淸)이 유래하였다.

예 6.25 직후 어느 외국 기자는 한국이 민주주의를 발전시키는 것은 쓰레기통에서 장미꽃을 발견하는 것보다 어렵다고 했다. 백년하청이란 말이지. 그런데 보아라. 지금 우리나라의 민주주의가 단시간 얼마나 발전했는지.

45. 백면서생(白面書生)

- 훈과 음: 흰 백(白) · 얼굴 면(面) · 책 서(書) · 날 생(生)
- 직역/의역: 얼굴이 하얀 선비 / 글만 읽어 세상 물정에 어둡고 경험이 없는 사람.

남북조시대 때 북위가 북쪽의 유연을 공격하자 남조의 송나라 문제는 숙적인 북위를 칠 절호의 기회라고 생각했다. 신하들과 더불어 북위를 공격할 방법을 논의하였다. 심경지는 북벌 실패의 전례를 들며 공격을 반대했다.

"국가를 다스리는 일은 집안일에 비유할 수 있습니다. 밭가는 일은 농부에게 물어보고, 베 짜는 일은 하녀에게 물어야 합니다. 지금 폐하께서는 적국을 치려고 하면서 얼굴 허연 선비들과 의논을 하십니다. 그러니 어떻게 일을 이룰 수 있겠습니까? 뜻을 거두십시오."

문제는 심경지의 말을 듣지 않았다. 끝내 공격을 강행하였고 결국 대패하고 말았다.

이 이야기는「송서, 심경지전」에 나온다. 심경지가 말한 내용 중 '얼굴이 허연 선비' 즉 백면서생(白面書生)은 실내에서 책만 읽어 얼굴이 창백하고 실제 전쟁 경험이 전혀 없는 신하들을 비꼬아 한 말이다.

> 예 세상을 잘 모르는 자네 같은 백면서생이 사업을 한다니. 나는 반대하네. 차라리 월급을 받는 안정적인 직장을 구해 보게나.

46. 불식태산(不識泰山)

- 훈과 음: 아니 불(不) · 알 식(識) · 클 태(太) · 뫼 산(山)
- 직역/의역: 태산을 알지 못함 / 훌륭한 사람을 알아볼 줄 모름.

죽공예(대나무공예)의 선구자로 불리는 태산은 춘추시대 노나라 사람으로 목(나무)공예가인 노반의 제자였다. 태산은 처음에 목공예를 열심히 배워 노반의 총애를 받았다. 하지만 얼마 후부터 시간만 나면 대나무 숲에 들어가 오랫동안 나오지 않았다. 점점 목공예를 배우는 시간이 짧아졌다. 어느 때 노반이 시험으로 제자들에게 탁자를 만들게 하였다. 모두 잘 만들었으나 태산이 만든 것은 마음에 들지 않았다. 노반은 화가 나서 태산을 쫓아냈다.

10여 년 뒤 노반은 시장에서 아주 정밀하게 만들어진 대나무 가구를 보았다. 그것을 만든 사람을 찾았더니 실력이 부족하다고 쫓아낸 태산이었다. 태산은 노반에게 처음 기술을 배울 무렵 대나무에 관심이 생겼다. 그러나 스승이 나무로만 만들게 하자 혼자 대나무 숲에 들어가 연구하였다. 마침내 스스로 기술을 터득하여 뛰어난 경지에 이른 것이다. 이를 알게 된 노반은 부끄러움을 감추지 못하고 탄식했다.

"내가 눈이 있어도 태산을 제대로 알아보지 못했구나."

이 고사 중 노반의 탄식에서 불식태산(不識泰山)이 유래하였다.

> 예 어릴 때 허약해서 제대로 인간 노릇을 할까 걱정하던 죽마고우가 장군이 되다니. 눈이 있어도 불식태산이었구나! 정말로 한심하다.

47. 불원천리(不遠千里)

- 훈과 음: 아니 불(不) · 멀 원(遠) · 일천 천(千) · 리 리(里)
- 직역/의역: 천 리도 멀지 않음 / 먼 길을 오는 고생도 마다하지 않음

천하를 떠돌던 맹자가 양혜왕을 만났다. 혜왕이 말했다.

"선생께서 천 리를 멀다 하지 않고 오셨으니 장차 내 나라를 이롭게 할 귀중한 말씀을 해 주시겠군요."

맹자가 말했다.

"왕께서는 어찌 이로움만을 말씀하십니까? 오직 인과 의가 있을 뿐입니다. 왕께서 어떻게 하면 내 나라를 이롭게 할까를 말씀하시면 대신들은 어떻게 하면 내 땅을 이롭게 할까를 말합니다. 선비와 평민들은 어떻게 하면 내 몸을 이롭게 할까를 말합니다. 위와 아래가 모두 이익을 취하려고 하면 나라는 위태로워질 것입니다. 어질면서 어버이를 버리는 사람은 없습니다. 의로우면서 임금을 배반하는 사람도 없습니다. 왕께서는 오직 인의(어짊과 의로움)를 말씀하시면 될 뿐입니다. 어찌 꼭 이로움만을 추구하십니까?"

이 이야기는 「맹자, 양혜왕」에 나온다. 이 고사 중 '선생께서 천리를 마다않고 오셨으니'라는 양혜왕의 말에서 불원천리(不遠千里)가 유래하였다.

> ⓔ 창수야, 멀리 떨어져 있는 친구가 어려운 처지에 놓였을 때 불원천리하고 달려가 도와 줄 수 있어야 진정한 친구가 되는 거란다.

48. 비육지탄(髀肉之嘆)

- 훈과 음: 넓적다리 비(髀) · 고기 육(肉) · ~의 지(之) · 탄식할 탄(嘆)
- 직역/의역: 넙적다리(허벅지) 살에 대한 탄식 / 별로 하는 일 없이 허송세월하면서 능력을 발휘하지 못하는 신세를 한탄함.

삼국시대 여러 영웅들이 세력을 경쟁하던 시절 유비는 조조에게 잡혀 온갖 고생을 하다가 극적으로 탈출하여 먼 친척인 형주의 유표에게 의지하였다. 그러나 유표의 극진한 대접을 받아 편히 지내기는 하였으나 아무 하는 일없이 지내는 자신의 신세가 너무 처량했다.

어느 날 유표가 대접한 술자리에서 오줌을 누러 밖에 나갔다가 자신의 허벅다리 살이 엄청 쪘다는 것을 느꼈다. 유표가 유비의 얼굴 모습이 좋지 않은 것을 보고 이유를 물어 보았다. 그러자 유비가 말했다.

"어지러운 세상을 구해 보겠다는 뜻을 세우고 나서는 언제나 몸이 말안장을 떠날 겨를이 없어 넓적다리에 살이 붙은 일이 없었습니다. 그런데 근래 말을 타는 일이 없다 보니 살이 많이 붙었습니다. 그것을 보니 그동안 공을 이룬 것이 없어 너무 슬펐습니다."

「삼국지, 촉서」에 나오는 이야기이다. 유비의 말 중 넓적다리에 살이 너무 많이 붙어 슬프다는 표현에서 비육지탄(髀肉之嘆)이 유래하였다.

ⓔ 시험 때는 아니지만 남들은 열심히 공부한다고 난리인데 하는 일 없이 빈둥거렸더니 살만 포동포동 쪘구나. 비육지탄이로다!

이룬 것이 없으니 넓적다리만 뚱뚱해지는구나!

49. 사면초가(四面楚歌)

* 훈과 음: 넉 사(四) · 방향 면(面) · 초나라 초(楚) · 노래 가(歌)
* 직역/의역: 네 방향에서 들리는 초나라 노래 / 아무에게도 도움이나 지지를 받을 수 없는 외로운 상황에 처함

초나라 항우와 한나라 유방이 해하에서 마지막 일전을 겨룰 때의 일이다. 한나라 군대는 항우의 군대를 여러 겹으로 에워쌌다. 항우의 군대는 물샐 틈 없이 포위된 데다 식량마저 떨어져 매우 어려웠다. 어느 날 밤 사방에서 초나라 노랫소리가 들려왔다. 항우는 크게 놀랐다.

"우리 군사들이 저렇게 많이 항복한 건가? 어찌 한나라 군중에 초나라 사람이 저리 많단 말인가?"

항우는 한군에 항복한 초나라 군사들이 많은 줄 알고 크게 낙담했다. 사기가 떨어진 초군은 이 싸움에서 대패했다. 항우는 살아남은 몇 안 되는 부하들과 계속 쫓기다 오강에 이르러 자살하였다. 그러나 사실 항우가 들었던 사면에서 들려온 초나라 노래는 한나라 군사들이 펼친 심리전이었다. 이로 인해 초군의 사기가 떨어지고 한군은 대승하여 천하를 제패할 수 있었다.

이 이야기는 「사기, 항우본기」에 나온다. 이 고사에서 '사방에서 들리는 초나라 노래'란 뜻의 사면초가(四面楚歌)가 유래하였다. 사면초가의 참뜻은 주위가 온통 자신의 반대자로 둘러싸여 있어 매우 어려운 상황을 말한다.

ⓔ 저렇게 자기 혼자만 잘난 척하고 안하무인처럼 행동하다가는 정작 어려울 때 사면초가가 될 텐데. 참으로 안타깝다.

50. 사석위호(射石爲虎)

- 훈과 음: 궁술, 쏠 사(射) · 돌 석(石) · 간주할 위(爲) · 호랑이 호(虎)
- 직역/의역: 호랑이로 알고 돌에 (화살을) 쏨 / 어떤 일이든 최선을 다하면(정신을 집중하면) 못할 일이 없다는 것을 비유하는 말.

전한시대 이광은 활쏘기에 능한 장군이었다. 그의 궁술은 집안 대대로 전해 내려오는 남다른 재능이었다. 적이 수십 보 이내까지 가까이 와도 명중시킬 수 없다고 생각하면 절대 쏘지 않았고 쏘았다 하면 하나도 빗나가지 않았다. 활시위 소리가 나면 어김없이 적이 쓰러졌다.

이광이 우북평군 태수로 있을 때의 일이다. 하루는 명산으로 사냥을 하러 갔다. 이내 숲속에 웅크리고 있는 호랑이를 보았다. 침착하게 활을 들고 활시위를 힘껏 당겨 쏘았다. 활시위를 떠난 화살은 정확히 호랑이에게 명중했다. 천천히 걸어가 확인하니 그것은 호랑이가 아니라 호랑이를 닮은 바위였다. 그러나 이광이 쏜 화살은 빗나가지 않았을 뿐만 아니라 바위에 깊숙하게 박혀 있었다. 이광은 처음 화살을 쏜 곳으로 갔다. 다시 한 번 바위에다 화살을 힘껏 쏘았지만 이번에는 화살이 바위를 뚫지 못하고 튕겨 나갔다. 이광은 크게 깨달음을 얻었다.

이 이야기는 「사기, 이장군열전」에 나온다. 이광이 '호랑이로 착각하여 바위에 활을 쏘았다.'는 고사에서 사석위호(射石爲虎)가 유래하였다. 내용 중 이광이 얻은 깨달음은 '정신을 집중하면 못할 일이 없다.'는 교훈이었다.

⠕ 사석위호처럼 정신을 집중해서 하면 못 할 일이 없다. 공부도 마찬가지다. 절실한 마음이 없으면 절대 실력은 늘지 않을 거다.

51. 살신성인(殺身成仁)

- 훈과 음: 죽일 살(殺) · 몸 신(身) · 이룰 성(成) · 어질 인(仁)
- 직역/의역: 몸을 죽여 인(어짐)을 이룸 / 옳은 일을 위해 목숨을 바침

공자가 말했다.
"뜻있는 선비와 어진 사람은 살기 위하여 인을 버리는 일이 없고, 오히려 자신의 목숨을 바쳐 인을 행할 뿐이다."

「논어, 위령공」에 나오는 공자의 말에서 살신성인(殺身成仁)이 유래했다. 공자가 말한 '뜻있는 선비'는 도덕과 의리에 뜻을 둔 사람을 말하고, '어진 사람'은 어진 덕성을 갖춘 사람을 말한다. 하지만 이런 사람을 실제로 찾아보기 어렵기 때문에 공자도 '살신성인'을 실행하기 어려운 것으로 생각했다. 그래서 같은 책에서 다음과 같이 덧붙여 설명했다.

"백성들의 인에 대한 필요는 물과 불보다 더하다. 물과 불을 건드리고 죽는 사람은 보았지만, 인을 실천하면서 죽는 사람은 아직 보지 못했다."

⠕ 위험한 상황에서도 자신의 목숨을 돌보지 않고 의로운 일을 하는 사람들! 살신성인하는 사람들이다. 공자는 그런 사람이 별로 없다고 했는데…

52. 삼강오륜(三綱五倫)

- 훈과 음: 석 삼(三) · 벼리(사물의 중심) 강(綱) · 다섯 오(五) · 인륜 륜(倫)
- 직역/의역: 세 가지 강령과 다섯 가지 윤리 / 유교 교리의 기본인 삼강과 오륜을 아우르는 말. 인간이면 누구나 마땅히 지켜야 할 도리.

전한 때의 유학자 동중서는 인간관계에 대한 공자와 맹자의 유가 이론에 따라서 삼강오상설을 주장하였다. 삼강오륜은 이것에서 유래하여 중국은 물론 유교를 국가의 기본 정책으로 했던 우리나라에도 많은 영향을 끼쳤다.

〈 삼강(三綱) 〉

1. 군위신강(君爲臣綱): 임금과 신하 사이에 마땅히 지켜야 할 도리
2. 부위자강(父爲子綱): 어버이와 자식 사이에 마땅히 지켜야 할 도리
3. 부위부강(夫爲婦綱): 남편과 아내 사이에 지켜야 할 도리

〈 오륜(五倫) 〉

1. 군신유의(君臣有義): 임금과 신하 사이에는 의로움이 있어야 함.
2. 부자유친(父子有親): 어버이와 자식 사이에는 친함이 있어야 함.
3. 부부유별(夫婦有別): 부부 사이에는 분별 있게 자기 본분을 다해야 함.
4. 장유유서(長幼有序): 어른과 아이 사이에는 차례와 질서가 있어야 함.
5. 붕우유신(朋友有信): 친구 사이에는 신의를 지켜야 함.

삼강오륜의 바탕에는 유교의 국가 통치 이념이 짙게 배어 있다. 예컨대 삼강은 임금과 신하, 부모와 자식, 부부 사이의 인간관계에서 상하관계를 분명히 하고 각각의 위치에서 지켜야할 도리를 천명한 것이다. 이와 같은 삼강의 윤리는 중국이나 조선 모두가 전제군주, 가부장제 사회였기에 필요한 덕목이었다. 민주화되고 양성평등이 강조되는 오늘날에는 적합하지 않다.

그러나 오늘날에도 필요한 윤리로 다시 해석될 여지는 충분하다. 즉 오륜에서 부자유친, 장유유서, 붕우유신은 여전히 필요한 덕목이다. 군신유의 또한 '군'을 왕이 아닌 국가로 해석하면 무리가 없다. 부부유별 역시 각 가정에서 부부가 각각의 역할을 나누고 자신의 역할에 충실해야 한다는 것을 강조하는 것이라면 이 또한 타당한 덕목이라고 볼 수 있다.

> 예 요즘 아이들은 대체로 너무 버릇이 없어. 삼강오륜은 고사하고 기본예절조차도 모르는 듯 안하무인이야.

53. 삼고초려(三顧草廬)

- 훈과 음: 석 삼(三) · 돌아볼 고(顧) · 풀 초(草) · 초가집 려(廬)
- 직역/의역: 초가집을 세 번 돌아봄 / 유능한 인재를 맞아들이기 위하여 참을성 있게 노력하는 것을 비유하는 말.

한나라 말기 혼란하던 시대 유비에게는 인재가 필요했다. 형주의 신야 시절 어렵게 만난 서서는 조조에게 가면서 제갈량을 추천했다. 제갈량은 유비가 찾아올 때마다 자리를 피했으나

3번이나 찾아오는 정성을 끝내 외면할 수 없었다. 이후 제갈량은 유비의 유능한 참모가 되어 유비가 촉한을 세우고 위나라, 오나라와 함께 삼국시대를 여는데 큰 역할을 하였다.

제갈량은 유비가 죽은 후 위나라를 정벌하러 가면서 2대 황제 유선에게 출사표를 올렸다. 여기에 전대 유비가 자신을 세 번이나 찾아왔던 일을 떠올리며 삼고초려라는 말을 썼다. 여기에서 유래된 삼고초려(三顧草廬)는 '유능한 인재를 맞아들이기 위하여 참을성 있게 노력하는 것'을 의미한다.

　예 김 이사님은 의료계의 세계적인 권위를 가진 전문가로 회장님께서 우리 회사를 부흥시키기 위해 삼고초려해서 모셔 온 분입니다.

54. 삼천지교(三遷之敎), 맹모삼천지교(孟母三遷之敎)

- **훈과 음**: 석 삼(三) · 옮길 천(遷) · ~하는 지(之) · 가르칠 교(敎)
- **맹모(孟母)**: 맹자의 어머니
- **직역/의역**: (맹자의 어머니가) 세 번 이사하여 가르침 / ① 부모가 자식을 훌륭하게 가르치기 위해 노력함. ② 인간의 성장에서 환경이 중요함

맹자는 어렸을 때 일찍 아버지를 여의었다. 그러나 그의 어머니는 재가(다시 결혼하는 것)를 하지 않고 평생 홀로 살며 아들을 훌륭하게 키웠다.

그들이 처음 살던 집은 묘지 근처에 있는 마을이었다. 이곳에서 맹자는 장례를 지내는 일을 늘 보았기에 공부는 하지 않고 앉았다 일어났다 하면서 절하며 곡하는(우는) 것을 곧잘 흉내 냈다. 어머니는

"이곳은 아이를 살게 할 곳이 못 되는구나."

라고 말하고 이사를 하였다. 그 곳은 시장 근처 가축을 잡는 곳과 가까운 마을이었다. 그러자

맹자는 이전처럼 공부는 멀리하면서 장사하는 것과 가축을 잡는 일을 흉내 내며 지냈다. 어머니는 또 이곳 역시 아이를 살게 할 곳이 못 된다면서 다시 이사를 했다. 이번에 이사한 마을은 학교와 관청이 있는 곳이었다. 늘 아이들이 글 읽는 소리가 들렸고, 매월 초하루(1일)가 되면 관리들이 공자를 모신 사당에 들어와 예식을 치렀다. 맹자도 그것을 흉내 내어 그들을 따라서 무릎을 꿇고 절을 하며 공손히 인사를 하고 물러가곤 하였다. 그러면서 그것을 일일이 익히고 기억했다. 맹자의 어머니는

"이곳이야말로 정말 아이를 살게 할 만한 곳이구나."

하면서 그곳에 정착했다. 맹자는 이곳에서 열심히 공부하여 아성(공자 다음 가는 성인)이 되었다.

이 이야기는 「유향, 열녀전」에 나온다. 맹자의 어머니가 아들의 교육을 위해 세 번 이사를 했다는 데서 삼천지교(三遷之敎)가 유래하였다. 맹모삼천(孟母三遷), 혹은 맹모삼천지교(孟母三遷之敎)라고도 한다.

> 예 자녀들에게 좋은 교육 환경을 만들어 주고자 강남으로 이사하는 부모들이 많다. 삼천지교를 실천하는 것이지만 너무 지나치다.

55. 상전벽해(桑田碧海)

- 훈과 음: 뽕나무 상(桑) · 밭 전(田) · 푸를 벽(碧) · 바다 해(海)
- 직역/의역: 뽕나무 밭이 푸른 바다로 변함 / 세상이 몰라볼 정도로 바뀜

동진의 문인 갈홍이 쓴 「신선전」에는 한나라 환제 때 신선이 되었다는 왕원과 채경, 마고의 이야기가 나온다. 왕원은 매우 박식한 인물이었지만 황제의 미움을 사서 죽임을 당했다. 사후 하늘나라에서 신선이 되었는데 인간세계에서 어려운 처지에 있던 채경과 마고를 신선의 세계로 불러들인 터였다.

어느 날 왕원이 채경의 집을 방문했다. 채경의 부모 형제와 서로 인사를 나눈 다음 사람을 시켜 마고를 불러오게 했다. 얼마 후 그녀가 왔다. 방년 18세의 아름다운 아가씨로 머리카락이 허리까지 내려왔다. 옷은 채색 무늬로 비단은 아니었지만 광채가 눈부셨다. 마고는 들어와 자리에 앉은 다음 자신이 가지고 온 음식물을 들여오게 했다. 금 쟁반과 옥으로 만든 잔에 음식은 모두 과일 종류로 그 향기가 실내에 가득 퍼졌다. 그녀는 고기 말린 것을 모두에게 나누어 주면서 기린의 포라고 했다. 마치 측백나무 열매 같았다. 음식을 나누어 먹으며 즐겁게 담소를 하는 중에 마고가 말했다.

"제가 신선님을 모신 이래로 동해가 세 번이나 뽕나무 밭으로 변하는 것을 보았습니다. 지난 번에 보니 바다가 이전의 반 정도로 얕아져 있었습니다. 다시 육지가 되려는 것일까요?"

왕원이 말했다.

"동해는 다시 흙먼지를 일으킬 것이라고 성인들이 말씀하셨소."

「신선전」의 이 이야기 중 동해가 여러 번 뽕나무 밭으로 변했다는 마고의 말에서 상전벽해

(桑田碧海)가 유래하였다. 말뜻 그대로라면 '벽해상전'이라고 해야 하겠지만 전해지는 말은 상전벽해이다.

⑩ 6.25 직후 우리나라를 왔던 외국 사람들 중에 사오십 년 만에 다시 방문한 사람들은 상전벽해가 된 대한민국의 현실에 놀라움을 금치 못한다.

56. 새옹지마(塞翁之馬)

- **훈과 음**: 변두리 새(塞) · 늙은이 옹(翁) · ~의 지(之) · 말 마(馬)
- **직역/의역**: 변두리에 사는 늙은이의 말 / 인생의 모든 일들은 변화가 많아 미리 알기 어렵다는 뜻임.

변두리 가까운 곳에 점을 잘 치는 한 노인이 살고 있었다. 어느 날 그의 말이 까닭도 없이 오랑캐 땅으로 도망쳐 버렸다. 사람들이 모두 이를 안타깝게 여겨 노인을 위로하였다. 그러자 노인이 말했다.

"이것이 무슨 복이 될는지 어찌 알겠소?"

몇 달이 지난 후 도망쳤던 말이 오랑캐의 훌륭한 말을 데리고 돌아왔다. 사람들이 모두 이를 축하하였다. 그러자 노인이 다시 말했다.

"그것이 무슨 잘못이 될는지 어찌 알겠소?"

집에 좋은 말이 생기자 말 타기를 좋아하던 노인의 아들이 그 말을 타고 달리다가 말에서 떨어져 다리가 부러졌다. 사람들이 모두 이를 위로했다. 그러자 또 다시 노인이 말했다.

"이것이 혹시 복이 될는지 어찌 알겠소?"

1년이 지난 후 오랑캐들이 한꺼번에 쳐들어왔다. 변두리 근처의 젊은 남자들은 모두 싸움터에 끌려 나가 대부분이 죽었다. 그러나 노인의 아들은 다리가 부러져 싸움터에 끌려가지 않았기에 무사할 수 있었다.

「회남자, 인생훈」에 나오는 이야기이다. 이 고사에서 '변두리 노인의 말'이라는 새옹지마(塞翁之馬)가 유래하여 '인생의 미래는 미리 알기 어렵다'는 뜻으로 사용되었다. 이 이야기 끝부분에 다음과 같은 내용이 덧붙어 있다.

"따라서 사람의 일은 복이 근심이 되고, 근심이 복이 되는 등 사람 일의 변화는 끝이 없고 그 깊이는 미리 알 수가 없는 것이다."

㉠ 사람의 모든 일이 새옹지마라더니 일이 이렇게 잘 풀리다니. 앞으로는 또 나쁘게 될지도 모르니 더 열심히 해야겠다.

57. 성동격서(聲東擊西)

- 훈과 음: 소리 성(聲) · 동녘 동(東) · 칠 격(擊) · 서녘 서(西)
- 직역/의역: 동쪽에서 소리를 내고 서쪽을 침 / 상대방을 감쪽같이 속여서 공격하는 것을 비유하는 말

'성동격서'의 대표적인 예로 삼국시대 조조가 1만 명의 군대로 원소의 10만 대군을 무찌른 관도대전을 들 수 있다. 조조와 원소는 젊은 시절부터 경쟁을 했던 피할 수 없는 적이었다.

건안 4년(서기 199년) 6월 원소는 저수를 사령관으로 삼아 10만 대군을 이끌고 그의 근거지인 업성을 출발하였다. 황하를 건너 백마를 손에 넣고 관도를 빼앗아서 조조의 근거지인 허창을 무너뜨릴 계획이었다. 조조는 신하들과 의논하여 당시의 불리한 형세를 고려해 볼 때 방어가 최선책이라고 판단하였다. 그래서 군대의 대부분을 관도 지역에 두고서 원소를 기다렸다.

원소는 병사가 많았으므로 조조군의 도망가는 길을 막는 작전으로 나왔다. 원소는 안량에게 1만 군사를 주어 조조군의 가장 중요한 백마성을 공격하게 하고, 자신은 조조군의 근거지를 직접 공격하려고 했다. 군사 수가 월등히 많아 군사를 나누어 안팎으로 한번에 공격할 생각이었다.

안량의 공격으로 백마성이 위급해지자 수비대장 유연이 지원을 요청했다. 긴급 보고에 대책회의가 열렸다. 신하 순유가 좋은 방안을 내놓았다.

"원소의 근거지인 업성을 공격하는 척하십시오. 원소는 반드시 군대를 나누어 업성을 구하러 갈 것입니다. 그러면 우리는 그 틈을 타 우리의 최고 부대를 보내 백마성을 포위하고 있는 안량의 군대를 습격하는 것입니다."

조조는 이 계획에 따라 군사를 이끌고 연진으로 출발했다. 소식을 들은 원소는 군대를 몰아 급히 연진으로 달려갔다. 순유의 예측대로 원소가 군대를 움직이자 조조는 즉시 방향을 바꾸어 백마성으로 향했다. 백마성을 포위하고 있던 안량은 조조가 연진과 업성을 공격하러 군대를 움직였다는 소식을 듣고 느긋하게 있다가 조조의 기습을 받았다. 안량은 이 전투에서 조조에게 몸을 의탁하고 있던 관우에게 죽었다. 이로써 백마성의 포위는 풀리게 되었다.

㉠ 바둑에서는 오른쪽의 돌을 공격하기 위해서 먼저 왼쪽의 돌을 공격하는 척하는 성동격서의 전법을 많이 사용한다.

58. 소리장도(笑裏藏刀)

- 훈과 음: 웃을 소(笑) · 속 리(裏) · 감출 장(藏) · 칼 도(刀)
- 직역/의역: 웃음 속에 칼을 숨김 / 겉으로는 웃으면서 속으로는 험악한 생각을 품고 남을 해치는 것을 비유하는 말.

당나라 태종 때 이의부는 아부하는 재주가 뛰어났다. 항상 황제를 기쁘게 해 준 덕분에 벼슬이 계속 높아졌다. 고조 때에 이부상서가 되었고 태종 때에는 중서령의 자리에까지 올랐다.

이의부의 겉모습은 온화하고 공손했다. 사람들과 이야기를 할 때는 즐겁게 미소를 띠었다. 그러나 사실은 속이 좁고 험악한 사람이었다. 이미 높은 자리를 차지했음에도 모든 사람이 자기편이길 바랐다. 자기 뜻을 거스르는 사람에게는 죄를 뒤집어씌워 해쳤다. 그래서 사람들은 이의부의 웃음 속에는 칼이 들어 있다고 하였다.

언젠가 이의부는 감옥에 순우라는 성을 가진 아름다운 여죄수가 있다는 것을 알았다. 그는 옥지기인 필정의를 꾀어 그 여죄수를 석방하도록 한 후에 그 여자를 자기가 차지해 버렸다. 훗날 왕의방이 필정의를 고발하여 이 사실이 드러났다. 이의부는 필정의를 협박하여 자살시키고 왕의방의 벼슬을 빼앗아 변두리 지역으로 귀양 보냈다.

이 이야기는 「구당서, 이의부전」에 나온다. 이의부의 웃음 속에 칼이 들어 있다는 말에서 소리장도(笑裏藏刀)가 유래했다. 당 현종 때의 신하 이임보의 고사에서 유래한 구밀복검(口蜜腹劍)과도 같은 의미이다.

> 예 그 사람, 항상 부드러운 웃음을 띠고 우스갯소리도 잘하지만 모두 조심들 하라고. 왜냐하면 분명한 소리장도형의 인간이니까.

59. 수불석권(手不釋卷)

- 훈과 음: 손 수(手) · 아니 불(不) · 내놓을 석(釋) · 책 권(券)
- 직역/의역: 손에서 책을 내놓지 않음 / 항상 손에 책을 들고 쉼 없이 부지런히 공부함

삼국시대 때 오나라 대장군 노숙이 부장들인 여몽과 장흠에게 말했다.

"경들은 이제 막강한 권한을 가지고 국가 대사를 맡게 되었으니 공부를 더해서 지식을 높이고 식견을 넓히는 게 어떻겠소?"

그러자 여몽이 내키지 않는다는 표정으로 말했다.

"군대 안에 항상 일이 많아 책을 읽을 겨를이 없습니다."

노숙이 정색을 하며 다시 말했다.

"내가 경에게 경전을 공부하여 박사라도 되라고 하는 줄 아는 모양이구려. 다만 지난 일들(선인들이 남긴 기록)을 널리 읽으라는 것이오. 경이 할 일이 많다고는 하지만 나보다 많기야 하겠소? 일찍이 공자께서도 '하루 종일 먹지도 않고 자지도 않고 생각만 했는데 얻은 것이 없었다. 차라리 책을 읽는 편이 낫다.'고 말씀하셨소. 그리고 후한의 광무제는 군무에 바쁜 중에도 손에서 책을 놓지 않았고 조조 역시 늙어서까지도 배우기를 좋아했다고 스스로 말했소. 경들은 어찌하여 스스로 노력하지 않는단 말이오."

노숙의 충고를 듣고 여몽은 다시 공부를 시작했다. 이때부터 새롭게 본 책이 옛 유학자들보다도 많았다고 한다.

이 이야기는 「삼국지, 오서〈여몽전〉」에 나온다. '광무제가 군무에 바쁜 중에도 손에서 책을 놓지 않았다.'는 말에서 수불석권(手不釋卷)이 유래하였다.

예 쟤는 비록 내 친구지만 매우 존경한다네. 대화할 때마다 얼마나 아는 지식이 많던지. 알고 보니 잠시의 틈만 나도 늘 수불석권하는 독서광이었더군.

60. 수서양단(首鼠兩端)

- 훈과 음: 머리 수(首) · 쥐 서(鼠) · 두 양(兩) · 실마리/끝 단(端)
- 양단(兩端): 양쪽 끝. 하나를 둘로 자른다는 뜻의 양단(兩斷)과 다름.
- 직역/의역: 쥐머리와 양쪽 끝 / ① 쥐가 머리를 내밀고 나갈까 말까 망설임 ② 갈피를 잡지 못하고 주저하면서 결단을 내리지 못함

한나라 5대 황제 문제의 황후 두태후 조카인 위기후와 6대 황제 경제의 황후 왕태후 동생인 무안후는 외척으로 권력을 차지하기 위해 힘겨루기를 했다. 그러다 위기후의 배경이었던 두태후가 죽자 위기후는 세력을 잃었고 무안후가 득세했다. 과거 위기후에게 신세졌던 사람들까지 모두 무안후 쪽으로 붙었다. 위기후는 외로운 처지가 되었다. 그런데 장군 관부만은 옛정을 잊지 않고 끝까지 위기후와 가까이했다. 자연히 무안후와는 적이 되었다.

어느 날 무안후와 관부가 크게 다투었다. 화가 머리끝까지 치민 무안후는 음모를 꾸며 관부에게 죄를 뒤집어 씌웠다. 그리고 사형에 처해야 한다고 황제에게 아뢰었다. 위기후는 관부를 살려 보려고 백방으로 노력했으나 방법이 없었다. 결국 황제에게 상소를 올려 관부를 선처해 줄 것을 간청했다. 무안후와 위기후의 의견을 다 들은 무제는 중신들에게 물었다. 신하들은 모두 애매모호한 태도를 취했다. 무안후를 따르던 한안국도 명확한 대답을 피하며 아뢰었다.

"폐하! 관부의 죄가 죽을죄는 아니라는 위기후의 말도 옳고, 함부로 날뛰며 기강을 해쳐 대역죄를 저질렀다는 승상의 말도 옳습니다. 폐하께서 결정하시는 것이 가한 줄 아옵니다."

무안후는 퇴궐하는 길에 한안국을 불러 수레에 태우고 질책했다.

"나는 그대를 믿었는데, 그대는 어찌하여 구멍에서 머리만 내밀고 좌우를 살피는 쥐처럼 말했소?"

이 이야기는 「사기, 위기무안후열전」에 나온다. 무안후의 '구멍에서 머리만 내밀고 좌우를 살피는 쥐'라는 말에서 수서양단(首鼠兩端)이 유래하였다.

> 예 자주 망설이고 결단성이 없는 사람은 결정을 내려야 할 상황에서 수서양단 하다가 시기를 놓치는 경우가 많다.

61. 수어지교(水魚之交)

- 훈과 음: 물 수(水)·물고기 어(魚)·~의 지(之)·사귈 교(交)
- 직역/의역: 물과 물고기의 사귐 / 물고기가 물을 떠나서는 잠시도 살 수 없는 것과 같이 아주 가까운 관계

후한 말기 유비는 관우, 장비와 의형제를 맺고 한나라를 다시 세우기 위해 군사를 일으켰다. 하지만 능력을 발휘할 기회를 잡지 못하고 여기저기 떠돌아다니며 세월을 보냈다. 형주자사 유표에게 의지하고 있을 때 제갈량이란 인물의 존재를 알게 되었다. 양양에 있는 그의 초가집을 세 번 방문한 끝에 책사로 모실 수 있었다.

제갈량의 뛰어난 지략에 힘입어 유비는 촉한을 세웠으며, 조조, 손권과 힘을 겨룰 수 있었다. 유비는 제갈량을 매우 존경하였으며 제갈량 또한 유비의 두터운 예우에 충성을 다했다. 두 사람의 신의는 더욱 두터워져 유비는 모든 일을 제갈량에게 가르침을 받은 후에야 결정을 내릴 정도였다.

물과 물고기의 사이와도 같구나!

그러나 유비와 의형제를 맺은 관우와 장비는 제갈량에 대한 유비의 태도가 지나치다고 늘 불만이었다. 어느 날 유비가 말했다.

"내가 제갈량을 얻게 된 것은 물고기가 물을 얻은 것과 같다네. 자네들을 위해서도 내가 그리 하는 것이니 더 이상 불평하지 않도록 하게."

유비의 진심을 알게 된 관우와 장비는 더 이상 불평하지 않았다.

ⓔ 이 세상을 살아가면서 수어지교와 같은 우정을 나눌 친구나 동료가 있는 사람은 아주 큰 복을 받은 사람이다.

62. 수주대토(守株待兎)

- 훈과 음: 지킬 수(守) · 그루터기 주(株) · 기다릴 대(待) · 토끼 토(兎)
- 직역/의역: 그루터기를 지키며 토끼를 기다림 / 고지식하고 융통성이 없어 옛날 방법만 고집함. 노력하지 않고 요행만을 바람.

송나라에 한 농부가 있었다. 밭 가운데 나무 그루터기가 있었는데, 토끼가 달려오더니 나무 그루터기에 부딪혀서 목이 부러져 죽었다. 횡재한 농부는 다음 날부터 일은 하지 않고 나무 그루터기만 지켰다. 이후 한 마리도 나무 그루터기에 부딪혀 죽는 토끼는 없었다. 그는 사람들의 웃음거리가 되었다.

이 이야기는 「한비자, 오두」에 나온다. 한비자는 요순의 매우 바람직한 왕도정치를 시대에 뒤떨어진 사상이라고 주장하면서 이 이야기를 했다. 즉 수주대토(守株待兎)는 낡은 방법만을 고집하고 새로운 시대에 잘 따르지 못하는 사람들을 말한 것이다. '배에 새기어 칼을 구한다(찾는다)'는 뜻의 각주구검(刻舟求劍)도 같은 의미의 사자성어이다.

ⓔ 로또 복권에 인생을 걸고 수주대토하며 요행을 기다리기보다는 차라리 복권 살 돈을 저금하는 편이 더 나을 것이다.

63. 순망치한(脣亡齒寒)

- 훈과 음: 입술 순(脣) · 잃을 망(亡) · 이 치(齒) · 시릴 한(寒)
- 직역/의역: 입술을 잃으면 이가 시림 / 서로 반드시 필요하며 어느 한쪽이 없으면 안 되는 관계

춘추시대 진나라가 괵나라를 치려고 우나라에 길을 빌려달라고 했다. 우나라의 궁지기가 왕에게 말했다.

"괵나라는 우나라의 보호벽입니다. 괵나라가 망하면 우나라도 괵나라 뒤를 따라 망하게 됩니다. 속담에 '광대뼈와 잇몸은 서로 의지하고, 입술이 없어지면 이가 시리다.'고 했습니다. 바로 괵과 우의 관계를 말한 것입니다. 즉 우나라와 괵나라는 입술과 이의 관계라 한 쪽이 망하면 다른 한 쪽도 반드시 망합니다. 그러므로 진나라에 길을 빌려주면 안 됩니다."

그러나 우왕은 궁지기의 간곡한 말을 듣지 않고 진나라의 요구를 들어주었다.

궁지기는 가족들을 거느리고 우나라를 떠나면서 말했다.

"우나라는 이제 연말에 제사를 지낼 수 없게 되겠구나. 진나라는 괵을 멸하고 반드시 우나라도 칠 것이다."

우나라가 길을 빌려주어 진나라는 괵나라를 쳐서 멸망시켰다. 그리고 돌아오면서 우나라에 머물렀다. 그리고 기회가 오자 우나라마저 멸망시켰다. 궁지기의 예언이 현실이 된 것이다.

이 이야기는 「좌전, 희공 5년」 나온다. 이 고사 중 궁지기가 '입술이 없어지면 이가 시리다.'고 한 말에서 순망치한(脣亡齒寒)이 유래하였다

예 부모와 자식의 관계도 어찌 보면 순망치한의 관계이다. 부모 없는 자식은 고생을 하고, 자식 없는 부모는 외롭다.

64. 시위소찬(尸位素餐)

- **훈과 음**: 시동 시(尸) · 자리 위(位) · 흴 소(素) · 음식 찬(餐)
- **직역/의역**: 시동의 자리에서 공짜 밥을 먹음/ 벼슬아치가 자기 능력에 맞지 않는 높은 자리에 앉아 하는 일 없이 놀고먹음

옛날 중국에서는 조상의 제사를 지낼 때 같은 핏줄의 어린아이를 조상의 신위에 앉혀 놓고 제사를 지냈다. 이 아이를 시동이라 한다. 시동은 제사상에 차려진 음식을 마음대로 먹으며 배를 불릴 수 있었다. 조상의 영혼이 어린아이에게 옮겨 붙어 그 아이를 통해 먹고 마신다고 여겼기 때문이다. '시위'는 시동이 앉아 있는 자리, 그리고 '소찬'은 공짜 밥을 말한다.

「논형, 양지」에서 왕충은 시위소찬에 대하여 다음과 같이 말했다.

「벼슬아치가 가슴이 텅 비어 있는 것을 '시위소찬(尸位素餐)'이라 한다. 덕도 없이 자리만 차지하고 국가 세금이나 축내니 '소찬'이다. 도와 예에 대한 능력도 없고, 정치에 참여하면서도 아무 말도 못 한다. 나랏일을 하면서 일에 대해 말 한마디 못하니 '시동'과 다를 바 없다.」

공자 또한 시위소찬하는 무리에 대하여 다음과 같이 꾸짖었다.

"변변치 않은 사람과 더불어 왕을 섬길 수 있겠는가? 지위를 얻지 못하면 어떻게 얻을까 근심하고, 지위를 얻으면 또 잃을까 봐 근심한다. 지위를 얻고 잃는 데에만 근심하면서 못 하는 짓이 없다."

예 정당정치의 나쁜 점은 시위소찬하는 사람들이 많아진다는 것이다. 선거에 이기면 자기편 사람들에게 벼슬을 나누어주어야 하니 어쩔 수 없는 일이기도 하다.

65. 양두구육(羊頭狗肉)

- **훈과 음**: 양 양(羊) · 머리 두(頭) · 개 구(狗) · 고기 육(肉)
- **직역/의역**: 양 머리와 개고기 / 겉은 훌륭하나 속은 변변치 못함. 그럴듯한 물건을 전시해 놓고 실제로는 형편없는 물건을 파는 것

전국시대 제나라의 영공은 어느 때 궁중의 모든 여자들에게 남장(남자 옷을 입음)을 시켰다. 백성들이 따라서 모두 남장을 했다. 그러자 영공은

"여자인데 남자 옷을 입는 자는 옷을 찢고 허리띠를 잘라 버리겠다."

라고 말하며 백성들에게 남장을 금지시켰다. 그러나 백성들은 이를 무시하고 남장을 그치지 않았다. 영공이 재상인 안자에게 물었다.

"과인이 여자들의 남장을 금하고 관리를 시켜 옷을 찢고 허리띠를 자르는데도 그치지 않는 것은 무슨 까닭이오?"

안자가 대답했다.

"왕께서는 궁중의 여자들에게는 남장을 하라고 하시면서 백성들에게만 하지 말라고 하십니다. 그것은 마치 소머리를 문에 걸어 놓고 안에서는 말고기를 파는 것과 같은 것입니다. 궁중에서도 남장을 못 하게 하시면 백성들 사이에서도 감히 못 할 것입니다."

영공은 궁중 여자들에게 남장을 금지시켰다. 백성들도 더 이상 하지 않았다.

「안자춘추」에 나오는 이 이야기에서 양두구육(羊頭狗肉)이 유래했다. 원 출전은 우수마육(牛首馬肉, 소머리와 말고기)이다. 오늘날 소와 말 대신 양과 개를 쓰지만 뜻은 같다.

⑩ 선거에서 뽑힌 의원들은 자기 지역의 요구 사항이 들어오면 기꺼이 해줄 것처럼 하지만 실행하는 경우는 많지 않다. 그야말로 양두구육이다.

66. 오우천월(吳牛喘月)

- 훈과 음: 오나라 오(吳) · 소 우(牛) · 헐떡거릴 천(喘) · 달 월(月)
- 직역/의역: 오나라의 소가 달을 보고 숨을 헐떡임 / 어떤 일에 한 번 혼이 나면 비슷한 것만 보아도 겁을 먹음

삼국시대를 통일한 진(晉)나라 무제 때의 일이다. 상서령 만분은 추위를 잘 탔다. 한번은 무제를 찾아가 뵈는데 무제가 북쪽 창가에 유리 병풍을 치고 앉아 있었다. 유리로 막혀 있었지만 마치 뻥 뚫린 것처럼 보였다. 무제가 앉으라고 권하자 만분은 곤란해 했다. 무제가 웃으면서 왜 몸을 떠느냐고 묻자 만분이 대답했다.

"신은 오우(오나라의 소)와 같아서 달만 보아도 숨을 헐떡이게 됩니다."

북쪽 창가라도 병풍을 쳤으니 춥지 않을 것이다. 그러나 유리 병풍이라 밖이 보이니 추위를 잘 타는 만분은 지레 춥다고 느낀 것이다.

오우에 대해 「세설신어」에서는 다음과 같이 덧붙여 설명하고 있다.

「장강과 회수 사이에 사는 물소를 오나라 소라고 한다. 남쪽 땅은 아주 더운데, 이 소들은 더위를 싫어한다. 달을 보면 태양으로 잘못 알아 달을 보아도 숨을 헐떡인다.」

㉠ 어렸을 때 철봉을 하다 떨어져 얼굴을 다친 후부터 철봉 근처에만 가도 오우천월하게 되었다. 결국 철봉을 배우지 못하고 말았다.

67. 오합지졸(烏合之卒)

- 훈과 음: 까마귀 오(烏) · 모을 합(合) · ~하는 지(之) · 군사 졸(卒)
- 직역/의역: 까마귀를 모아 놓은 같은 군사들 / 훈련이 안 되어 질서가 없고 실력도 없는 군사들. 실력이 형편없는 무리들을 비유한 말

전한 말기 왕망이 한나라를 빼앗아 신나라를 세워 황제의 자리에 올랐다. 황제 자리에 오른 후 개혁 정책을 펼쳤는데 대부분 실패하였다. 이로 인하여 사회가 혼란에 빠지고 여기저기에서 반란이 일어났다. 한동안 각 지역을 점거한 군웅 간에 치열한 경쟁이 펼쳐졌다. 가장 큰 세력은 한나라 황실 핏줄인 유수와 하북과 요동의 광대한 지역을 차지한 왕랑이었다. 두 사람은 각 지역 태수들의 항복을 받아내면서 양대 세력을 구축하고 있었다.

당시 하북성 상곡 태수 경황은 이미 망한 신나라에서 벼슬을 받은 터라 마음이 불안했다. 마침 유수가 황제의 명을 받들어 왕랑을 토벌하기 위해 나섰다는 소식이 들리자 아들 경엄을 보내 항복하려고 했다. 경엄이 유수에게 가는 도중 부하인 손창과 위표는 왕랑에게 항복하자고 했다. 경엄이 칼자루를 잡고 단호하게 말했다.

"왕랑은 도둑일 뿐이고 병졸들은 모두 항복한 포로들일 뿐이다. 장안에 도착 즉시 경기병으로 기습하면 까마귀를 모아 놓은 것 같은 무리들은 마르고 썩은 나무가 부러지듯 할 것이다. 너희가 그에게 간다면 머지않아 가족이 멸망하는 화를 피하지 못할 것이다."

그러나 손창과 위표는 왕랑에게 갔다. 경엄은 이들을 붙잡지 않고 군대를 이끌고 유수에게 항복했다. 그리고 유수가 다시 천하를 통일할 때 빛나는 공을 세워 후한의 개국 공신이 되었다. 물론 손창과 위표는 잡혀서 멸문지화를 당했다.

이 이야기는 「후한서, 경엄전」에 나온다. 이 고사 중 '까마귀를 모아 놓은 것 같은 무리들.'이란 말에서 오합지졸(烏合之卒)이 유래하였다.

㉠ 어느 중학교의 농구팀을 맡게 된 박 코치는 오합지졸을 이끌고 어떻게 싸워야 할지 눈앞이 캄캄했다.

68. 와신상담(臥薪嘗膽), 오월동주(吳越同舟)

- 와신상담(臥薪嘗膽)
- 훈과 음: 누울 와(臥) · 섶 신(薪) · 맛볼 상(嘗) · 쓸개 담(膽)
- 직역/의역: 섶(나뭇가지로 깐 자리)에 누워 자고 쓸개를 맛봄 / 원수를 갚거나 실패한 일을 다시 이루고자 굳게 결심하고 어려움을 참고 견딤
- 오월동주(吳越同舟)
- 훈과 음: 오나라 오(吳) · 월나라 월(越) · 같을 동(同) · 배 주(舟)
- 직역/의역: 오나라 사람과 월나라 사람이 같은 배를 탐 / 원수지간이라도 공동의 목적을 달성하기 위해서는 서로 협력함

춘추시대의 손무가 쓴 손자병법에 나오는 말이다.

중국 역사상 오나라와 월나라만큼 오랜 기간 원수처럼 지냈던 나라는 없었다. 두 나라는 우위를 차지했다가 열세로 돌아서 항복 당하기를 여러 차례 반복하면서 서로 주도권을 장악하고자 끝없이 다투었다.

오왕 합려는 월나라와의 싸움에서 전사하였다. 뒤를 이은 아들 부차는 원수를 갚아 달라는 아버지의 유언을 잊지 않으려 거친 섶에서 잠을 자면서 절치부심했다. 얼마 후 부차는 월나라를 공격하여 승리하였다. 부차에게 패배한 월왕 구천은 오나라로 끌려가 부차의 말을 기르고 수레를 끄는 치욕을 당했다. 3년 뒤 월나라로 돌아온 구천은 오나라를 멸망시킬 때까지 짐승의 쓸개를 핥으며 복수의 칼을 갈았다.

오왕 부차와 월왕 구천 사이의 위 고사에서 와신상담(臥薪嘗膽)과 오월동주(吳越同舟)가 유래하였다. 이중 와신상담은 부차와 구천 두 인물이 상대방을 이기기 위해 각각 와신(臥薪, 부차)과 상담(嘗膽, 구천)의 고통을 견디어 낸 것을 합한 것이다. 당시 두 나라의 관계가 얼마

나 원수 관계에 있었는지 잘 말해 준다. 부차와 구천 중 최후의 승자는 구천이었다.

오월동주(吳越同舟)에 대하여 손무는 역사상 둘도 없는 원수 국가로 오나라와 월나라를 예로 들어 다음과 같이 말했다.

"오나라와 월나라가 비록 서로 미워하는 사이지만, 만약 같은 배를 타고 풍랑을 만난다면 분명히 서로 합심하며 도와 난관을 극복했을 것이다."

원수가 바로 옆에 있으니 당장이라도 나가 싸우고 싶겠지만, 위험에 처한 자신도 강을 건너야 하므로 원수와도 협력할 줄 알아야 한다는 것이다.

㉠ 1) 우리 팀은 지난 해 리그에서 꼴찌를 했다. 금년에는 반드시 우승을 하고자 모든 선수들이 와신상담하듯이 연봉을 지난해의 반만 받았다. 2) 라이벌이란 원래 최고의 자리를 놓고 다투는 사이니 원수 같겠지만 서로 오월동주해야 하는 사이이기도 하다네.

69. 우공이산(愚公移山)

- 훈과 음: 우공: 사람 이름 · 옮길 이(移) · 뫼 산(山)
- 직역/의역: 우공이 산을 옮김 / 어떤 일이든 꾸준하게 하면 이룰 수 있음.

태행과 왕옥 두 산맥은 북산을 사이에 두고 있었다.

북산에 살고 있던 우공이라는 노인이 두 산맥이 서로 왕래하는데 불편한 북산을 옮기기로 결심했다. 왕복하는 데 1년이나 걸리는 발해 바다까지 이 거대한 산의 흙을 퍼서 운반하는 작업이었다. 우공 친구 지수가 미친 짓이라며 그만두라고 권유했다. 그러자 우공이 말했다.

"나는 늙었지만 나에게는 자식과 손자가 있고, 그들이 자자손손 대를 이어나갈 것이다. 하지만 산은 불어나지 않을 것이 아닌가. 대를 이어 일을 하다 보면 언젠가는 산이 깎여 평평하게 될 날이 오겠지."

산신령에게 이 말을 전해들은 옥황상제가 북산을 멀리 옮겨주었다.

「열자」에 나오는 이 이야기에서 우공이산(愚公移山)이 유래했다. '열자'는 도가적인 성격의 책으로 우공과 지수라는 두 인물을 통하여 지혜로움과 어리석음의 기준은 절대적 진리가 아님을 강조하고 있다. 따라서 우공은 '어리석은 노인'이란 뜻이 아니라, 우직하고 현명한 노인이라는 반대적인 의미로 이해하는 것이 옳다.

㉠ 처음부터 불가능하다고 단정하고 포기하지 말거라. 아무리 어려운 일도 우공이산의 정신으로 노력하면 반드시 이루어질 수 있단다.

70. 원교근공(遠交近攻)

- 훈과 음: 멀 원(遠) · 사귈 교(交) · 가까울 근(近) · 칠 공(攻)
- 직역/의역: 먼 나라와 사귀고 가까운 나라는 공격함 / (직역과 같음)

전국시대 위나라 사람 범수는 대부 수가를 섬겼으나 누명을 쓰고 억울하게 목숨을 잃을 뻔했다. 간신히 위기를 벗어나 위나라를 떠나 진(秦)나라로 갔다. 이때 진나라 소왕은 제나라를 칠 생각이어서 범수에게 가르침을 청했다.

「지난날 제나라 민왕이 멀리 남쪽에 있던 초나라를 쳐서 승리했습니다. 그러나 한 뼘의 땅도 얻지 못하고 영토를 넓히는데 실패했습니다. 어찌 땅을 얻지 못하였을까요? 형세가 마땅치 않았기 때문입니다. 비록 전쟁에서는 이겼으나 멀리 있는 적을 치느라 힘을 모두 소진했습니다. 게다가 왕과 신하들 사이가 벌어지고 이웃 나라들이 제나라를 공격했습니다. 즉 멀리 있는 초나라를 치면서 가까운 한나라와 위나라를 간과했기 때문입니다. 이른바 적에게 군대를 빌려주고 도둑에게 양식을 보내 준 것과 다름없었습니다.

왕께서는 먼 나라와 친교를 맺고 가까운 나라를 공략하는 것이 낫습니다. 한나라, 위나라와 같은 이웃한 나라여야 이겼을 때 조그마한 땅이라도 전하의 영토가 될 수 있는 것입니다. 지금 이를 버리고 멀리 있는 제나라를 공격하는 것은 좋은 방법이 아닙니다.」

소왕은 범수의 주장을 받아들였다. 그 후 소왕의 신임을 얻은 범수는 재상이 되었다. 그의 '원교근공책'은 진나라 국시(국정의 방침)가 되었으며 시황제가 천하를 통일하는데 밑거름이 되었다.

이 이야기는 「사기, 범수채택열전」에 나온다. 범수가 소왕에게 진언한 내용 중 '먼 나라와 친교를 맺고 가까운 나라를 공략하는 것이 낫다.'는 말에서 원교근공(遠交近攻) 전략이 유래하였다.

⑩ 외교에서도 원교근공 전법을 사용한다면 우리나라는 가까운 일본과 중국보다 여러 가지 면에서 미국을 가까이 할 필요가 있다.

71. 위편삼절(韋編三絶)

- 훈과 음: 가죽 위(韋) · 엮을 편(編) · 석 삼(三) · 끊어질 절(絶)
- 직역/의역: 가죽으로 맨 책 끈이 세(여러) 번 끊어짐 / 가죽으로 맨 책의 끈이 여러 번 끊어지도록 독서에 힘씀

공자는 나이 들어 여러 학문 중 '역(주역)'을 좋아하였다. 역에 관한 책을 얼마나 많이 읽었던 지 책을 묶은 끈이 여러 번 끊어졌다. 공자가 살던 시대 책은 지금처럼 종이로 만들지 않고 대 나무를 직사각형으로 잘라 여러 장을 가죽 끈으로 엮어 만들었다. 가죽 끈이 끊어졌다는 것은 그만큼 대나무 책장을 수도 없이 넘겨보았다는 뜻이다. 그럼에도 불구하고 공자는 아쉬움이 남았는지 이렇게 말하곤 했다.

"나에게 수년의 틈을 더 준다면, 역을 더 깊고 자세하게 공부할 텐데."

공자가 역에 관한 책을 너무 많이 읽어 '책을 엮은 가죽 끈이 여러 차례 끊어졌다'는 말에서 위편삼절(韋編三絶)이 유래하였다.

> 예 책을 위편삼절할 정도로 여러 번 읽어야 비로소 뜻을 안다고 하는데, 도대체 몇 번이나 읽어야 그렇게 되는지 궁금하기 짝이 없다.

72. 유비무환(有備無患)

- 훈과 음: 있을 유(有) · 갖출 비(備) · 없을 무(無) · 근심 환(患)
- 직역/의역: 준비가 있으면 근심할 것이 없음 / 무슨 일이든지 미리 대비를 해 두면 걱정이 없음

진나라 도공이 송 · 제 · 위 · 노나라 등 12개 나라와 연합하여 정나라를 공격했다. 다급해진 정나라 간공이 급히 도공에게 화친을 청했다. 진나라가 제안을 받아들이자 다른 나라들도 모 두 군사를 철수시켰다. 정나라 간공은 화친의 보답으로 각종 병거 백 대와 미녀들을 선물로 보 냈다. 도공은 정나라 침공에 공이 가장 큰 위강에게 보답품의 반을 내려 공을 치하했다. 뜻밖 에도 위강은 선물을 극구 사양하며 다음과 같은 말로 마음이 풀어진 왕을 일깨웠다.

"「서경」에 이르기를 편안할 때 위태로움을 생각하라고 했습니다. 생각하면 대비를 할 수 있 고, 대비가 있으면 걱정할 것이 없습니다."

이 이야기는 「좌전, 양공」에 나온다. '대비가 있으면 걱정할 것이 없다.'는 위강의 말에서 유 비무환(有備無患)이 유래하였다.

> 예 있을 때 아껴 나중에 어려운 일이 닥칠 때를 대비해야 한다. 이것이 바로 유비무환의 정 신이다.

73. 육적회귤(陸績懷橘)

- 훈과 음: 육적: 사람 이름 · 품을 회(懷) · 귤 귤(橘)
- 직역/의역: 육적이 귤을 품음 / 지극한 효성을 비유한 말.

삼국지에 다음과 같은 이야기가 나온다.

육적이 여섯 살 때 구강에서 원술을 만났다. 원술이 당시에 아주 귀한 과일이었던 귤을 3개 주었다. 육적은 하나도 먹지 않은 채 품에 넣고 작별 인사를 하다가 귤을 떨어뜨렸다. 원술이 의아해 하며 물었다.

"육랑(육적)은 손님으로 와서 왜 귤을 먹지 않고 품에 넣었는가?"

육적이 무릎을 꿇고 대답했다.

"돌아가 어머니께 드리고 싶었습니다."

원술은 이를 기특하게 여기었다.

원술과 육적의 이 고사에서 육적회귤(陸績懷橘)이 유래하였다. '어버이에 대한 지극한 효성'을 표현한 사자성어이다.

예 무릇 자식 된 자들은 육적회귤의 옛이야기를 본받아 부모님께 효도를 다해야 할 것이다.

74. 읍참마속(泣斬馬謖)

- **훈과 음**: 소리 없이 울 읍(泣) · 벨 참(斬) · 마속: 사람 이름
- **직역/의역**: 울면서 마속을 벰 / 공정한 법 집행, 또는 큰 뜻을 이루기 위해 개인적인 정을 버림

삼국지에 나오는 이야기이다.

유비가 죽고 유선이 촉의 2대 황제가 되자 제갈량은 출사표를 올려 위의 정벌에 나섰다. 전쟁 중 제갈량은 전쟁에 있어 중요한 곳인 가정을 지킬 장수로 마속을 보냈다. 그리고 가정의 길목을 지키되 절대로 산 위에 진을 치지 말라고 신신당부했다. 그러나 마속은 자신의 능력만을 믿고 산 위에 진을 쳤다. 적군이 산 아래에 진을 치고 포위하니 고립되고 말았다. 장합의 군대에게 포위당한 채 식수마저 떨어져 힘 한번 써 보지도 못하고 크게 지고 말았다. 이 때문에 제갈량은 할 수 없이 군대를 이끌고 한중으로 후퇴해야만 했다. 마속은 감옥에 갇혔다. 옥중에서 제갈량에게 글을 올렸다.

"승상께서는 저를 자식처럼 대해 주셨고, 저는 승상을 아버지처럼 대하였습니다. 사적인 정을 죽이고 대의를 깊게 생각하시어 저를 벌하신다면 저는 비록 죽더라도 저세상에서 여한이 없을 것입니다."

제갈량은 마음이 찢어질 듯 아팠지만 패전의 책임을 물어 마속에게 참형을 내렸다. 다시 구하기 어려운 장수이므로 살리자고 많은 사람들이 말렸으나 법을 엄정히 지켜 규율을 바로 세우기 위해 울면서 마속의 목을 베었다. 이 고사에서 읍참마속(泣斬馬謖)이 유래하였다.

> ㉠ 프로스포츠 경기에서 기량이 뛰어난 외국인 선수들이 가끔 감독에게 대든다. 감독들은 팀이 지더라도 그들을 몇 경기 출장 정지시킨다. 그 때 감독의 마음이 읍참마속의 심정이 아닐까?

75. 이목지신(移木之信), 사목지신(徙木之信)

- **훈과 음**: 옮길 이(移) · 나무 목(木) · ~하는 지(之) · 믿을 신(信) · 옮길 사(徙)
- **직역/의역**: 나무를 옮기는 믿음. / 나무를 옮긴 사람에게 상을 주어 믿음을 갖게 함. 남을 속이지 않거나 약속을 반드시 지킴.

전국시대 칠웅 중에서 진나라가 육국을 점령하고 전국시대를 통일하였다. 진나라가 강성해진 것은 상앙이라는 인물이 부국강병의 기초를 닦은 덕분이었다. 상앙은 제자백가 중 법가의 이론으로 변법(토지와 군사제도에 관한 법)을 만들어 시행하고자 했다. 하지만 법을 시행하기 전에 백성들이 이 법을 잘 지킬 수 있도록 할 필요가 있었다.

그는 높이가 세 발 되는 나무를 남문에 세우고 이를 북문에 옮겨 놓는 사람에게 10금을 상으로 준다고 공시했다. 그러나 모두들 이상히 여기기만 할 뿐 아무도 옮기는 사람이 없었다. 다시 상금을 50금으로 올렸다. 어떤 사람이 이것을 옮기자 약속대로 50금을 주었다. 그리고 이처럼 나라가 백성을 속이지 않는다는 것을 밝히고 법령을 발표하였다.

처음에는 많은 사람들이 불평을 하였지만 법이 시행되고 10년이 지나자 안정되었다. 길가에 물건이 떨어져도 줍는 사람이 없고, 도둑도 없어졌다. 집집마다 먹을 것이 풍족해졌고 전쟁을 할 때는 용감하게 싸웠다. 그리하여 진나라는 상앙의 변법을 통해 가장 막강한 나라가 되었다.

이 이야기는 「사기, 상군열전」에 나온다. 변법 시행 전 상앙이 행한 일에서 이목지신(移木之信)이 유래하였다. 徙(옮길 사)를 써서 사목지신(徙木之信)으로도 쓴다.

> ㉠ 사람은 믿음이 있어야 한다. 한 번 한 약속은 설령 자신에게 불리한 상황이 닥치더라도 이목지신의 태도로 반드시 지켜야 한다.

76. 일망타진(一網打盡)

- **훈과 음**: 한 일(一) · 그물 망(網) · 칠 타(打) · 모든, 다할 진(盡)
- **직역/의역**: 한 번의 그물질로 (모두) 쳐서 없앰 / (직역과 같음)

송나라 인종은 실력 있는 인재들을 널리 뽑아 쓰는 등 많은 업적을 남겨 어진 황제로 이름을 날렸다. 하지만 이 시기에는 빼어난 인재들이 많았던 까닭에 서로의 의견들이 뒤섞이고 어수선하여 신하들 간에 충돌이 잦았다. 또 이들이 당파를 이루어 정권을 다투었으므로 20년 동안 재상이 무려 17회나 바뀌었다. 당파 싸움 중에 가장 심했던 사건으로 소순흠과 왕공진 사이에 다음과 같은 이야기가 있다.

범중엄은 소순흠의 재능을 알고 황제에게 추천했다. 황제는 그를 불러다 면접을 하고 감진주원이라는 벼슬을 주었다. 소순흠은 재상 두연의 딸을 부인으로 맞아들여 더욱 막강한 힘을 갖게 되었다. 이 무렵 재상인 두연은 황제가 내린 명령을 두고 황제와 갈등을 겪고 있었다.

어느 때 진주원의 제사가 있었다. 제사가 끝난 후 저녁에 소순흠은 국가 돈으로 기녀들을 불러 가무를 벌였다. 제사에 참석한 손님들을 대접하는 자리였다. 그러나 이 접대에 국가 돈을 사용했다는 것을 왕공진이 알게 되었다. 그는 가까운 사람들을 시켜 소순흠의 죄를 물어야 한다는 상소를 올리게 했다. 소순흠 뿐만이 아니라 그의 장인인 재상 두연을 흔들기 위함이었다.

이 일로 소순흠 등은 엄벌에 처해졌다. 잔치에 참석했던 자들도 모두 처벌을 받았는데 40여 명이나 되었다. 사람들은 이를 지나쳤다고 여겼지만 왕공진은 기뻐하며 이렇게 말했다.

"내가 한 번의 그물질로 모두 쳐 없앴다."

이 이야기는 「송사, 문원전〈소순흠〉」에 나온다. 이 고사 중 마지막 왕공진의 말에서 일망타진(一網打盡)이 유래하였다.

💬 경찰은 범죄와의 전쟁을 선포하고 조직 폭력배를 일망타진했다.

77. 일패도지(一敗塗地)

- **훈과 음**: 한 일(一) · 무너질, 패할 패(敗) · 칠할 도(塗) · 땅 지(地)
- **직역/의역**: 한 번 패배를 당해 (간과 뇌를) 땅에 처바름 / 완전히 실패하여 다시 상태를 바로잡을 방법이 없음

진나라 말기 유방과 항우가 세력을 키워 건곤일척의 승부를 겨루기 훨씬 이전의 일이다. 젊은 시절 유방은 패현이라는 고을의 낮은 관직인 정장 벼슬을 하고 있었다. 당시 그는 여산으로

백성들을 강제로 보내는 일을 담당하였다. 그 과정에서 많은 사람들이 도망하였다. 유방이 생각해 보니 머지않아 모두 도망갈 것 같았다. 처벌을 받을 것이 두려웠던 유방은 풍현에 이르러 남은 사람들을 모두 풀어 주었다. 그리고 자신도 인근 지역에 숨었다.

이 무렵 진승과 진섭의 무리들이 반란을 일으켜 장초라는 나라를 세웠다. 패현의 현령도 이들에게 항복할 생각이었다. 그러나 소하와 조참, 번쾌 등이 현령을 배반하고, 숨어 지내던 유방의 편에 섰다. 패현 백성들이 현령을 죽이고 이들을 맞아 들였다. 이들이 유방을 새 현령으로 추대하려 하자 유방이 사양하며 말했다.

"지금 천하에 반란이 일어나 각지에서 제후들이 일어났습니다. 지도자를 잘못 선택하면 여지없이 패해 다시 일어설 수가 없게 됩니다. 나는 재주가 미약하기 때문에 여러분을 보호할 수가 없습니다. 다시 의논하여 훌륭한 인물을 뽑으십시오."

그러나 소하와 조참의 등이 간절하게 다시 청하자 유방은 현령이 되었다.

이 이야기는 「사기, 고조본기」에 나온다. 이 고사 중 '완전하게 패해 다시 일어설 수 없다.'는 유방의 말에서 일패도지(一敗塗地)가 유래하였다.

> 예 조조의 군대는 적벽(지역 이름)의 싸움에서 손권과 유비의 연합군에게 일패도지 하였다.

78. 자고현량(刺股懸梁)

- 훈과 음: 찌를 자(刺) · 넓적다리 고(股) · 매달 현(懸) · 들보 량(梁)
- 직역/의역: 허벅지를 찌르고 들보에 매달음 / 게으름을 이겨 내고 열심히 공부함.

중국 한나라 때의 대학자 손경은 공부를 할 때 노끈으로 머리카락을 묶어 대들보에 매달았다. 졸음이 와서 고개를 떨구면 노끈이 팽팽해지면서 머리카락을 잡아당겼다. 깜짝 놀라 정신을 차리고 다시 공부에 집중했다.

또 전국시대 6국의 재상이 됐던 소진은 공부를 하다가 졸리면 송곳으로 허벅지를 찔러 잠을 쫓은 후 다시 공부에 집중했다.

손경과 소진의 이 이야기에서 자고현량(刺股懸梁)이 유래하였다. 즉 손경이 머리카락을 대들보에 묶고(현량(懸梁)), 소진이 허벅지를 송곳으로 찌른 것(자고(刺股))을 합성하여 만든 말이다. 더욱 마음과 힘을 다하여 공부를 열심히 하는 것을 비유하는 말이다.

> 예 공부는 절대 쉬운 일이 아니다. 역사에 이름을 남긴 선현들 중에는 공부할 때 자고현량하여 뜻을 이룬 분들이 많다.

79. 자린고비(玼吝考妣)

- 훈과 음: 흠 자(玼) · 아낄 린(吝) · 궁구할 고(考) · 죽은 어미 비(妣)
- 직역/의역: 기름에 절인 지방 / 아니꼬울 정도로 인색한 사람을 얕잡아 이르는 말. 재물을 아끼는 태도가 지나침

자린고비(疵吝考妣)의 유래와 관련하여 우리나라에서 전설처럼 전해지는 이야기가 있다.

옛날 충주 지방에 한 부자가 살았다. 그는 집안이 부유하면서도 부모님 제사 때마다 지방(제사 때 쓰는 조상님 이름의 위패)을 매년 새 종이에 쓰는 것이 너무 아까웠다. 그러나 지방은 제사가 끝나고 불태워 버리는 것이 바른 예법이었다. 어느 해 제사를 지내고 그 부자는 지방을 불태우지 않고 기름에 절여 보관해 두었다. 그리고는 매년 같은 지방을 썼다.

'자린'이라는 말은 '기름에 절인 종이'에서 '절인'의 소리만 취한 한자어이다. 그리고 '고비'는 돌아가신 부모님을 뜻하는 말이지만 성어에서는 부모님의 지방을 뜻하는 말로 쓰였다. 즉 자린고비(疵吝考妣)의 직접적인 뜻은 '기름에 절인 지방'인 것이다.

예 그 노인은 자린고비지만 훌륭한 분이시다. 평생 아깝게 모은 재산일 텐데 100억 원을 사랑의 열매에 선뜻 기부했다니 얼마나 훌륭하신가?

80. 절차탁마(切磋琢磨)

- **훈과 음:** 끊을 절(切) · 갈 차(磋) · 쫄 탁(琢) · 갈 마(磨)
- **직역/의역:** 끊고 갈고 쪼고 갊 / 학문이나 덕행을 갈고 닦음.

「논어, 학이」편에 실려 있는 이야기이다.

자공이 말했다.

"필요한 것이 모자라도 남에게 굽히지 않으며 부유해도 건방지거나 거만하지 않으면 어떻습니까?"

공자가 말했다.

"옳긴 하지만 가난하면서도 낙(즐거움)을 알고, 부유하면서 예(예절)를 좋아하는 사람만은 못하겠지."

자공이 다시 물었다.

"시에 '뼈와 상아 다듬은 듯, 구슬과 돌 갈고 간 듯'이란 말이 있는데 바로 이것을 일러 말하는 것입니까?"

공자가 말했다.

"사(자공)야, 이제 비로소 너와 시를 이야기할 수 있겠구나. 지나간 것을 알려 주었더니 앞으로 올 것까지 알아내니 말이다."

뼈를 자르는 것을 절(切)이라 하고, 상아를 다듬는 것을 차(磋)라 한다. 옥을 쪼는 것을 탁(琢)이라 하고, 돌을 가는 것을 마(磨)라고 한다. 고로 절차탁마는 귀한 물건을 만드는 것이다. 모름지기 학문에 성취가 있으려면 뼈나 상아나 옥과 같이 절차탁마(切磋琢磨)를 해야 하는 법이다.

예 절차탁마의 과정 없이 보석을 만들 수 없듯이 사람도 절차탁마하는 노력을 해야 실력을 갖추고 사람다운 사람이 될 수 있다.

81. 점입가경(漸入佳境)

- 훈과 음: 점차 점(漸) · 들 입(入) · 아름다울 가(佳) · 경치 경(境)
- 직역/의역: 점점 들어갈수록 경치가 아름다워짐 / 일이 점점 더 재미있는 상황으로 변함

고개지는 동진시대의 화가로 왕희지와 더불어 예술가로서 최고를 다투던 인물이다. 그는 그림뿐 아니라 문학과 서예에도 능하여 많은 작품을 남겼다. 뛰어난 재능과 그림 솜씨 외에 기묘하고 이상한 말과 행동으로도 유명하다. 이와 관련하여 다음과 같은 이야기가 전해진다.

남경의 와관사라는 절을 짓기 위해 승려들이 헌금을 걷었다. 그러나 뜻대로 모금이 되지 않았다. 어느 날 한 젊은이가 나타나서 백만 전을 시주할 테니 절이 완공되면 알려 달라고 했다. 절이 완공되자 그 젊은이가 나타났다. 그리고 불당 벽에 석가모니의 제자인 유마거사를 그렸다. 얼마나 정교한지 마치 살아 있는 것 같았다. 이 소문이 삽시간에 퍼져 구경하러 온 사람들의 시주가 백만 전을 넘었다. 이 젊은이가 바로 고개지였다.

고개지는 사탕수수를 즐겨 먹었다. 그런데 항상 위에서 시작하여 뿌리 쪽으로 내려가며 먹었다. 사람들이 그 까닭을 묻자 고개지가 말했다.

"갈수록 점점 좋은 경지(단 맛)로 들어가기 때문입니다."

이 이야기는 「진서, 고개지전」에 나온다. 고개지의 말에서 점입가경(漸入佳境)이 유래하였다. 경치나 문장 또는 어떤 일의 상황이 갈수록 재미있게 전개되는 것을 비유하는 말이다.

◉ 처음에는 존댓말을 하더니 좀 친해졌다고 욕질을 하지 않나 그 친구 함부로 하는 말이 점입가경이더군. 바로 절교하고 말았네.

82. 조삼모사(朝三暮四)

- 훈과 음: 아침 조(朝) · 석 삼(三) · 저물 모(暮) · 넉 사(四)
- 직역/의역: 아침에 세 개, 저녁에 네 개 / 잔꾀로 남을 속임

송나라에 저공이라는 사람이 있었다. 그는 원숭이를 사랑하여 여러 마리를 길렀다. 저공은 원숭이들의 뜻을 알 수 있었으며, 원숭이들 역시 저공의 마음을 알았다. 저공은 집안 식구들의 먹을 것을 줄여 가면서 원숭이의 요구를 채워 주었다. 그러나 얼마 후 먹이가 떨어졌다. 먹이를 줄이려고 원숭이들이 말을 잘 듣지 않을 것을 우려하여 먼저 속임수를 써 말했다.

"너희에게 도토리를 아침에 네 개를 주고 저녁에 세 개를 주겠다. 만족하겠느냐?"

원숭이들이 다 일어나서 화를 냈다. 저공은 바로 말을 바꾸었다.

"너희에게 도토리를 아침에 세 개를 주고 저녁에 네 개를 주겠다. 만족하겠느냐?"

여러 원숭이가 다 엎드려 절하고 기뻐하였다. 왜냐하면 저공이 제안을 한 때는 저녁이었고 당장 3개가 아닌 4개를 준다니 기뻤던 것이다.

이 이야기는 「열자, 황제」에 나온다. 저공이 원숭이들에게 '아침에 세 개, 저녁에 4개'를 제안한 데에서 조삼모사(朝三暮四)가 유래하였다. 열자는 이 이야기를 쓴 뒤에 다음과 같이 덧붙였다.

「사람이 지혜로써 서로를 속이는 것이 다 이와 같다. 성인은 지혜로써 어리석은 군중들을 속이는데 역시 저공이 지혜로 원숭이들을 속이는 것과 같다. 하나도 바뀐 것은 없으면서 그들을 기쁘게도 하고 화나게도 한다.」

　📕 그는 노인들을 상대로 조삼모사의 술법으로 사기를 치는 나쁜 놈이다. 기껏 건강 보조식품에 불과한 이 따위가 만병통치약이라니.

83. 주지육림(酒池肉林)

- 훈과 음: 술 주(酒) · 못 지(池) · 고기 육(肉) · 숲 림(林)
- 직역/의역: 술로 만든 연못과 고기로 이룬 숲 / 너무나 호화스럽고 매우 좋지 않은 술잔치를
　비유하는 말.

중국 역사상 폭군으로 이름난 상나라 주왕은 술과 여자, 향락에 빠져 지냈다. 주왕이 빠진 미녀는 달기라는 여인이었다. 달기는 유소씨의 딸로 일찍이 주왕이 유소씨를 정복했을 때 전리품으로 데려온 여자였다. 주왕은 달기의 아름다운 모습에 빠져 그녀의 마음을 살 수 있는 일이라면 무엇이든 다 했다.

주왕은 달기가 원하는 대로 궁중의 음악을 더욱 관능적이고 자유로운 음악으로 바꾸었다. 녹대라는 거대한 금고를 만들고 거교에 곡식 창고를 세워 무거운 세금으로 가득 채웠다. 그리고 사구에 있던 궁전을 더욱 확장하여 그 안에 길짐승과 날짐승을 놓아길렀다.

주왕은 또한 달기의 청을 받아들여 술로 채운 연못과 고기 안주를 매단 나무로 이루어진 주지육림을 만들었다. 수많은 알몸의 남녀들이 그 안에서 서로 쫓게 하고 밤새도록 술을 마셨다.

「사기, 은본기」에 나오는 이 고사의 마지막 구절인 '술로 채운 연못과 고기 안주를 매단 나무' 란 표현에서 주지육림(酒池肉林)이 유래하였다.

　📕 그는 요즘 사업이 매우 잘 되는가 싶다. 매일 주지육림에 빠져 살고 있으니. 그러다 곧 망할 날이 올 것이다.

84. 죽마고우(竹馬故友)

- **훈과 음**: 대 죽(竹) · 말 마(馬) · 옛 고(故) · 벗 우(友)
- **직역/의역**: 죽마(대나무 말)를 타고 놀던 친구 / 어릴 때부터 친하게 지내던 소꿉친구, 고향친구

'대나무로 만든 말'이라는 뜻의 '죽마'와 관련한 표현들이 옛 책에 자주 등장한다.

"어린아이들이 죽마를 타고 나와 맞으며 인사한다."

"나이가 열네 살이 되었어도 혼자 죽마를 타고 놀았다."

위진남북조시대 동진의 목제 때 촉을 점령하고 돌아온 환온이 정치의 실권을 쥐었다. 황제는 그를 견제하기 위해 은호를 건무장군으로 기용했다. 은호는 젊어서부터 노자와 주역 연구에 깊이가 있어 훌륭한 사람으로 이름이 높았다. 조정에서 그를 여러 차례 모시려고 했으나 그때마다 거절하고 벼슬길에 나아가지 않았었다. 결국 황제의 부름을 물리칠 수가 없어 벼슬길에 오른 것이다. 환온과 은호는 어릴 때부터 친구였다. 그러나 은호가 벼슬길에 오르고부터 두 사람은 정치적인 적이 되어 서로 등지게 되었다.

그 무렵, 호족들 사이에 내분이 일어났다. 동진은 이 기회에 중원 땅을 회복하기 위해 은호를 출정시켰다. 하지만 은호는 제대로 싸우지도 못하고 대패하여 돌아왔다. 환온은 상소를 올려 그를 변방으로 쫓아 버렸다. 은호가 버림을 당한 후 환온이 사람들에게 말했다.

"나는 어릴 때 은호와 함께 죽마를 타고 놀았는데 내가 타다가 버리면 은호가 그것을 주워서 놀았다. 그러므로 그가 내 밑에 있는 것은 당연한 일이다."

이 이야기는 「진서, 은호전」에 나온다. 환온의 '죽마를 타고 놀았다.'는 말에서 죽마고우(竹馬故友)가 유래했다. 이후 환온은 은호를 다시 불러들이지 않았고, 은호는 결국 변방에서 나머지 삶을 마쳤다.

> 예 걔는 내 가장 친한 친구다. 우리처럼 죽마고우로 자라 초등학교부터 대학까지 함께 다닌 경우는 아마 극히 드물 것이다.

85. 중구삭금(衆口鑠金)

- **훈과 음**: 무리 중(衆) · 입 구(口) · 녹일 삭(鑠) · 쇠 금(金)
- **직역/의역**: 대중의 입은 쇠를 녹임) / 여러 사람이 마음을 하나로 합쳐 단결하면 못할 일이 없음 (여론의 무서운 힘)

주나라의 24대왕 경왕은 화폐 개혁을 실시하여 새 동전을 만들고 남은 돈으로 거대한 종을 만들려고 했다. 갑작스러운 화폐개혁으로 큰 손해를 입은 백성들의 원성이 높았다. 단목공과 악관 주구는 백성들에게 부담을 주고 재물을 낭비할 뿐 아니라 조화로운 소리도 내지 못할 것이라며 이를 말렸다. 그러나 경왕은 이들의 충간을 듣지 않고 기어이 종을 만들었다.

아첨하기 좋아하는 악공들이 소리가 잘 어울린다고 맞장구를 쳤다. 이에 기분이 좋아진 경왕은 반대했던 주구를 불렀다. 악공들이 모두 종소리가 매우 듣기 좋다고 하는데 왜 반대했느냐고 따졌다. 주구는 백성들의 뜻은 실패하는 경우가 드물다며 이렇게 답했다

"옛 사람의 말에 많은 사람들의 뜻은 견고한 성을 이루고, 많은 사람들의 말은 쇠도 녹인다고 했습니다. 그 말이 틀리지 않을 것입니다."

주구의 말대로 이듬해에 경왕이 죽고 나자 아무도 종소리가 듣기 좋다고 말하는 사람이 없었다. 얼마 후 종은 망가졌다.

이 이야기는 춘추시대 노나라의 학자 좌구명이 쓴 「국어, 주어」에 나온다. 이 고사 중 '많은 사람들의 말은 쇠도 녹인다.'는 주구의 말에서 중구삭금(衆口鑠金)이 유래하였다.

　⦿ 무릇 정치를 하는 사람들은 국민의 말에 신경을 많이 써야 한다. 중구삭금이라고 했다.
　　국민의 말에 귀를 기울이고, 국민의 말을 거스르지 않는 것이야말로 정치가가 지녀야할
　　최고의 덕목이다.

86. 지록위마(指鹿爲馬)

- 훈과 음: 가리킬 지(指) · 사슴 록(鹿) · 할 위(爲) · 말 마(馬)
- 직역/의역: 사슴을 가리켜 말이라 함 / 윗사람을 농락하고 함부로 권세를 부리는 것.

천하를 통일한 진시황은 나라를 두루 살피며 돌아다니는 도중에 중병에 걸렸다. 그는 자신의 목숨이 다했음을 예감하고 조고에게 유언장을 쓰게 했다. 옥새를 북방에 유배된 큰 아들 부소에게 주고, 부소는 함양에 와서 장례를 치룬 후 황제에 오르라.'는 내용이었다.

편지가 봉투에 담겨 전달하는 사람의 손에 전해지기도 전에 황제가 죽었다. 편지와 옥새(국가의 도장)는 내시 조고가 지니고 있었다. 황제의 죽음을 아는 사람은 자신과 황제의 작은 아들 호해, 승상 이사 그리고 내시 몇 명뿐이었다.

조고는 먼저 호해를 설득하고 온갖 회유와 협박으로 이사까지 설득하는 데 성공했다. 세 사람은 비밀리에 서로 약속하여 호해를 황위 계승자로 세웠다. 그리고 부소와 몽념은 자살하라는 내용으로 유서를 가짜로 고쳤다. 부소는 자살했고 몽념은 거부하다가 반역죄로 잡혀 사형을 당했다. 이세 황제가 된 호해의 무능을 이용하여 조고는 모든 권력을 쥐었다. 급기야 반역죄를 뒤집어씌워 이사까지 없애버리고 자신이 승상이 되었다.

조고는 이에 만족하지 않고 황제의 자리를 노리기에 이르렀다. 하지만 여러 신하들이 따라주지 않을 것이 두려웠다. 어느 날 조고는 신하들을 시험하기 위해 사슴을 이세 황제에게 바치면서 말했다.

"이것은 말입니다."

이세 황제가 웃으며 말했다.

"승상이 잘못 본 것이오. 사슴을 일러 말이라 하는구려."

조고가 대신들을 둘러보며 묻자 어떤 사람은 말이라고 하며 조고의 뜻에 아첨하며 따랐다. 어떤 사람은 진실대로 사슴이라고 대답했다. 조고는 사슴이라고 말한 자들을 비밀리에 모두 죽였다. 신하들은 조고를 두려워했다.

이 이야기는 「사기, 진이세본기」에 나온다. 이 고사 중 조고가 신하들을 시험하기 위해 사슴을 말이라고 한 것에서 지록위마(指鹿爲馬)가 유래했다.

⑩ 쓸데없이 고집이 있고 힘만 센 친구들을 보면 한심한 경우가 많다. 자기 말이 옳지 않다는 걸 뻔히 알면서도 지록위마를 서슴지 않는다.

87. 천석고황(泉石膏肓)

- 훈과 음: 샘 천(泉)·돌 석(石)·살찔(기름질) 고(膏)·명치 끝 황(肓)
- 직역/의역: 샘과 돌이 고황(심장 부근에 생기는 낫기 힘든 병)이 됨 / 자연을 즐기는 병을 앓음

전유암은 당나라 고종 때 벼슬하지 않고 숨어 사는 선비로 명망이 높았다. 그는 조정에서 여러 번 벼슬을 주려고 불렀으나 한 번도 응하지 않고 평생을 시골에서 살았다. 훗날 고종이 숭산에 행차하였다가 그가 사는 곳에 들러

"선생께서는 편안하신가요"

라고 안부를 물었다. 전유암이 대답하였다.

"신은 샘과 돌이 고황에 걸린 것처럼 자연을 즐기는 것이 낫기 힘든 병처럼 되었습니다."

이 이야기는 「당서, 전유암전」에 나온다. 고종의 안부 물음에 전유암이 대답한 것에서 '자연을 사랑하는 마음이 낫기 힘든 병처럼 굳어졌다.'는 뜻의 천석고황(泉石膏肓)이 유래하였다. 고황은 심장과 횡격막 부위를 가리킨다. 옛날에는 병이 여기까지 미치면 치료할 수 없다고 여겼으므로 고황은 불치병을 뜻한다.

⑩ 요즘 성공한 사람들에게 은퇴하면 남은 기간에 무엇을 하고 싶은가 물으면 대부분 시골로 내려가 천석고황의 삶을 살고 싶다고 한다.

88. 천의무봉(天衣無縫)

- 훈과 음: 하늘 천(天)·옷 의(衣)·없을 무(無)·꿰맬 봉(縫)
- 직역/의역: 하늘의 옷은 꿰맨 자국이 없음 / 시나 문장이 꾸밈없이 자연스럽게 잘된 것을 비유하는 말

당나라 멸망 후 5대10국 시대 전촉의 곽한은 시와 서예에 능하고 익살이 넘쳐 농담하기를 좋아했다. 어느 여름밤 나무 밑에 누워 바람을 쐬고 있는데 아름다운 선녀가 미소 지으며 다가왔다. 곽한이 깜짝 놀라서 물었다.

"아가씨는 뉘시며, 어디서 오셨는지요?"

"저는 하늘에서 온 직녀입니다."

"하늘에서 왔으면 하늘의 일을 이야기해 줄 수 있겠군요"

"하늘은 사철이 늘 봄이랍니다. 여름 무더위도 없고 혹독한 겨울 추위도 없지요. 나무는 사시사철 푸르고 꽃도 지지 않아요. 질병과 전쟁도 없고 세금도 없지요. 인간 세상의 모든 고난이 하늘나라에는 전혀 없답니다."

"하늘나라가 그렇게 좋은데 인간 세상에는 왜 왔습니까?"

"장자가 말했지요. 꽃이 가득한 집에 오래 있으면 향기를 맡을 수 없다고요. 하늘나라에 오래 살다 보니 고요하고 쓸쓸하여 종종 인간 세상에 와서 놀곤 한답니다."

"하늘나라에는 먹으면 불로장생하는 약이 있다던데 사실인가요?

"물론 있지요. 그러나 인간 세상으로 가져올 수는 없답니다. 하늘의 물건을 인간 세상에 가져오면 영험을 잃게 되거든요. 그렇지 않다면 진시황과 한무제도 지금까지 살아 있겠지요."

"말끝마다 하늘나라를 말하는데, 당신의 말이 거짓이 아니라는 것을 어떻게 증명하지요?"

선녀는 곽한에게 자신의 옷을 보여 주었다. 곽한이 자세히 보니 옷에 꿰맨 자국이 없었다. 곽한이 그 까닭을 묻자 선녀가 말했다.

"하늘나라의 옷은 본래 바늘과 실로 짓지 않는답니다."

전촉의 우교가 지은 「영괴록, 곽한」에 나오는 고사를 후대인들이 일부 변형하여 전해지는 이야기이다. 이 고사 중 '선녀의 옷에 꿰맨 자국이 없다.'는 말에서 천의무봉(天衣無縫)이 유래하여 시나 문장이 자연스럽게 잘된 것을 비유하는 말로 쓰이게 되었다.

⑩ 사람들은 이백과 두보의 시를 천의무봉의 경지에 오른 작품이라고 평가한다. 찾아보면 우리나라에도 그런 시인들이 있지 않을까?

89. 청출어람(靑出於藍)

- 훈과 음: 푸를 청(靑) · 날 출(出) · ~에서 어(於) · 쪽 람(藍)
- 직역/의역: 푸른색은 쪽(남색)에서 나옴 / 쪽에서 나온 푸른색이 쪽빛보다 더 푸르다는 뜻으로, 제자가 스승보다 더 나음을 비유한 말.

위진남북조시대 북위의 이밀은 어려서 공번을 스승으로 모시고 학문에 정진했다. 몇 년이 지나자 이밀의 학문이 스승을 넘어섰다. 그러자 공번은 이밀에게 더 이상 가르칠 것이 없다고 생각하고 도리어 그를 스승으로 삼기를 청했다. 그러자 동문들이 다음과 같은 시를 지었다.

「푸른색은 쪽색에서 만들어졌지만 쪽이 푸른색보다 못하다네. 어디에 변하지 않는 정해진 스승이 있다던가. 경전을 밝게 아는 데 있는 것이지.」

이 이야기는 「북사, 이밀전」에 나온다. 이 고사에서 '푸른색은 쪽색에서 나왔다.'는 뜻의 청출어람(靑出於藍)과, '푸른색이 쪽색보다 더 푸르다.'란 뜻의 청어람(靑於藍)이 유래하였다. 그러나 '청어람'을 함께 쓰지 않고 '청출어람'만으로도 '스승보다 나은 제자'라는 뜻으로 쓰인다.

㉑ 제자가 된 자로서 청출어람하지 못하면 스승에 대한 제자의 예를 다하지 못한 것이다.

90. 초요과시(招搖過市)

- 훈과 음: 부를 초(招) · 흔들릴 요(搖) · 지날 과(過) · 시장 시(市)
- 초요(招搖)하다: ①자꾸 흔들리다(흔들다) ② 이리저리 헤매다
- 직역/의역: (뽐내듯이) 몸을 이리저리 흔들며 시장을 지나감 / 남의 눈을 끌기 위해 과시하며 거리를 지나감

공자가 포 땅에서 한 달쯤 머문 뒤 위나라로 가서 거백옥의 집에 머무르게 되었다. 위나라 영공에게는 남자라는 부인이 있었다. 어느 날 부인이 사람을 보내어 공자에게 청했다.

"천하의 군자들이 우리 군주와 형제처럼 지내기를 원하면 반드시 군주의 부인을 만났는데 부인께서 선생님 뵙기를 원합니다."

공자는 처음에 사양하였으나 더 거절할 수 없어 그녀를 만나러 갔다. 부인은 휘장 안에 있었다. 공자는 들어가서 북쪽을 향해 절을 했다. 부인은 휘장 안에서 절을 두 번 했는데 허리에 찬 구슬 장식이 맑고 아름다운 소리를 냈다. 위나라에 머문 지 한 달쯤 되었을 때 어느 날 영공은 부인과 함께 수레를 타고 궁문을 나섰다. 공자를 뒤의 수레에 태우고 자신은 거드름을 피우고 뽐내며 시내를 지나갔다. 이를 보고 공자가 말했다.

"나는 덕을 좋아하기를 여자를 좋아하는 것과 같이하는 자를 보지 못했다."

그러고는 이를 추하게 여기고 위나라를 떠나 조나라로 갔다.

이 이야기는 「사기, 공자세가」에 나온다. 이 고사의 '영공이 그의 부인과 함께 거드름을 피우며 시내를 지나갔다.'란 표현에서 초요과시(招搖過市)가 유래하였다.

㉑ 돈 좀 벌었다고 좋은 차 몰고 고향에 와서 그렇게 초요과시하며 사람들을 기죽여 봐라. 칭찬받기는커녕 아마 모두가 너를 욕할 것이다.

91. 쾌도난마(快刀亂麻)

- 훈과 음: 쾌할 쾌(快) · 칼 도(刀) · 어지러울 란(亂) · 삼 마(麻)
- 직역/의역: 잘 드는 칼로 헝클어져 뒤엉킨 삼 가닥을 잘라 버림 / 복잡하게 얽힌 일을 단 한 번에 시원하게 처리하는 것을 비유하는 말.

남북조시대 북위 말기에 한족 출신 고환이 무제를 밀어내고 원선견을 효정제로 추대하여 새

로운 나라를 세웠다. 이 나라가 동위이다.

하루는 고환이 여러 아들의 재주를 시험해 보고 싶어 아들들에게 엉망으로 뒤얽힌 삼실을 추려내도록 했다. 다른 아들들은 모두 한 올 한 올 뽑느라 진땀을 흘렸다. 그러나 고양(훗날 문선제)은 잠시 생각하더니 칼을 뽑아 삼실을 단칼에 잘라 버렸다. 그리고 말했다.

"어지러운 것은 베어 버려야 합니다."

고환은 옳다고 여겨 매우 만족스러워했다.

서기 550년 고양은 효정제를 폐하고 스스로 황제의 자리에 올랐다. 나라 이름을 제라 했는데 역사에서는 이를 북제라고 한다. 그런데 큰 인물이 될 거라는 아버지 고환의 기대와는 달리 문선제 고양은 백성들을 못살게 구는 폭군이 되었다. 술만 마시면 재미삼아 사람을 죽이곤 했다. 중신들도 어쩔 수가 없어 머리를 짜낸 것이 사형수를 술 취한 황제 옆에 두는 것이었다.

이 이야기는「북제서, 문선제기」에 나온다. 고양의 폭정에서 유래하여 쾌도난마(快刀亂麻)는 나라를 다스리는 사람들이 백성들을 탄압하는 것을 비유하는 말로 쓰였다. 그러나 이후에 뜻이 바뀌어 복잡한 문제들을 과감하고 명쾌하게 처리한다는 뜻으로 쓰이게 되었다.

⑩ 저 친구는 아무리 어려운 일이 생겨도 쾌도난마처럼 명쾌하게 잘 해결한다. 정말이지 듬 직한 친구야.

92. 토사구팽(兎死狗烹)

- 훈과 음: 토끼 토(兎) · 죽을 사(死) · 개 구(狗) · 삶을 팽(烹)
- 직역/의역: 토끼가 죽으면 사냥개를 삶음 / 필요할 때 이용하다가 필요가 없어지면 버림

한고조 유방이 초패왕 항우를 꺾고 천하를 차지한 데는 한신의 눈부신 활약 덕분이었다. 그럼에도 항우를 죽이고 천하를 통일한 유방은 한신을 비롯한 공신들의 세력이 커지는 것을 경계했다. 어느 때 항우의 신하였던 종리매가 한신에게 몸을 의탁하려고 왔다. 천하를 통일하기 전 종리매에게 여러 차례 괴롭힘을 당했던 유방은 한신에게 그를 잡아 보내라고 했다.

한신은 깊이 고민했다. 종리매는 그의 옛 친구였기 때문이다. 할 수 없이 이 일을 직접 종리매에게 말하고 의견을 구했다. 그러자 종리매는

"한나라가 그대를 공격하지 못하는 것은 내가 공에게 있기 때문이오. 만일 나를 죽여 보내면 곧 공도 뒤따라 죽임을 당할 것이오."

라고 말한 후 스스로 목을 찔러 자결하였다.

한신은 유방에게 종리매의 목을 바쳤다. 그러나 그 자리에서 체포되었고, 간신히 죽음만 면한 채 회음후로 벼슬이 낮아졌다. 한신은 자신의 어리석음을 한탄하며 다음과 같이 말했다.

"과연 사람들의 말이 맞구나. 교활한 토끼가 죽으면 사냥개는 삶기고, 높이 나는 새가 사라지면 좋은 활도 감춰진다더니, 이제 천하가 평정되었으니 내가 삶기는 것이로구나!"

그 후 한신은 진희와 더불어 반란을 꾀하다가 유방의 황후 여후와 소하의 계략에 넘어가 체포되어 참수(목이 잘리는 형벌)를 당했다.

이 이야기는 「사기, 회음후열전」에 나온다. 이 고사에서 '교활한 토끼가 죽으면 사냥개는 삶겨진다.'는 말에서 토사구팽(兎死狗烹)이 유래하였다.

🔵 기업의 생리는 비정한 거야. 젊은 시절 온 몸을 바쳐 충성했어도 나이가 들어 쓸모가 적어지면 볼 것 없이 토사구팽 되거든.

93. 파부침선(破釜沈船), 파부침주(破釜沈舟)

- **훈과 음**: 깨뜨릴 파(破) · 솥 부(釜) · 가라앉을 침(沈) · 배 선(船) · 배 주(舟)
- **직역/의역**: 솥을 깨뜨리고 배를 가라앉힘 / 죽을힘을 다하여 싸움에 임함

진나라를 치기 위해 항우의 군대가 막 장하를 건넜을 때였다. 항우는 타고 왔던 배를 부수어 침몰시키라고 명령했다. 뒤이어 싣고 온 솥마저도 모두 깨뜨려 버렸다. 그리고 병사들에게는 3일분의 식량을 나누어 주도록 했다. 이제 돌아갈 배도 없고 밥을 지어 먹을 솥마저 없었으므로 병사들은 결사적으로 싸우는 수밖에 달리 방법이 없었다.

과연 병사들은 공격하라는 명령이 떨어지기가 무섭게 적진을 향해 돌진하였다. 이렇게 아홉 번을 싸우는 동안 진나라의 주력부대는 초토화되고 이를 계기로 항우는 중원의 패권을 차지하게 되었다.

이 이야기는 「사기, 항우본기」에 나온다. 이 고사에서 진나라를 치기 위해 군사를 일으킨 항우가 쥐루의 싸움에 즈음하여 타고 온 배를 모두 가라앉히고 사용하던 솥을 깨뜨려 군사들의 사기를 높였다는 뜻의 파부침선(破釜沈船)이 유래하였다. 파부침주(破釜沈舟)라고도 한다.

🔵 사람이 살아가면서 아무리 어려운 일에 부딪혀도 파부침선의 굳은 마음으로 임한다면 반드시 성공하게 될 것이다.

94. 파죽지세(破竹之勢)

- **훈과 음**: 깨뜨릴 파(破) · 대 죽(竹) · ~하는 지(之) · 기세 세(勢)
- **직역/의역**: 대나무를 쪼개는 기세 / 세력이 강하여 적을 거침없이 물리치고 쳐들어가는 기세, 일이 거침없이 잘 풀리는 모양.

삼국시대를 평정한 진(晉)나라가 촉과 위 두 나라를 정복하고 오나라만을 남겨두고 있을 당시의 이야기이다. 당시 진나라 장군 두예는 오나라 공격에 나서 싸울 때마다 승리해 정복을 눈앞에 두었다. 그런데 때마침 큰 홍수가 나서 강물이 크게 불어났다. 부하들은 일단 후퇴하여 겨울에 다시 진격하자는 의견을 냈다. 그러나 두예는 쩌렁쩌렁한 목소리로 이를 나무랐다.

"지금 우리는 분명히 승세를 타고 있다. 마치 대나무를 쪼갤 때 칼을 대기만 해도 쭉쭉 쪼개지는 상태인 것이다. 이 시기를 놓쳐서는 안 된다."

그러고는 군사를 몰아 그대로 공격에 나섰다. 아니나 다를까. 진군은 싸우는 대로 승리하여 오나라를 완전히 정복하고 천하통일의 대업을 이루었다.

이 고사 중 대나무를 쪼갤 때 칼을 대기만 해도 쭉쭉 쪼개진다는 두예의 말에서 파죽지세(破竹之勢)가 유래하였다.

예 1) 공을 잡은 손흥민은 상대 팀의 골문을 향해 파죽지세로 몰고 들어갔다. 2) 먼저 기회를 잡은 아군은 파죽지세로 적진을 돌파했다.

95. 풍성학려(風聲鶴唳)

- 훈과 음: 바람 풍(風) · 소리 성(聲) · 학 학(鶴) · 울 려(唳)
- 직역/의역: 바람 소리와 학 울음소리 / 겁을 먹은 사람이 하찮은 일이나 작은 소리에 몹시 놀람.

5호16국 시대에 전진의 왕 부견은 동진을 공격했지만 비수대전에서 크게 패했다. 이때의 광경이 「진서, 사현전」에 다음과 같이 실려 있다.

「부견의 군사들은 대혼란에 빠져 아군끼리 서로 짓밟으며 달아나다 물에 빠져 죽는 자가 부지기수였다. 비수의 물이 이 때문에 흐르지 못할 정도였다. 겨우 목숨을 건진 군사들은 갑옷까지 벗어던지고 밤을 새워 달아났다. 얼마나 겁에 질렸던지 바람 소리와 학의 울음소리만 들려도 동진의 군사가 추격하는 줄 알고 도망가기 바빴다. 풀숲을 헤치며 가고 길거리에서 잠을 자면서 거의 모두가 굶주리다가 얼어 죽었다.

위 이야기에서 바람소리와 학 울음소리만 들어도 두려운 나머지 벌벌 떤다는 뜻의 풍성학려(風聲鶴唳)가 유래하였다.

㉠ 이순신 장군에게 수없이 패퇴한 왜군은 거북선만 보아도 '풍성학려'인줄 알고 달아나기 바빴다.

96. 풍수지탄(風樹之嘆), 풍목지비(風木之悲)

- 훈과 음: 바람 풍(風) · 나무 수(樹) · ~의 지(之) · 탄식할 탄(嘆) · 나무 목(木) · 슬플 비(悲)
- 직역/의역: 나무는 조용하고 싶지만 바람이 그치지 않음을 탄식함 / 효도를 다하지 못한 자식의 슬픔을 비유하는 말.

공자가 길을 가는데 어디선가 슬피 우는 소리가 들렸다. 공자가 말했다.

"말을 달려 가 보자. 앞에 현자가 있구나."

울음소리를 따라가 보니 고어가 베옷을 입고 길가에서 울고 있었다. 공자가 수레에서 내려와 그 까닭을 물었다.

"누가 죽은 것도 아닌데 어찌 그리 슬피 우는가?"

고어가 대답했다.

"저에게는 세 가지 잃은 것이 있습니다. 어려서 공부를 하여 임금을 따르느라 부모를 뒤로 했습니다. 이것이 첫 번째입니다. (중략) 나무가 조용히 있고 싶어도 바람이 그치지 않고, 자식이 봉양을 하려 하지만 부모는 기다려 주지 않습니다. 한번 가면 쫓아갈 수 없는 것이 세월이고 떠나가면 다시는 볼 수 없는 것이 부모님입니다. 이제 여기서 작별을 할까 합니다."

그러고는 그 자리에서 물에 뛰어들어 죽고 말았다. 공자가 말했다.

"제자들이여, 이 말을 훈계로 삼아라. 명심할 만하지 않은가."

제자 중에 고향으로 돌아가 부모를 모신 자가 열에 세 명이나 되었다.

이 이야기는 「한시외전」에 나온다. 이 고사에서 나무가 조용히 있고 싶어도 바람이 그치지 않음을 한탄했다는 풍수지탄(風樹之嘆)이 유래하였다. 木(나무 목)과 悲(슬플 비)자를 써서 풍목지비(風木之悲)라고도 한다.

　ⓔ 아버지가 돌아가시기 전에 효도 못한 것이 마음에 걸린다. 이제 겨우 살만해졌는데 아버지는 계시지 않는구나. 아! 풍수지탄이로다.

97. 함흥차사(咸興差使)

- **훈과 음**: 함흥 : 우리나라 지명 · 보낼 차(差) · 시킬, 사신 사(使)
- **직역/의역**: 함흥으로 보낸 사신(소식이 없음) / 심부름 간 사람이 돌아오지도 않고 아무런 소식도 없는 것.

조선 초기 '방석의 변(1차 왕자의 난)'이 있은 뒤 태조 이성계는 정종에게 왕위를 물려주고 고향인 함흥으로 돌아갔다. 그 후 2차 왕자의 난을 거쳐 이방원이 왕위에 올랐다. 그가 곧 태종이다. 즉위 후 태종은 아버지 태조의 마음을 돌리기 위해 함흥으로 차사를 여러 차례 보냈다. 그러나 태조는 번번이 활을 쏘아 차사들을 죽이거나 가두어 두고 돌려보내지 않았다.

이 고사에서 유래하여 함흥차사(咸興差使)는 심부름 간 사람이 아무런 소식이 없는 것을 비유하는 말로 쓰이게 되었다.

　ⓔ 이 녀석은 심부름만 시키면 함흥차사라니까. 급해 죽겠는데 도대체 왜 이렇게 안 오는 거야.

98. 합종연횡(合縱連橫)

- **훈과 음**: 합할 합(合) · 세로 종(縱) · 이을 연(連) · 가로 횡(橫)
- **합종(合從)**: 전국시대 일곱 나라 중 여섯 나라가 연합하여 진나라에 대항하는 것.
- **연횡(連橫)**: 여섯 나라가 각각 진나라와 친하게 지내는 것.
- **직역/의역**: 종(세로)로 합하고 횡(가로)으로 이음. / 여러 사람이나 단체가 서로 힘을 합하는 것을 비유하는 말

춘추시대를 지나 전국시대에 접어들자 전국칠웅으로 대표되는 제(齊) · 연(燕) · 조(趙) · 한(韓) · 위(魏) · 진(秦) · 초(楚)의 일곱 개 제후국으로 정국이 압축되었다. 이 일곱 개의 나라들은 서로 싸우기도 하고 연합하기도 하는 등 복잡한 외교 관계를 맺으면서 치열한 경쟁을 벌였다. 그러나 천하의 정세는 재상이었던 상앙의 변법을 통해 7개 나라 중에서 가장 부강해진 진나라와 나머지 6국의 대립 양상이었다. 당시 이런 상황을 바탕으로 두 가지 외교정책이 등장했는데 바로 합종책과 연횡책이다.

연나라 책사 소진이 주장한 합종책은 최강대국이었던 진나라를 제외하고 6국을 종(세로)로 연합시켜 진나라와 맞서게 하는 전략이다. 6국의 입장을 바탕으로 나왔다. 실제 소진이 6국을 연합시켜 진에 대항했을 때 진나라는 무려 15년 동안 함곡관(국경에 인접한 지명) 밖으로 나가지 못했다.

장의가 주장한 연횡책은 횡(가로)으로 연합하는 전략이다. 즉 6국이 횡으로 각각 진나라와 동맹을 맺는 전략으로 진나라의 입장을 바탕으로 하여 나왔다. 실제 연횡책이 성공한 초기에는 모든 나라가 진나라와 우호 관계를 맺어 천하는 조용해졌다. 그러나 진나라가 동맹을 맺은 어느 한 나라와 연합하여 다른 나라를 공격함으로서 연횡책은 깨어졌다. 장의의 연횡책은 진나라가 전국시대를 통일하는 데 크게 기여하였다.

⑩ 선거철이 다가오면 셀 수 없이 많은 철새 정치인들이 서로 합종연횡을 하면서 갈라지고 모이기를 거듭한다.

99. 허장성세(虛張聲勢)

- **훈과 음**: 빌 허(虛) · 베풀 장(張) · 소리 성(聲) · 기세 세(勢)
- **직역/의역**: 헛되이 목소리의 기세만 높임 / 실속은 없으면서 허세만 부림. (약한 군대로 강한 척하여 적의 사기를 꺾어 승리하는 전략)

전한 때의 장군 이광이 상군태수로 있을 때의 일이다.

어느 때 흉노가 쳐들어왔다. 처음에 적병은 3명에 불과했으나 수십 명의 아군이 오히려 밀려났다. 이를 전해 듣고 이광이 기병 백여 기를 이끌고 공격하여 이들을 사로잡았다. 그 때 흉노의 기병 수천 명이 나타났다. 그런데 흉노의 기병들은 이광의 병력이 자신들을 유인하려는 병사들이 아닌지 의심했다. 그들은 공격을 포기하고 달아나 산 위에 진을 쳤다. 이광을 따르던 병사들 또한 겁에 질려 이 사이에 얼른 달아나기를 원했다. 그러나 이광은 단호하게 거절하고

오히려 병사들에게 계속 전진하도록 명령했다.

　백여 명의 기병이 수천기의 흉노 병사를 향해 천천히 전진하자 그들은 겁을 먹고 나오지 못하였다. 적과 접근한 이광은 말에서 내려 안장을 풀라고 명령했다. 그러자 흉노 기병들은 더욱 의심하고 두려워하였다. 날이 어두워지자 흉노 병사들은 이광의 뒤에 숨어 있는 군대가 밤에 습격할 것이 두려워 결국 달아나고 말았다. 날이 밝자 이광의 군대는 여유롭게 본대로 돌아왔다. 불과 백여 명에 불과한 군사로 수천 명의 적군을 물리친 것이다.

　이 이야기는 「사기, 이장군열전」에 나온다. 이광이 적은 군사로도 허세를 부려 적의 사기를 꺾어 물리쳤다는 고사에서 허장성세(虛張聲勢) 전법이 유래하였다. 그러나 오늘날에는 실력이나 아무 실속도 없으면서 강한 척, 실력 있는 척 허세를 부린다는 부정적 의미로 쓰이는 경우가 더 많다.

　⑩ 그는 평소 허장성세가 심한 편이다. 빈 수레가 요란하다더니 실력도 없고 가진 것도 없으면서 늘 큰소리만 친다.

100. 허허실실(虛虛實實)

- 훈과 음: 빌 허(虛) · 열매/가득 찰 실(實)
- 직역/의역: 아주 허하게(허점 있게) 보이고 실리를 취함 / 상대에게 자신의 허점을 보여줌으로써 실리를 챙김.

　삼국시대 때 촉한의 제갈량과 위나라 사마의는 라이벌로서 자주 대결을 벌였다. 어느 때 제갈량은 양평관에 주둔했다. 그때 사마의가 15만의 대군을 이끌고 쳐들어 왔다. 제갈량은 대장군 위연과 왕평에게 군사를 주어 각각 양평관 밖에 주둔시켰다. 잘 싸우는 병사들을 모두 보냈으므로 성에는 부상병과 늙은 병사들만 남아 있었다. 그럼에도 제갈량은 군사들로 하여금 성문을 활짝 열라고 했다. 그리고 군사 몇 명을 백성으로 분장시켜 성문 청소를 시키고 자신은 성루에 앉아 한가롭게 거문고를 뜯었다.

성 앞에 다다른 사마의는 눈을 의심하지 않을 수 없었다. 지략은 제갈량 못지않지만 평소 의심이 많았던 사마의는 제갈량이 분명 자신을 속이는 계략이라고 여겼다. 망설이다 공격을 포기하고 군사를 후퇴시켰다.

「삼국지, 촉지(제갈량전)」에 나오는 이야기이다. 이 때 제갈량이 취했던 전략을 공성계(성을 비우는 계책)라고 한다. 성에 군사들을 비우고 이를 보여 줌으로써 적군의 성안 진입을 막는 실리를 얻었다는 이 고사에서 허허실실(虛虛實實) 전법이 유래하였다.

💬 인생을 살면서 허허실실하는 태도는 매우 현명한 처신술이다. 누구든지 완벽한 사람보다는 똑똑하지만 모자란 사람을 좋아한다. 허허실실에 능한 사람은 친구가 많고 무슨 일을 해도 성공 가능성이 높다.

101. 형설지공(螢雪之功)

• 훈과 음: 반딧불 형(螢) · 눈 설(雪) · ~의 지(之) · 공 공(功)
• 직역/의역: 반딧불과 눈으로 이룬 공 / 반딧불과 눈빛으로 글을 읽고 이룩한 성공. 갖은 고생을 하며 열심히 학문을 닦아 마침내 성공함.

'형설지공'은 반딧불과 눈빛으로 공부하여 성공한 고사가 합해져 만들어진 성어이다. 반딧불로 공부한 이야기는 「진서, 차윤전」에 나온다.

「차윤은 공손하고 부지런하며 널리 배우고 모든 면에 뛰어난 사람이다. 그러나 어렸을 때 집이 가난하여 기름이 없었다. 그래서 여름밤이면 명주 주머니에 수십 마리의 반딧불을 넣어 책에 비춰 가며 공부했다.」

한편 눈빛으로 공부한 것은 「손씨세록」 손강의 고사에서 찾아볼 수 있다.

「손강은 집안이 빈한하여 항상 눈빛에 비추어 책을 읽었다. 마음이 맑고 깨끗하여 사귀는 것과 노는 것이 품위가 있었다. 다른 사람에게 문서를 베껴 주거나 남의 책을 베껴 써주면서 생계를 유지하였다. 마침내 많은 책을 모아 더욱 정진하여 학문을 이루었다.」

'반딧불의 불빛으로 공부했다.'는 차윤과 '눈빛에 비추어 책을 읽었다.'는 손강의 위 고사에서 형설지공(螢雪之功)이 유래하였다.

💬 오늘날에는 아무리 어려워도 형설지공으로 성공한 예는 찾아보기 힘들다. 그러나 가난하여 낮에는 일하고 밤에 공부하는 주경야독의 사례는 많다. 그것 또한 형설지공이라 할 수 있지 않을까?

102. 호가호위(狐假虎威)

- 훈과 음: 여우 호(狐) · 빌릴 가(假) · 호랑이 호(虎) · 위엄 위(威)
- 직역/의역: 여우가 호랑이의 위세를 빌림 / 권세가 있는 사람의 힘을 빌려 허세를 부림.

전국시대 초나라 선왕 때 소해휼이라는 재상이 있었다. 이웃한 한, 위, 조, 제나라 모두 소해휼을 두려워하였다. 선왕이 신하들에게 물었다.

"들자하니 이웃 나라들이 소해휼 재상을 두려워한다던데 어찌 된 일인가?"

강일이라는 신하가 다음과 같이 비유를 들어 대답했다.

호랑이가 하루는 먹잇감으로 여우를 잡았습니다. 잡힌 여우가 말했습니다.

"그대는 감히 나를 먹지 못할 것이다. 천제께서 나를 짐승의 우두머리로 삼았기 때문이다. 지금 나를 잡아먹으면 천제의 명을 거스르는 것이다. 믿지 못하겠다면 내가 앞장설 테니 뒤를 따라와라. 나를 보고 감히 달아나지 않는 짐승이 있는지 똑똑히 보아라."

호랑이는 반신반의하면서 여우의 뒤를 따랐습니다. 짐승들이 보고 달아나기에 바빴습니다. 호랑이는 짐승들이 자기가 두려워 달아난다는 것을 모르고 여우가 두려워 달아나는 줄 알았습니다.

그러고는 계속해서 다음과 같이 말을 이었다.

"대왕께서는 지금 국토가 사방 5천 리, 군사가 백만인데 이를 소해휼에게 맡겼습니다. 그러므로 북방의 나라들이 소해휼을 두려워하는 것은 대왕의 군대를 두려워하는 것입니다."

「전국책, 초책」에 나오는 이야기이다. 강일이 초선왕에게 들려준 여우와 호랑이의 우화에서 여우가 호랑이의 위엄을 빌려 우쭐댄다는 뜻의 호가호위(狐假虎威)가 유래하였다.

> 예 정권이나 검찰, 경찰 등 권력기관에 먼 친척만 있어도 사람들을 무시하고 으스대며 호가호위하는 사람이 많다.

103. 혼정신성(昏定晨省)

- 훈과 음: 어두울 혼(昏) · 정할 정(定) · 새벽 신(晨) · 살필 성(省)
- 직역/의역: 저녁에는 잠자리를 보아 드리고 새벽에는 인사를 드림 / 자식이 아침저녁으로 부모를 보살펴 드리는 것, 지극한 효성.

「무릇 사람의 자식으로서의 부모에 대한 예는 겨울에는 따뜻하게 해 드리고 여름에는 서늘하게 해 드리며, 저녁에는 잠자리를 정돈해 드리고 새벽에는 문안 인사를 드리는 것이다. 또 또래들끼리 다투지 않는 것이다.」

「예기」 곡례」편에 나오는 이야기이다. 이 이야기에서 유래된 혼정신성(昏定晨省)은 밤에 잘 때 부모의 침소에 가서 잠자리를 정해 드린다는 뜻의 '혼정(昏定)'과, 아침 일찍 부모의 침소에 가서 문안 인사를 드린다는 '신성(晨省)'이 합해져 만들어졌다. 비슷한 의미의 사자성어에 '온정정성(溫清定省)'이 있다. 이는 겨울에는 따뜻하게(溫) 여름에는 시원하게(清) 해 드리고, 밤에는 이부자리를 펴고(定) 아침에는 문안 인사를 드린다(省)는 뜻이다.

㉑ 부모님과 멀리 떨어져 객지에 살다 보니 직접 혼정신성을 할 수가 없어 전화로만 안부를 여쭙는다.

104. 화룡점정(畫龍點睛)

- 훈과 음: 그림 화(畫) · 용 룡(龍) · 점 점(點) · 눈동자 정(睛)
- 직역/의역: 용을 그리고 눈동자를 찍음 / 사물의 가장 중요한 부분을 완성시키거나 끝손질을 하는 것.

남북조시대 양나라의 장승요가 금릉에 있는 안락사 벽에 용 네 마리를 그렸다. 그런데 웬일인지 눈동자를 빠져 있었다. 이유를 묻는 사람들에게는

"눈동자를 그리면 용이 날아가 버리기 때문이오."

라고 말했다. 어떤 사람이 그 말을 비웃자 마음이 상한 장승요가 한 마리에 눈동자를 그려 넣었다. 그 순간 갑자기 천둥 번개가 치면서 벽을 깨고 용이 하늘로 올라가 버렸다. 눈동자를 그리지 않은 용은 그대로 남아 있었다.

이 이야기는 「수형기」에 나온다. 용 한 마리에 눈동자를 그려 넣자 실제로 용이 되어 하늘로 올라갔다는 말에서 화룡점정(畫龍點睛)이 유래했다. 중요한 일을 할 때 마지막 끝손질로 완성하는 것을 비유한 말이다.

㉑ 글을 쓸 때는 문장의 중요한 대목에서 가장 적합한 낱말을 선택하는 것이 필요하다. 그것이 화룡점정의 역할을 할 때가 많다.

105. 흑묘백묘(黑猫白猫)

- **훈과 음**: 검을 흑(黑) · 고양이 묘(猫) · 흰 백(白)
- **직역/의역**: 검은 고양이와 흰 고양이 / 일의 성공이나 목적 달성을 위해서는 수단과 방법을 가리지 않음.

덩샤오핑은 중국의 혁명가이자 정치가였다. 그는 1978년부터 '사상해방'과 '경제발전'이라는 두 가지 틀 속에서 향후 20년간의 개혁 개방정책을 추진하였다. 당시 중국은 사회주의체제였다. 그러나 덩샤오핑은 '국력신장', '경제 발전', '인민생활 향상'에 유리하다면 자본주의 요소도 과감히 도입할 필요가 있다고 주장하였다. 즉 검은 고양이(흑묘)건 흰 고양이(백묘)건 쥐만 잘 잡으면 된다고 하면서, 체제에 상관없이 중국 인민을 잘 살게 하는 것이 중요하다는 것이다.

덩샤오핑 이론은 획기적이었다. 당시 상황에서 경제적으로 시장 경제를 도입하고 정치적으로 사회주의(공산주의) 체제를 유지한다는 것은 위험한 실험이었다. 그러나 오늘날 중국이 미국에 이은 세계2위의 경제대국이 된 것은 1980년대 이후 덩샤오핑의 흑묘백묘(黑猫白猫) 이론으로 국가 경제정책을 펼친 덕분이다.

예 공부를 잘하는 방법에 대하여 많은 사람들이 자신의 성공담을 말한다. 그러나 흑묘백묘이다. 내가 실천할 수 있고 내게 맞는 것이 최선의 방법이다.

* Ⅱ장 및 부록2-3 인용 출처 : 「고사성어대사전」 (김성일 지음, 시대의 창, 2013)

일러두기

- 사자성어에 쓰인 한자들은 여러 가지 훈(뜻)과 음이 있으나, 여기서는 사자성어에 해당하는 훈(뜻)과 음만 나타내었다.
- 직역은 한자 그대로의 뜻이고 의역은 실제로 쓰이는 뜻이다.
- 인명(사람 이름)이나 지명은 훈과 음이 의미가 없는 경우 생략하고 그대로 '사람 이름', '지명', '나라 이름' 등으로 표기하였다.
- 훈과 음만으로 직역이 어려운 경우 실제로 쓰이는 낱말의 뜻을 훈과 음아래에 추가로 제시하였다.
- 사자성어와 관련된 유래가 본 책에 있을 경우, 'Ⅱ. 사자성어의 유래'의 번호를 제시하였다.
- ⓑ는 비슷한 말, ⓟ은 반대말이다.
- 공무원 시험 기출문제 256개의 출제 횟수를 제시하였다.

1. 인생과 교훈

1-1 힘들고 가난한 삶 1~19

1. 간난고초(艱難苦楚) 공무원 기출 2회
- 훈과 음: 어려울 간(艱) · 어려울 난(難) · 괴로울 고(苦) · 가시나무 초(楚)
- 고초(苦楚): 심한 어려움과 괴로움 예 온갖 고초를 겪다. 고초가 심하다.
- 직역/의역: 어렵고도 더욱 어려운 고초/ 몹시 힘들고 괴로운 일

2. 간어제초(間於齊楚) 참조 유래 3 공무원 기출 1회
- 훈과 음: 사이 간(間) · ~의 어(於) · 나라 제(齊) · 나라 초(楚)
- 직역/의역: 제나라와 초나라의 사이/ (약한 등나라가) 강한 제나라와 초나라 사이에 끼어 있음. 약한 자가 강한 자들의 틈에 끼어 있어 괴로운 처지

3. 고군분투(孤軍奮鬪)
- 훈과 음: 외로울 고(孤) · 군사 군(軍) · 힘쓸 분(奮) · 싸울 투(鬪)
- 직역/의역: (지원군 없는) 외로운 군대로 힘써 싸움/ 남의 도움을 전혀 받지 않고 혼자 힘으로 힘든 일을 해냄

4. 고립무원(孤立無援)

- 훈과 음: 외로울 고(孤) · 설 립(立) · 없을 무(無) · 도울 원(援)
- 직역/의역: 구원을 받을 수가 없는 외로운 처지(입장)/ 도움을 받을 데가 전혀 없는 외로운 상황

5. 근근득생(僅僅得生)

- 훈과 음: 겨우 근(僅) · 얻을 득(得) · 살 생(生)
- 직역/의역: 겨우겨우 삶을 얻음/ 매우 힘들고 어렵게 살아감

6. 남부여대(男負女戴) 공무원 기출 2회

- 훈과 음: 사내 남(男) · 질 부(負) · 여자 여(女) · 일 대(戴)
- 직역/의역: 남자는 등에 지고 여자는 머리에 임/ 가난한 사람들이 살 곳을 찾지 못하고 온갖 고생을 하며 이리저리 떠돌아다님

7. 문전걸식(門前乞食)

- 훈과 음: 문 문(門) · 앞 전(前) · 구걸할 걸(乞) · 먹을 식(食)
- 직역 의역: 문 앞에서 구걸하여 얻어먹음/ 이 집 저 집 남의 집을 돌아다니며 빌어먹음

8. 사고무친(四顧無親)

- 훈과 음: 넉 사(四) · 돌아볼 고(顧) · 없을 무(無) · 친할 친(親)
- 직역/의역: 사방을 돌아봐도 친한 사람이 없음/ 주위에 의지할 사람이 없음.

9. 사면초가(四面楚歌) 참조 유래 49 공무원 기출 3회

- 훈과 음: 넉 사(四) · 방향 면(面) · 나라이름 초(楚) · 노래 가(歌)
- 직역/의역: 네 방향에서 (들리는) 초나라 노래/ 아무에게도 도움이나 지지를 받을 수 없는 고립된 상태에 처함

10. 적수공권(赤手空拳)

- 훈과 음: 아무 것도 없을 적(赤) · 손 수(手) · 빌 공(空) · 주먹 권(拳)
- 직역/의역: 아무 것도 없는 손과 빈주먹/ 가진 것이 아무 것도 없음

11. 진퇴양난(進退兩難) 공무원 기출 1회

- 훈과 음: 나갈 진(進) · 물러날 퇴(退) · 두 양(兩) · 어려울 난(難)
- 직역/의역: 나가고 물러나는 것 둘 다 어려움/ 나아가지도 물러서지도 못하는 곤란한 입장에 처함

12. 천신만고(千辛萬苦)

- 훈과 음: 일천 천(千) · 매울 신(辛) · 일만 만(萬) · 괴로울 고(苦)
- 직역/의역: 천개로 맵고 만 개로 괴로움/ 온갖 고생을 하며 애를 씀

13. 첩첩산중(疊疊山中)

- 훈과 음: 겹쳐질 첩(疊) · 뫼 산(山) · 가운데 중(中)
- 직역/의역: 겹겹으로 덮인 산 가운데/ 여러 산이 겹치고 겹친 깊은 산속. 해결하기 어려운 일들이 매우 많음

14. 초근목피(草根木皮) 공무원 기출 1회
- 훈과 음: 풀 초(草) · 뿌리 근(根) · 나무 목(木) · 껍질 피(皮)
- 직역/의역: 풀뿌리와 나무껍질/ 양식이 부족할 때 먹는 험한 음식

15. 파란만장(波瀾萬丈)
- 훈과 음: 물결 파(波) · 물결 란(瀾) · 일만 만(萬) · 길이 장(丈)
- 직역/의역: 물결이 만 길 높이로 출렁임/ 일이 진행되거나 인생을 살아가는 데 기복과 변화가 몹시 심함

16. 폐포파립(敝袍破笠) 공무원 기출 1회
- 훈과 음: 해질 폐(敝) · 도포 포(袍) · 깨뜨릴 파(破) · 삿갓 립(笠)
- 직역/의역: 헤진 도포와 깨진 삿갓/ 너절하고 구차한 차림새

17. 풍찬노숙(風餐露宿)
- 훈과 음: 바람 풍(風) · 먹을 찬(餐) · 이슬 로(露) · 잘 숙(宿)
- 직역/의역: 바람 맞으며 먹고 이슬 맞으며 잠을 잠/ 몹시 힘든 고생

18. 혈혈단신(孑孑單身), 고혈단신(孤孑單身) 공무원 기출 1회
- 훈과 음: 외로울 혈(孑) · 외로울 고(孤) · 홀로 단(單) · 몸 신(身)
- 직역/의역: 외롭고도 외로운 홀몸/ 의지할 곳 없는 홀몸 신세

19. 호구지책(糊口之策) 공무원 기출 1회
- 훈과 음: 풀칠할 호(糊) · 입 구(口) · ~하는 지(之) · 꾀 책(策)
- 직역/의역: 입에 풀칠을 할 방책/ (직역과 같음)

1-2 즐겁고 행복한 삶 20~39

20. 강호지락(江湖之樂)
- 훈과 음: 강 강(江) · 호수 호(湖) · ~의 지(之) · 즐거울 락(樂)
- 직역/의역: 강과 호수에서의 즐거움/ 자연을 벗 삼아 누리는 즐거운 삶

21. 고량진미(膏粱珍味)
- 훈과 음: 기름질 고(膏) · 곡식 량(粱) · 보배 진(珍) · 맛 미(味)
- 직역/의역: 기름진 곡식과 보배 같은 맛/ 기름진 고기와 좋은 곡식으로 만든 맛있는 음식

22. 고복격양(鼓腹擊壤) 공무원 기출 1회
- 훈과 음: 두드릴 고(鼓) · 배 복(腹) · 칠/구를 격(擊) · 땅 양(壤)
- 직역/의역: 배를 두드리고 땅을 구름/ 태평성대를 맘껏 즐김

23. 군자삼락(君子三樂)
- 훈과 음: (군자: 대인, 소인의 반대말) · 석 삼(三) · 즐거울 락(樂)
- 직역/의역: 군자의 세 가지 즐거움/ 첫째, 부모님이 살아 계시고 형제들이 사고 없이 잘 사는

것. 둘째, 하늘을 우러러 보고 땅을 굽어보아 사람에게 부끄러움이 없는 것. 셋째, 천하의 영재들을 얻어 가르치는 것.

24. 금슬지락(琴瑟之樂) (공무원 기출 1회)

- 훈과 음: 거문고 금(琴) · 비파 슬(瑟) · ~의 지(之) · 즐거울 락(樂)
- 직역/의역: 거문고와 비파의 즐거움/ 거문고와 비파가 서로 잘 어울리는 것처럼 부부 사이의 두터운 정 ⑩ 금슬이 좋은 부부

25. 금의환향(錦衣還鄉) (참조 유래 18)

- 훈과 음: 비단 금(錦) · 옷 의(衣) · 돌아올 환(還) · 고향 향(鄉)
- 직역/의역: 비단 옷을 입고 고향으로 돌아옴/ 타향에서 크게 성공하여 고향으로 돌아감
  (반) 금의야행

26. 금지옥엽(金枝玉葉)

- 훈과 음: 황금 금(金) · 가지 지(枝) · 구슬 옥(玉) · 잎사귀 엽(葉)
- 직역/의역: 금으로 된 가지와 옥으로 된 잎/ 아주 귀한 자손

27. 단사표음(簞食瓢飲) (참조 유래 24) (공무원 기출 1회)

- 훈과 음: 대광주리 단(簞) · 먹을 사(食) · 표주박 표(瓢) · 마실 음(飲)
- 직역/의역: 대광주리 밥을 먹고 표주박 물을 마심/ 아주 소박하며 가난하고 깨끗한 생활

28. 단표누항(簞瓢陋巷)

- 훈과 음: 대광주리 단(簞) · 표주박 표(瓢) · 좁을 누(陋) · 거리 항(巷)
- 직역/의역: 좁고 지저분한 거리에서 먹는 도시락의 밥과 표주박의 물/ 소박한 시골 살림 또는 가난하고 깨끗한 선비의 살림

29. 무릉도원(武陵桃源) (참조 유래 37)

- 훈과 음: (무릉: 지명) · 복숭아 도(桃) · 근원 원(源)
- 도원(桃源): 도연명의 도화원기에 나오는 가상의 선경. 별천지. 피난처.
- 직역/의역: 무릉의 별천지/ 사람들이 그리는 상상 속의 낙원

30. 문전성시(門前成市)

- 훈과 음: 문 문(門) · 앞 전(前) · 이룰 성(成) · 시장 시(市)
- 직역/의역: 문 앞이 시장처럼 됨/ 세도가나 부잣집 문 앞이 방문객으로 시장을 이룬 듯이 혼잡함

31. 문전옥답(門前沃畓)

- 훈과 음: 문 문(門) · 앞 전(前) · 기름질 옥(沃) · 논 답(畓)
- 직역/의역: 문 앞의 기름진 논/ 집 가까이 있는 기름진 논

32. 빈이무원(貧而無怨) (공무원 기출 1회)

- 훈과 음: 가난할 빈(貧) · 그러나 이(而) · 없을 무(無) · 원망할 원(怨)
- 직역/의역: 가난하지만 원망은 없음/ 가난하지만 남을 원망하지 않음

33. 산해진미(山海珍味)

- 훈과 음: 뫼 산(山)·바다 해(海)·진귀할 진(珍)·맛 미(味)
- 직역/의역: 산과 바다의 진귀한 맛/ 산과 바다에서 나는 진귀한 재료로 만든 매우 푸짐하고 맛좋은 음식

34. 안분지족(安分知足) 공무원 기출 3회

- 훈과 음: 편안 안(安)·분수 분(分)·알 지(知)·근본 족(足)
- 직역/의역: 분수껏 편안하고 족함을 앎/ 편한 마음으로 자기 분수를 지키며 만족할 줄을 앎

35. 안빈낙도(安貧樂道) 공무원 기출 3회

- 훈과 음: 편안할 안(安)·가난할 빈(貧)·즐길 락(樂)·도리 도(道)
- 직역/의역: 가난을 편하게 여기고 도리를 즐김/ (직역과 같음)

36. 음풍농월(吟風弄月)

- 훈과 음: 읊을 음(吟)·바람 풍(風)·즐길 농(弄)·달 월(月)
- 직역/의역: 바람을 읊고 달을 즐김/ 아름다운 자연의 경치를 시로 노래하며 즐김

37. 죽장망혜(竹杖芒鞋)

- 훈과 음: 대나무 죽(竹)·지팡이 장(杖)·깔끄러울 망(芒)·짚신 혜(鞋)
- 직역/의역: 대지팡이와 깔끄러운 짚신/ 먼 길을 떠날 때의 아주 간편한 차림새

38. 천석고황(泉石膏肓) 참조 유래 87

- 훈과 음: 샘 천(泉)·돌 석(石)·고황(膏肓): 고치기 힘든 병
- 직역/의역: 샘과 돌이 고치기 힘든 병이 됨/ 자연을 즐기고 사랑하는 것이 정도에 지나쳐 마치 고치기 힘든 병을 앓는 것과 같음

39. 함포고복(含哺鼓腹) 공무원 기출 1회

- 훈과 음: 머금을 함(含)·먹을 포(哺)·두드릴 고(鼓)·배 복(腹)
- 직역/의역: 실컷 먹고 배를 두드림/ 먹을 것이 매우 풍족함

1-3　효도와 그리움 40~45

40. 망운지정(望雲之情) 참조 유래 34 공무원 기출 4회

- 훈과 음: 바라볼 망(望)·구름 운(雲)·~하는 지(之)·마음 정(情)
- 직역/의역: 구름을 바라보는 마음/ 타향에서 부모가 계신 쪽의 구름을 바라보고 부모를 그리워함

41. 반포지효(反哺之孝) 참조 유래 40 공무원 기출 1회

- 훈과 음: 되돌릴 반(反)·먹을 포(哺)·~하는 지(之)·효도 효(孝)
- 직역/의역: 새끼가 어미에게 먹이를 물어다 주는 효도/ 자식이 자라서 어버이의 은혜에 보답하는 효도 🅱 반포보은(反哺報恩)

42. 수구초심(首丘初心) [공무원 기출 1회]

- 훈과 음: 머리 수(首) · 언덕 구(丘) · 처음 초(初) · 마음 심(心)
- 직역/의역: 머리를 언덕을 향해 두는 처음의 마음/ 여우는 죽을 때 태어난 여우 굴이 있던 언덕을 향해 머리를 둔다고 함. 자신의 근본을 잊지 않거나 혹은 죽어서라도 고향 땅에 묻히고 싶어 하는 마음

43. 육적회귤(陸績懷橘) [참조 유래 73] [공무원 기출 1회]

- 훈과 음: (육적: 사람 이름) · 품을 회(懷) · 귤 귤(橘)
- 직역/의역: 육적이 귤을 품음/ 부모에 대한 지극한 효성

44. 풍수지탄(風樹之嘆) [참조 유래 96] [공무원 기출 4회]

- 훈과 음: 바람 풍(風) · 나무 수(樹) · ~의 지(之) · 한탄할 탄(嘆)
- 직역/의역: 바람과 나무에 대한 한탄/ 나무는 조용하고 싶지만 바람이 그치지 않음. 부모님 살아생전에 효도를 다하지 못한 자식의 슬픔

45. 혼정신성(昏定晨省) [참조 유래 103] [공무원 기출 4회]

- 훈과 음: 저녁 혼(昏) · 정할 정(定) · 새벽 신(晨) · 살필 성(省)
- 직역/의역: 저녁에 (잠자리를) 정해 드리고 새벽에 (안부를) 살핌/ 부모님께 효도를 다함

1-4   뜻밖의 행운 46~56

46. 가롱성진(假弄成眞)

- 훈과 음: 거짓 가(假) · 희롱할 농(弄) · 이룰 성(成) · 참 진(眞)
- 직역/의역: 가짜로 한 농담이 진짜로 이루어짐/ (직역과 같음)

47. 견토지쟁(犬兔之爭) [참조 유래 6]

- 훈과 음: 개 견(犬) · 토끼 토(兔) · ~의 지(之) · 싸울 쟁(爭)
- 직역/의역: 개와 토끼의 싸움/ 둘의 싸움에 엉뚱한 다른 사람이 이익을 봄

48. 고목생화(枯木生花)

- 훈과 음: 마를 고(枯) · 나무 목(木) · 날 생(生) · 꽃 화(花)
- 직역/의역: 마른 나무에 꽃이 핌/ 매우 가난하고 운이 없는 사람이 뜻밖의 행운을 만나서 잘 되는 것

49. 망양득우(亡羊得牛)

- 훈과 음: 잃을 망(亡) · 양 양(羊) · 얻을 득(得) · 소 우(牛)
- 직역/의역: 양을 잃고 소를 얻음/ 작은 것을 잃고 큰 것을 얻음

50. 무주공산(無主空山)

- 훈과 음: 없을 무(無) · 주인 주(主) · 빌 공(空) · 뫼 산(山)
- 직역/의역: 주인 없는 빈 산/ 어떤 일을 할 때 경쟁자가 없는 유리한 상황

51. 방휼지쟁(蚌鷸之爭) 참조 유래 41 공무원 기출 1회

- 훈과 음: 민물조개 방(蚌) · 도요새 휼(鷸) · ~의 지(之) · 싸울 쟁(爭)
- 직역/의역: 민물조개와 도요새의 싸움/ 둘의 싸움에 엉뚱한 사람이 이익을 봄

52. 어부지리(漁夫之利) 참조 유래 41 공무원 기출 2회

- 훈과 음: 고기잡을 어(漁) · 지아비 부(夫) · ~의 지(之) · 이로울 이(利)
- 직역/의역: 어부의 이익/ '위 방휼지쟁과 뜻이 같음'

53. 일거양득(一擧兩得) 공무원 기출 1회

- 훈과 음: 한 일(一) · 움직일 거(擧) · 두 양(兩) · 얻을 득(得)
- 직역/의역: 한번 움직여 둘을 얻음/ 하나의 일로 두 가지 이익을 얻음

54. 일석이조(一石二鳥)

- 훈과 음: 한 일(一) · 돌 석(石) · 두 이(二) · 새 조(鳥)
- 직역/의역: 하나의 돌로 새 두 마리를 잡음/ 일거양득과 뜻이 같음

55. 천우신조(天佑神助)

- 훈과 음: 하늘 천(天) · 도울 우(佑) · 귀신 신(神) · 도울 조(助)
- 직역/의역: 하늘도 돕고 신도 도움/ 매우 어려운 상황이었는데 뜻 밖에 운이 좋아 일이 잘 풀림

56. 천재일우(千載一遇)

- 훈과 음: 일천 천(千) · 실을/탈 재(載) · 한 일(一) · 만날 우(遇)
- 직역/의역: 천 년 동안 한 번 만남/ 좀처럼 만나기 어려운 좋은 기회

1-5　인생의 교훈　57~77

57. 과공비례(過恭非禮)

- 훈과 음: 지나칠 과(過) · 겸손할 공(恭) · 아닐 비(非) · 예의 예(禮)
- 직역/의역: 지나친 겸손은 예의가 아님/ (직역과 같음)

58. 과유불급(過猶不及) 공무원 기출 1회

- 훈과 음: 지나칠 과(過) · 오히려 유(猶) · 아니 불(不) · 미칠 급(及)
- 직역/의역: 지나친 것은 오히려 미치지 못한 것보다 못함/ 직역과 같음

59. 교각살우(矯角殺牛) 공무원 기출 4회

- 훈과 음: 바로잡을 교(矯) · 뿔 각(角) · 죽일 살(殺) · 소 우(牛)
- 직역/의역: 뿔을 바로잡다 소를 죽임/ 사소한 실수로 큰일을 그르침

60. 교왕과직(矯枉過直) 공무원 기출 2회

- 훈과 음: 바로잡을 교(矯) · 굽을 왕(枉) · 지나칠 과(過) · 곧을 직(直)

- 직역/의역: 굽은 것을 바로잡으려다가 지나치게 곧게 함/ 잘못을 바로잡으려다가 지나쳐서 오히려 더 나쁘게 됨

61. 구화지문(口禍之門)
- 훈과 음: 입 구(口) · 화/재앙 화(禍) · 갈 지(之) · 문 문(門)
- 직역/의역: 입은 화(재앙)를 불러들이는 문임/ (직역과 같음)

62. 권불십년(權不十年) 〔공무원 기출 1회〕
- 훈과 음: 권세 권(權) · 아니 불(不) · 열 십(十) · 해 년(年)
- 직역/의역: 권력은 십년을 못 감/ **비** 화무십일홍(花無十日紅) 꽃은 열흘 붉은 것이 없음. 한 번 성한 것은 얼마 가지 않아 반드시 쇠해짐.

63. 근묵자흑(近墨者黑) 〔공무원 기출 2회〕
- 훈과 음: 가까울 근(近) · 먹 묵(墨) · 사람 자(者) · 검을 흑(黑)
- 직역/의역: 먹을 가까이 하는 사람은 검게 됨/ 나쁜 사람과 가까이 하면 나쁜 버릇에 물들게 됨

64. 남가일몽(南柯一夢) 〔참조 유래 19〕 〔공무원 기출 2회〕
- 훈과 음: 남녘 남(南) · 가지 가(柯) · 한 일(一) · 꿈 몽(夢)
- 직역/의역: 남쪽 가지 아래의 한바탕 꿈/ 꿈과 같이 헛된 한때의 부귀와 영화를 비유한 말

65. 노생지몽(老生之夢) 〔참조 유래 22〕 〔공무원 기출 2회〕
- 훈과 음: (노생: 사람 이름) · ~의 지(之) · 꿈 몽(夢)
- 직역/의역: 노생의 꿈/ 인생과 부귀영화의 덧없음

66. 당랑규선(螳螂窺蟬), 당랑포선(螳螂捕蟬) 〔참조 유래 26〕
- 훈과 음: 사마귀 당(螳) · 사마귀 랑(螂) · 엿볼 규(窺) · 사로잡을 포(捕)) · 매미 선(蟬)
- 직역/의역: 사마귀가 매미를 엿봄(잡음)/ 눈앞의 이익에 눈이 멀어 뒤에 있는 위험을 생각하지 못함

67. 망양보뢰(亡羊補牢) 〔참조 유래 33〕 〔공무원 기출 4회〕
- 훈과 음: 달아날 망(亡) · 양 양(羊) · 고칠 보(補) · 우리 뢰(牢)
- 직역/의역: 양을 잃고 우리를 고침/ ① 일이 실패한 뒤에 뉘우쳐 보아야 소용이 없음. ② 일을 실패하고 즉시 바로잡는다면 그래도 늦지 않음

68. 맥수지탄(麥秀之嘆) 〔참조 유래 35〕 〔공무원 기출 4회〕
- 훈과 음: 보리 맥(麥) · 무성할 수(秀) · ~의 지(之) · 한탄할 탄(嘆)
- 직역/의역: 보리가 무성하게 자란 것을 탄식함/ 옛 도읍지가 거칠어지고 못 쓰게 된 것을 보고 자기 나라가 멸망한 것을 한탄함

69. 백구과극(白駒過隙) 〔참조 유래 – 도가 6〕
- 훈과 음: 흰 백(白) · 망아지 구(駒) · 지날 과(過) · 틈 극(隙)
- 직역 / 의역: 흰 망아지가 지나간 틈/ 세월과 인생이 덧없이 짧음

70. 사불급설(駟不及舌)

- 훈과 음: 사마 사(駟) · 아니 불(不) · 미칠 급(及) · 혀 설(舌)
- 직역/의역: 사마(네 마리 말이 끄는 수레)도 사람의 혀에는 미치지 못함/ 한번 내뱉은 말은 되돌릴 수 없으므로 말을 할 때는 신중하게 해야 함

71. 소탐대실(小貪大失) 공무원 기출 2회

- 훈과 음: 작을 소(小) · 욕심낼 탐(貪) · 큰 대(大) · 잃을 실(失)
- 직역/의역: 작은 것을 욕심내어 큰 것을 잃음/ (직역과 같음)

72. 욕속부달(欲速不達) 공무원 기출 1회

- 훈과 음: 하고자 할 욕(欲) · 빠를 속(速) · 아니 불(不) · 도달할 달(達)
- 직역/의역: 빨리 가려고 욕심내면 도달할 수 없음/ 너무 조급하게 서두르면 오히려 일을 그르치게 됨

73. 인명재천(人命在天)

- 훈과 음: 사람 인(人) · 목숨 명(命) · 있을 재(在) · 하늘 천(天)
- 직역/의역: 사람의 목숨은 하늘에 (달려) 있음/ (직역과 같음)

74. 인자무적(仁者無敵)

- 훈과 음: 어질 인(仁) · 사람 자(者) · 없을 무(無) · 적 적(敵)
- 직역/의역: 어진 사람은 (천하에) 적이 없음/ (직역과 같음)

75. 인중유화(忍中有和)

- 훈과 음: 참을 인(忍) · 가운데 중(中) · 있을 유(有) · 화목 화(和)
- 직역/의역: 참는 가운데 화목(평화)이 있음/ (직역과 같음)

76. 일장춘몽(一場春夢) 공무원 기출 2회

- 훈과 음: 한 일(一) · 마당 장(場) · 봄 춘(春) · 꿈 몽(夢)
- 직역/의역: 한 마당의 봄 꿈/ 인생의 덧없음을 비유한 말

77. 적선여경(積善餘慶), 적악여앙(積惡餘殃)

- 훈과 음: 쌓을 적(積) · 착할 선(善) · 죄악 악(惡) · 있을 여(餘) · 경사 경(慶) · 재앙 앙(殃)
- 직역/의역: 선(악)을 쌓으면 경사(재앙)가 있음/ 착한 일을 하면 복을 받고 악한 일을 하면 반드시 벌(재앙)을 받게 됨.

2. 인간의 품격

2-1 여자와 남자 80~89

78. 가인박명(佳人薄命), 미인박명(美人薄命)

- 훈과 음: 아름다울 가(佳),아름다울 미(美) · 사람 인(人) · 엷을 박(薄) · 목숨 명(命)

- 직역/의역: 아름다운 사람은 목숨이 엷음/ 미인이나 재주가 뛰어난 사람이 기구한 운명에 처하거나 삶이 평탄하지 못한 경우를 비유한 말

79. 갑남을녀(甲男乙女) 〔공무원 기출 2회〕
- 훈과 음: 아무개 갑(甲) · 남자 남(男) · 아무개 을(乙) · 여자 여(女)
- 아무개: 아주 평범한 보통사람을 지칭하는 말
- 직역/의역: 아무개 남자와 아무개 여자/ 아주 평범한 보통 사람들

80. 경국지색(傾國之色)
- 훈과 음: 기울 경(傾) · 나라 국(國) · ~하는 지(之) · 용모 색(色)
- 직역/의역: 나라를 기울게 하는 용모/ 매우 얼굴이 아름다운 미인

81. 단순호치(丹脣皓齒) 〔공무원 기출 2회〕
- 훈과 음: 붉을 단(丹) · 입술 순(脣) · 흴 호(皓) · 이 치(齒)
- 직역/의역: 붉은 입술과 흰 이/ 미인의 얼굴을 비유적으로 표현한 말

82. 선남선녀(善男善女) 〔공무원 기출 1회〕
- 훈과 음: 착할 선(善) · 남자 남(男) · 여자 여(女)
- 직역/의역: 착한 남자와 착한 여자/ 젊은 남자와 여자를 귀하게 여기는 뜻으로 이르는 말

83. 옥골선풍(玉骨仙風)
- 훈과 음: 옥 옥(玉) · 골격 골(骨) · 신선 선(仙) · 풍채 풍(風)
- 직역/의역: 골격이 옥 같고 신선의 풍채임/ 풍모가 귀티 나고 신선 같음

84. 요조숙녀(窈窕淑女)
- 훈과 음: 그윽할 요(窈) · 정숙할 조(窕) · 맑을 숙(淑) · 여자 여(女)
- 직역/의역: 그윽하고 정숙하고 마음씨가 맑은 여자/ 말과 행동이 바르고 고우며 자태가 기품이 있는 여자

85. 장삼이사(張三李四) 〔공무원 기출 2회〕
- 훈과 음: 성씨 장(張) · 석 삼(三) · 성씨 이(李) · 넉 사(四)
- 직역/의역: 장씨의 셋째 아들과 이씨의 넷째 아들/ 이름이나 신분을 알 수 없는 평범한 사람들

86. 초동급부(樵童汲婦) 〔공무원 기출 2회〕
- 훈과 음: 땔나무 초(樵) · 아이 동(童) · 물길을 급(汲) · 여자 부(婦)
- 직역/의역: 땔나무 하는 아이와 물 긷는 아낙네/ 평범한 사람들

87. 필부필부(匹夫匹婦) 〔공무원 기출 2회〕
- 훈과 음: 짝 필(匹) · 남편 부(夫) · 아내 부(婦)
- 직역/의역: (서로) 짝이 되는 남편과 아내/ 아주 평범한 사람들

88. 헌헌장부(軒軒丈夫)
- 훈과 음: 높을 헌(軒) · 어른 장(丈) · 사내 부(夫)
- 직역/의역: 높고 높은 어른 사내/ 풍채가 당당하고 의젓한 사내(남자)

89. 화용월태(花容月態)

- 훈과 음: 꽃 화(花) · 얼굴 용(容) · 달 월(月) · 모양 태(態)
- 직역/의역: 꽃다운 얼굴과 달 같은 모습/ 아름다운 여인의 얼굴과 모양새

2-2 훌륭한 인간 90~128

2-2-1 충절과 지조 90~103

90. 견리사의(見利思義) 공무원 기출 1회

- 훈과 음: 볼 견(見) · 이로울 이(利) · 생각 사(思) · 의로울 의(義)
- 직역/의역: (눈앞의) 이익을 보면 의로움을 생각함/ (직역과 같음)

91. 견위치명(見危致命), 견위수명(見危授命) 공무원 기출 1회

- 훈과 음: 볼 견(見) · 위태로울 위(危) · 바칠 치(致) · 줄 수(授) · 목숨 명(命)
- 직역/의역: 위태로움을 보면 목숨을 바침/ 나라가 위태로울 때 제 몸을 바침

92. 공명정대(公明正大) 공무원 기출 1회

- 훈과 음: 공평할 공(公) · 밝을 명(明) · 바를 정(正) · 큰 대(大)
- 직역/의역: 공평함이 밝고 정의로움이 큼/ 하는 일이나 행동이 사사로움에 얽매이지 않고 아주 공정하며 떳떳함

93. 극기복례(克己復禮)

- 훈과 음: 이길 극(克) · 나 기(己) · 돌아올 복(復) · 예도 예(禮)
- 직역/의역: 자신을 이기고 예로 돌아옴/ 자신의 욕심을 버리고 사람이 본래 지녀야 할 예의와 법도를 따르는 마음으로 되돌아감

94. 대도무문(大道無門)

- 훈과 음: 큰 대(大) · 길 도(道) · 없을 무(無) · 문 문(門)
- 직역/의역: 큰 길에는 문이 없음/ ① 깨달음을 얻거나 진리를 이해하는 데에는 정해진 길이나 방식이 없음 ② 사람으로서 반드시 가야할 바른 길이라면 어떤 장애가 있더라고 멈추지 말고 가야 함

95. 대의멸친(大義滅親)

- 훈과 음: 큰 대(大) · 의로울 의(義) · 멸할 멸(滅) · 친척 친(親)
- 직역/의역: 큰 의로움을 위해 친척도 죽임/ 나라나 민족의 이익을 위한 일에는 부모나 형제의 정도 돌아보지 않음

96. 독야청청(獨也靑靑)

- 훈과 음: 홀로 독(獨) · 어조사 야(也) · 푸를 청(靑)
- 직역/의역: 홀로 푸르름/ 남들이 모두 변절했지만 홀로 절개를 굳게 지킴

97. 동호지필(董狐之筆) 참조 유래 29

- 훈과 음: (동호: 사람 이름) · ~의 지(之) · 글 필(筆)
- 직역/의역: 동호의 글/ 권세에 아부하거나 두려워하지 않고 원칙에 따라 사실을 바르게 기록함. 사실을 숨기지 않고 있는 그대로 씀

98. 멸사봉공(滅私奉公) 공무원 기출 1회

- 훈과 음: 멸할 멸(滅) · 개인 사(私) · 받들 봉(奉) · 공적일 공(公)
- 직역/의역: 개인을 멸하고 공적인 일을 받듦/ 개인의 욕심을 버리고 공공의 이익을 위하여 힘써 일함

99. 살신성인(殺身成仁) 참조 유래 51 공무원 기출 1회

- 훈과 음: 죽일 살(殺) · 몸 신(身) · 이룰 성(成) · 사람 인(人)
- 직역/의역: 몸을 죽여 인(仁)을 이룸/ 옳은 일을 위해 목숨을 버림

100. 선공후사(先公後私) 공무원 기출 1회

- 훈과 음: 먼저 선(先) · 공적일 공(公) · 뒤 후(後) · 개인 사(私)
- 직역/의역: 공적인 일이 먼저고 개인적인 일은 나중임/ (직역과 같음)

101. 설중송백(雪中松柏) 공무원 기출 1회

- 훈과 음: 눈 설(雪) · 가운데 중(中) · 소나무 송(松) · 잣나무 백(柏)
- 직역/의역: 눈 가운데의 소나무와 잣나무/ 높고 굳은 절개를 비유함

102. 일편단심(一片丹心)

- 훈과 음: 한 일(一) · 조각 편(片) · 붉을 단(丹) · 마음 심(心)
- 직역/의역: 한 조각의 붉은 마음/ 오직 하나를 위하여 언제나 변함없는 마음

103. 파사현정(破邪顯正) 공무원 기출 1회

- 훈과 음: 깨뜨릴 파(破) · 사악할 사(邪) · 드높일 현(顯) · 바를 정(正)
- 직역/의역: 사악함을 깨뜨리고 정의를 드높임/ 잘못된 것을 물리치고 옳은 것을 추구함

2-2-2 용기와 절제 104~112

104. 겸양지덕(謙讓之德)

- 훈과 음: 겸손할 겸(謙) · 사양할 양(讓) · ~하는 지(之) · 덕 덕(德)
- 직역/의역: 겸손하고 사양하는 덕성/ (직역과 같음)

105. 겸인지용(兼人之勇)

- 훈과 음: 겸할 겸(兼) · 사람 인(人) · ~하는 지(之) · 용기 용(勇)
- 직역/의역: 혼자서 몇 사람을 당해 낼만한 용기/ (직역과 같음)

106. 내유외강(内柔外剛)

- 훈과 음: 안 내(内) · 부드러울 유(柔) · 바깥 외(外) · 굳셀 강(剛)
- 직역/의역: 속은 부드러우나 겉은 굳셈/ 겉으로는 강해 보이나 속은 부드러움

107. 등고자비(登高自卑) 공무원 기출 1회

- 훈과 음: 오를 등(登) · 높을 고(高) · 스스로 자(自) · 낮출/낮을 비(卑)
- 직역/의역: 높은 곳에 오르려면 ① 스스로 낮추어야 함 ②낮은 곳부터 시작해야 함/ ①높은 지위에 오르려면 스스로 자신을 낮추어야 함 ②높은 지위에 오르려면 낮은 곳부터 시작해야함
  ※ 나라를 다스리려면 가정부터 화목해야 함

108. 모수자천(毛遂自薦) 참조 유래 20

- 훈과 음: (모수: 사람 이름) · 스스로 자(自) · 천거할 천(薦)
- 직역/의역: 모수가 스스로를 천거함/ 어떤 일에 스스로 자신을 추천하거나 자진해 나서는 것

109. 외유내강(外柔內剛)

- 훈과 음: 바깥 외(外) · 부드러울 유(柔) · 안 내(內) · 굳셀 강(剛)
- 직역/의역: 겉으로는 부드러우나 안으로는 굳셈(강함)/ (직역과 같음)

110. 호시우보(虎視牛步)

- 훈과 음: 범 호(虎) · 볼 시(視) · 소 우(牛) · 걸을 보(步)
- 직역/의역: 호랑이처럼 보고 소처럼 걸음/ 상황을 예리하게 꿰뚫어 보며 신중하게 행동함

111. 호연지기(浩然之氣) 공무원 기출 1회

- 훈과 음: 넓을 호(浩) · 그러할 연(然) · ~하는 지(之) · 기운 기(氣)
- 직역/의역: 넓고도 자연스러운 기운/ 자유롭고 공명정대하여 조금도 부끄럽지 않은 마음 또는 용기

112. 화이부동(和而不同) 공무원 기출 2회

- 훈과 음: 화할 화(和) · 그러나 이(而) · 아니 불(不) · 같을 동(同)
- 직역/의역: 화합하나 같지는 않음/ 남과 사이좋게 지내면서 자신의 중심과 원칙을 잃지 않고 지킴 반 부화뇌동

2-2-3 뛰어난 능력 113~128

113. 개세지재(蓋世之才) 공무원 기출 1회

- 훈과 음: 덮을 개(蓋) · 세상 세(世) · ~하는 지(之) · 재주 재(才)
- 직역/의역: 세상을 덮을 만큼 뛰어난 재주/ (직역과 같음)

114. 군계일학(群鷄一鶴)

- 훈과 음: 무리 군(群) · 닭 계(鷄) · 한 일(一) · 학 학(鶴)
- 직역/의역: 닭 무리 속 한 마리의 학/ 평범한 사람들 중 아주 뛰어난 한 사람

115. 낭중지추(囊中之錐) 참조 유래 20 공무원 기출 3회

- 훈과 음: 주머니 낭(囊) · 가운데 중(中) · ~의 지(之) · 송곳 추(錐)
- 직역/의역: 주머니 가운데(속)의 송곳/ 능력과 재주가 뛰어난 사람은 주머니 속의 송곳이 튀어나오듯 스스로 뛰어남을 나타내게 됨

116. 동량지재(棟梁之材) 공무원 기출 1회

- 훈과 음: 기둥 동(棟) · 들보 량(梁) · ~의 지(之) · 재능 재(才)
- 직역/의역: 기둥과 들보 같은 재능/ 나라를 떠받들어 이끌어 갈 인재

117. 명론탁설(名論卓說) 공무원 기출 1회

- 훈과 음: 이름날 명(名) · 논의할 논(論) · 높을 탁(卓) · 말씀 설(說)
- 직역/의역: 이름난 이론과 탁월한 말씀(뛰어난 학설)/ (직역과 같음)

118. 명불허전(名不虛傳)

- 훈과 음: 이름 명(名) · 아니 불(不) · 빌 허(虛) · 전할 전(傳)
- 직역/의역: 이름이 헛되이 전해진 것이 아님/ 이름이 날 만한 까닭이 있음

119. 무소불위(無所不爲)

- 훈과 음: 없을 무(無) · 바 소(所) · 아니 불(不) · 할 위(爲)
- 직역/의역: 못할 것이 없음/ ① 권세를 마음대로 부리는 사람이나 또는 그런 경우 ② 못할 일이 없이 다 할 수 있는 능력을 갖고 있음

120. 박학다식(博學多識)

- 훈과 음: 넓을 박(博) · 배울 학(學) · 많을 다(多) · 알 식(識)
- 직역/의역: 배움이 넓고 아는 것이 많음/ (직역과 같음)

121. 용사비등(龍蛇飛騰)

- 훈과 음: 용 용(龍) · 뱀 사(蛇) · 날 비(飛) · 오를 등(騰)
- 직역/의역: 용과 뱀이 날아 (하늘에) 오름/ 용과 뱀이 움직이는 것같이 아주 잘 쓴 글씨를 비유적으로 표현한 말

122. 일사천리(一瀉千里)

- 훈과 음: 한 일(一) · 달릴 사(瀉) · 일천 천(千) · 거리 리(里)
- 직역/의역: 한 번 달려 천리를 감/ 사물이나 일의 진행이 거침이 없고 빠름

123. 일취월장(日就月將)

- 훈과 음: 날 일(一) · 이룰 취(就) · 달 월(月) · 발전할 장(將)
- 직역/의역: 날로 이루고 달로 발전함/ 나날이 큰 폭으로 발전함

124. 일필휘지(一筆揮之)

- 훈과 음: 한 일(一) · 붓 필(筆) · 휘날릴 휘(揮) · 갈 지(之)
- 직역/의역: 한 번 붓을 잡고 이를 휘날려 씀/ 글씨를 단숨에 써 내림

125. 청산유수(靑山流水)

- 훈과 음: 푸를 청(靑) · 뫼 산(山) · 흐를 유(流) · 물 수(水)
- 직역/의역: 푸른 산에 흐르는 물/ 막힘없이 말을 잘 함

126. 촌철살인(寸鐵殺人) 참조 유래 불교 8

- 훈과 음: 작을 촌(寸) · 쇠 철(鐵) · 죽일 살(殺) · 사람 인(人)

- 직역/의역: 작은 쇠붙이로 사람을 죽임/ 짧은 말로도 사람을 크게 감동시키거나 사물의 핵심을 찌르는 것을 비유한 말

127. 팔방미인(八方美人) `공무원 기출 2회`
- 훈과 음: 여덟 팔(八) · 방향 방(方) · 아름다울 미(美) · 사람 인(人)
- 직역/의역: 여덟 방향에서의 미인 / 모든 일을 아주 잘하는 사람

128. 현하구변(懸河口辯) `공무원 기출 1회`
- 훈과 음: (현하: 강의 이름) · 입 구(口) · 말 잘할 변(辯)
- 직역/의역: 현하의 물처럼 입으로 말을 잘 함/ 막힘없이 말을 잘 함

2-3 부족한 인간 `129~173`

2-3-1 경솔하고 오만함 `129~142`

129. 견강부회(牽強附會) `공무원 기출 4회`
- 훈과 음: 끌 견(牽) · 강할 강(強) · 붙을 부(附) · 모일 회(會)
- 부회(附會): 억지로 갖다 붙인다는 뜻의 중국어식 표현
- 직역/의역: 강하게 끌어다가 억지로 갖다 붙임/ 근거가 없고 이치에 맞지 않는 것을 억지로 끌어대어 자기에게 유리하도록 맞춤

130. 경거망동(輕擧妄動) `공무원 기출 1회`
- 훈과 음: 가벼울 경(輕) · 움직일 거(擧) · 망령될 망(妄) · 움직일 동(動)
- 직역/의역: 가볍게 움직이고 망령된 행동함/ 행동이 가볍고 경솔함 🔴은인자중

131. 과대망상(誇大妄想)
- 훈과 음: 자만할 과(誇) · 큰 대(大) · 망령될 망(妄) · 생각할 상(想)
- 직역/의역: 자만이 크고 망령된 생각/ 실제보다 너무 크게 평가하고 그것이 사실이라고 믿는 생각

132. 당랑거철(螳螂拒轍) `참조 유래 25` `공무원 기출 4회`
- 훈과 음: 사마귀 당(螳) · 사마귀 랑(螂) · 막을 거(拒) · 수레바퀴 철(轍)
- 직역/의역: 사마귀가 수레바퀴를 막아섬/ 자기 능력도 생각하지 않고 경솔하게 강한 적에게 덤빔

133. 마이동풍(馬耳東風) `공무원 기출 2회`
- 훈과 음: 말 마(馬) · 귀 이(耳) · 동녘 동(東) · 바람 풍(風)
- 직역/의역: 말 귀에 동녘 바람/ 남의 말을 새겨듣지 않고 지나쳐 흘려버림

134. 방약무인(傍若無人) `공무원 기출 2회`
- 훈과 음: 곁 방(傍) · 같을 약(若) · 없을 무(無) · 사람 인(人)

- 직역/의역: 곁에 사람이 없는 것과 같음/ 주위의 다른 사람을 전혀 의식하지 않고 제멋대로 행동함

135. 수수방관(袖手傍觀) 〔공무원 기출 1회〕
- 훈과 음: 소매 수(袖) · 손 수(手) · 곁 방(傍) · 볼 관(觀)
- 직역/의역: 소매 속에 손을 넣고 곁에서 지켜봄 / 누가 어떤 일을 당했을 때 간섭하거나 거들지 않고 옆에서 보고만 있음

136. 아전인수(我田引水) 〔공무원 기출 2회〕
- 훈과 음: 나 아(我) · 밭 전(田) · 끌 인(引) · 물 수(水)
- 직역/의역: 자기 밭에 물을 끌어들임/ 무슨 일을 자기에게 이롭게 되도록 생각하거나 주장함

137. 안하무인(眼下無人)
- 훈과 음: 눈 안(眼) · 아래 하(下) · 없을 무(無) · 사람 인(人)
- 직역/의역: 눈 아래 사람이 없음/ 잘난 체하고 뽐내며 남을 업신여김

138. 오만방자(傲慢放恣)
- 훈과 음: 거만할 오(傲) · 오만할 만(慢) · 놓을 방(放) · 방자할 자(恣)
- 직역/의역: 거만하고 오만하여 방자함/ 어떤 일에 어려워하거나 조심스런 태도를 보이지 않고 건방지며 남을 업신여김

139. 오불관언(吾不關焉) 〔공무원 기출 1회〕
- 훈과 음: 나 오(吾) · 아니 불(不) · 빗장 관(關) · 어찌 언(焉)
- 직역/의역: 내가 빗장(문을 잠그는 막대)을 어찌할 수 없음/ 나는 전혀 상관하지 않음

140. 우이독경(牛耳讀經) 〔공무원 기출 2회〕
- 훈과 음: 소 우(牛) · 귀 이(耳) · 읽을 독(讀) · 경전/경서 경(經)
- 직역/의역: 쇠귀에 경전 읽기/ 아무리 가르치고 일러 주어도 알아듣지 못함. 머리가 둔하거나 매우 고집이 셈

141. 주마간산(走馬看山) 〔공무원 기출 4회〕
- 훈과 음: 달릴 주(走) · 말 마(馬) · 볼 간(看) · 뫼 산(山)
- 직역/의역: 말을 타고 달리면서 산을 봄/ 사물을 자세히 보지 않고 지나가며 겉만 대강 봄

142. 천방지축(天方地軸)
- 훈과 음: 하늘 천(天) · 방향 방(方) · 땅 지(地) · 축(회전의 중심) 축(軸)
- 직역/의역: 하늘 방향이나 땅의 축(중심)/ 당황해서 허둥지둥하거나 철없이 날뛰는 모양

2-3-2 어리석고 게으름 〔143~158〕

143. 각주구검(刻舟求劍) 〔참조 유래 1〕
- 훈과 음: 새길 각(刻) · 배 주(舟) · 구할 구(求) · 칼 검(劍)

- 직역/의역: 배에 새기어 칼을 구함/ 시대가 변한 것도 모르고 낡은 것만 고집하는 어리석음 🔵 수주대토

144. 격화소양(隔靴搔癢), 격화파양(隔靴爬癢) 공무원 기출 1회
- 훈과 음: 사이 뜰 격(隔)ㆍ신 화(靴)ㆍ긁을 소(搔)ㆍ긁을 파(爬)ㆍ가려울 양(癢)
- 직역/의역: 신을 신고 발의 가려운 곳을 긁음/ 무슨 일을 애써 하기는 하지만 중요한 것을 빠뜨려 아무 성과도 얻지 못함

145. 군맹무상(群盲撫象)
- 훈과 음: 무리 군(郡)ㆍ소경 맹(盲)ㆍ어루만질 무(撫)ㆍ코끼리 상(象)
- 직역/의역: 소경 무리가 코끼리를 어루만짐/ 모든 사물을 자기 마음대로 그릇 판단하거나 그 일부밖에 파악하지 못하여 일을 망침

146. 금의야행(錦衣夜行) 참조 유래 18 공무원 기출 3회
- 훈과 음: 비단 금(錦)ㆍ옷 의(衣)ㆍ밤 야(夜)ㆍ갈 행(行)
- 직역/의역: 비단옷을 입고 밤길을 감/ 자랑삼아 하지만 효과가 없음 🔵 금의환향

147. 노승발검(怒蠅拔劍), 견문발검(見蚊拔劍) 공무원 기출 4회
- 훈과 음: 성낼 노(怒)ㆍ파리 승(蠅)ㆍ볼 견(見)ㆍ모기 문(蚊)ㆍ뺄 발(拔)ㆍ칼 검(劍)
- 직역/의역: 파리에 화를 내어 칼을 뺌. 모기를 보고 칼을 뺌/ 사소한 일에 화를 냄

148. 동족방뇨(凍足放尿) 공무원 기출 3회
- 훈과 음: 얼 동(凍)ㆍ발 족(足)ㆍ놓을 방(放)ㆍ오줌 뇨(尿)
- 직역/의역: 언 발에 오줌을 눔/ 어떤 행동이 다급한 상황을 일시적으로 피하는 방법은 되나 결국은 상황이 더 나빠짐 (언 발에 오줌을 누면 처음에는 조금 따뜻하지만 오줌이 얼어서 발이 더욱 시려짐)

149. 무위도식(無爲徒食)
- 훈과 음: 없을 무(無)ㆍ할 위(爲)ㆍ다만 도(徒)ㆍ먹을 식(食)
- 직역/의역: 하는 일없이 다만 먹기만 함/ 일하지 않고 빈둥빈둥 놀고먹음

150. 미생지신(尾生之信) 참조 유래 39 공무원 기출 1회
- 훈과 음: (미생: 사람 이름)ㆍ~의 지(之)ㆍ믿을 신(信)
- 직역/의역: 미생의 믿음/ ① 신의가 매우 두터움 ② 미련하고 어리석어서 융통성이 없음

151. 배중사영(杯中蛇影)
- 훈과 음: 잔 배(杯)ㆍ가운데 중(中)ㆍ뱀 사(蛇)ㆍ그림자 영(影)
- 직역/의역: 잔 가운데의 뱀 그림자/ 스스로 의심하는 마음이 생겨 고민하거나 아무것도 아닌 일을 지나치게 의심하여 근심함

152. 부화뇌동(附和雷同) 공무원 기출 4회
- 훈과 음: 붙을 부(附)ㆍ화할 화(和)ㆍ우레 뇌(雷)ㆍ함께 동(同)
- 직역/의역: 우레 소리에 맞춰 함께 함/ 자신의 뚜렷한 소신 없이 남이 하는 대로 따라가는 것을 비유한 말 🔵 화이부동

153. 수주대토(守株待兔) 참조 유래 62 공무원 기출 1회

- 훈과 음: 지킬 수(守) · 그루터기 주(株) · 기다릴 대(待) · 토끼 토(兔)
- 직역/의역: 나무 그루터기를 지키며 토끼를 기다림/ 어리석고 미련하여 옛날 방식만을 고집하거나 노력하지 않고 요행만을 기대함 🔘 각주구검

154. 앙천이타(仰天而唾)

- 훈과 음: 우러를 앙(仰) · 하늘 천(天) · 그리고 이(而) · 침뱉을 타(唾)
- 직역/의역: 하늘을 우러러 침을 뱉음 (누워서 침 뱉기)/ 다른 사람이 아닌 자기 자신에게 피해를 주는 행동을 함

155. 연목구어(緣木求魚) 공무원 기출 4회

- 훈과 음: 가장자리 연(緣) · 나무 목(木) · 구할 구(求) · 물고기 어(魚)
- 직역/의역: 나무 가장자리에서 물고기를 구함/ 불가능한 일을 하려고 함

156. 오우천월(吳牛喘月) 참조 유래 66

- 훈과 음: 나라이름 오(吳) · 소 우(牛) · 헐떡거릴 천(喘) · 달 월(月)
- 직역/의역: 오나라의 소는 달만 보아도 숨을 헐떡임/ 어떤 일에 한 번 혼이 나면 비슷한 것만 보아도 미리 겁을 냄

157. 취생몽사(醉生夢死) 공무원 기출 1회

- 훈과 음: 술 취할 취(醉) · 살 생(生) · 꿈 몽(夢) · 죽을 사(死)
- 직역/의역: 술에 취해 살고 꿈속에 죽음/ 매우 게으른 삶을 비유한 말

158. 풍성학려(風聲鶴唳) 참조 유래 95

- 훈과 음: 바람 풍(風) · 소리 성(聲) · 학 학(鶴) · 울음 려(唳)
- 직역/의역: 바람소리와 학의 울음소리/ 겁먹은 사람이 하찮은 일이나 작은 소리에도 몹시 놀라는 모습을 비유하는 말

2-3-3 무지하고 모자람 159~173

159. 구상유취(口尚乳臭) 참조 유래 16 공무원 기출 1회

- 훈과 음: 입 구(口) · 오히려 상(尚) · 젖 유(乳) · 냄새 취(臭)
- 직역/의역: 입에서 오히려 젖 냄새가 남/ 말이나 행동의 수준이 낮음

160. 동문서답(東問西答)

- 훈과 음: 동녘 동(東) · 물을 문(問) · 서녘 서(西) · 답할 답(答)
- 직역/의역: 동쪽을 물으니 서쪽을 대답함/ 물음에 매우 엉뚱한 대답을 함

161. 망양지탄(望洋之嘆) 참조 유래-도교 1 공무원 기출 3회

- 훈과 음: 바라볼 망(望) · 큰바다 양(洋) · ~하는 지(之) · 한탄할 탄(嘆)
- 직역/의역: 큰 바다를 바라보며 한탄함/ 자신의 식견과 능력이 부족한 것을 한탄함

162. 무골호인(無骨好人)

- 훈과 음: 없을 무(無) · 뼈 골(骨) · 좋을 호(好) · 사람 인(人)
- 직역/의역: 뼈가 없는 좋은 사람/ 주관이나 줏대가 없는 사람을 비유한 말

163. 무지몽매(無知蒙昧)

- 훈과 음: 없을 무(無) · 알 지(知) · 어두울 몽(蒙) · 어리석을 매(昧)
- 몽매(蒙昧)하다: 우매하다. 사리에 어둡다
- 직역/의역: 아는 것이 없고 몽매함/ 아는 것이 없고 사리에 어두우며 어리석음

164. 박이부정(博而不精)

- 훈과 음: 넓을 박(博) · 그러나 이(而) · 아니 불(不) · 자세할 정(精)
- 직역/의역: 넓게 알지만 자세하게 알지는 못함/ (직역과 같음)

165. 백면서생(白面書生) 참조 유래 45

- 훈과 음: (서생: 선비) 흰 백(白) · 얼굴 면(面) · 쓸 서(書) · 살 생(生)
- 직역/의역: 흰 얼굴의 선비/ 공부를 많이 하여 아는 것은 많으나 세상일에 경험이 없는 사람

166. 불식태산(不識泰山) 참조 유래 46 공무원 기출 1회

- 훈과 음: 아니 불(不) · 알 식(識) · 클 태(太) · 뫼 산(山)
- 직역/의역: 큰 산(태산)을 알지 못함/ 인재를 알아보지 못함

167. 수서양단(首鼠兩端) 참조 유래 60 공무원 기출 1회

- 훈과 음: 머리 수(首) · 쥐 서(鼠) · 두 양(兩) · 실마리/끝 단(端)
- 양단(兩端): 양쪽 끝. 하나를 둘로 자른다는 뜻의 양단(兩斷)과 다름.
- 직역/의역: 쥐머리와 양쪽 끝 / ① 쥐가 머리를 내밀고 나갈까 말까 망설임 ② 갈피를 잡지 못하고 주저하면서 결단을 내리지 못함

168. 숙맥불변(菽麥不辨) 공무원 기출 1회

- 훈과 음: 콩 숙(菽) · 보리 맥(麥) · 아니 불(不) · 구별할 변(辨)
- 직역/의역: 콩과 보리를 구별하지 못함/ 매우 무식함

169. 우유부단(優柔不斷) 공무원 기출 1회

- 훈과 음: 넉넉할 우(優) · 부드러울 유(柔) · 아니 불(不) · 끊을 단(斷)
- 직역/의역: 너무(넉넉하게) 부드러워 끊지를 못함/ 어떤 결정을 하는데 망설이기만 하고 결단을 못 내림

170. 자격지심(自激之心), 자괴지심(自愧之心)

- 훈과 음: 스스로 자(自) · 부딪힐 격(激) · 부끄러울 괴(愧) · ~하는 지(之) · 마음 심(心)
- 직역/의역: 스스로 부딪히는(부끄러워하는) 마음/ 스스로 모자라거나 부족하다(부끄럽다)고 여기는 마음

171. 좌고우면(左顧右眄) 공무원 기출 3회

- 훈과 음: 왼 좌(左) · 돌아볼 고(顧) · 오른 우(右) · 곁눈질할 면(眄)

- 직역/의역: 왼쪽을 돌아보며 오른쪽을 곁눈질함/ ① 여러 가지로 생각하고 자세히 살펴봄 ② 결단을 내리지 못하고 망설임

172. 좌정관천(坐井觀天), 정저지와(井底之蛙) 〔공무원 기출 2회〕
- 훈과 음: 앉을 좌(坐) · 우물 정(井) · 볼 관(觀) · 하늘 천(天) · 밑 저(低) · ~의 지(之) · 개구리 와(蛙)
- 직역/의역: 우물 안에 앉아 하늘을 봄. 우물 밑의 개구리/ 견문이 아주 좁음

173. 중언부언(重言復言) 〔공무원 기출 1회〕
- 훈과 음: 보탤 중(重) · 말씀 언(言) · 다시 부(復)
- 직역/의역: 말하고 그 말을 보태어 다시 말함/ 여러 가지 말을 하지만 내용이 비슷하여 하나의 말을 반복한 것에 지나지 않음

2-4 나쁜 인간 〔174~190〕

174. 곡학아세(曲學阿世) 〔참조 유래 10〕 〔공무원 기출 2회〕
- 훈과 음: 굽을 곡(曲) · 배울 학(學) · 아부할 아(阿) · 세상 세(世)
- 직역/의역: 학문을 굽혀 세상에 아부함/ 배운 학문을 배운 대로 실천하지 않고 자신의 이익을 위하여 배운 학문을 버림

175. 교언영색(巧言令色) 〔공무원 기출 4회〕
- 훈과 음: 예쁠 교(巧) · 말씀 언(言) · 좋을 영(令) · 얼굴빛 색(色)
- 직역/의역: 예쁜 말과 좋은(아부하는) 얼굴빛/ 남에게 잘 보이려고 듣기 좋게 꾸며 대는 말과 아첨하는 태도

176. 구밀복검(口蜜腹劍) 〔참조 유래 15〕 〔공무원 기출 4회〕
- 훈과 음: 입 구(口) · 꿀 밀(蜜) · 배 복(腹) · 칼 검(劍)
- 직역/의역: 입에는 꿀이 있고 뱃속에는 칼을 품음/ 말로는 친한 체하나 속으로는 미워하거나 해칠 생각을 갖고 있음

177. 면장우피(面張牛皮)
- 훈과 음: 얼굴 면(面) · 덮을 장(張) · 소 우(牛) · 가죽 피(皮)
- 직역/의역: 얼굴을 소가죽으로 덮음/ 몹시 뻔뻔스러움

178. 면종복배(面從腹背) 〔공무원 기출 4회〕
- 훈과 음: 얼굴 면(面) · 좇을 종(從) · 마음 복(腹) · 등질 배(背)
- 직역/의역: 얼굴로는 복종하고 마음으로는 배반함/ (직역과 같음)

179. 문전박대(門前薄待) 〔공무원 기출 1회〕
- 훈과 음: 문 문(門) · 앞 전(前) · 깔볼 박(薄) · 대할 대
- 박대(薄待): 정성 없이 아무렇게나 대함. 인격을 무시하고 모질게 대함
- 직역/의역: 문 앞에서 박대함/ (직역과 같음)

180. 배은망덕(背恩忘德)

- 훈과 음: 배신할 배(背)·은혜 은(恩)·잊을 망(忘)·덕 덕(德)
- 직역/의역: 은혜를 배반하고 덕을 잊음/ (직역과 같음)

181. 소리장도(笑裏藏刀) 참조 유래 58 공무원 기출 1회

- 훈과 음: 웃을 소(笑)·속 리(裏)·감출 장(藏)·칼 도(刀)
- 직역/의역: 웃음 속에 칼을 감춤/ 겉으로는 웃으면서 속으로는 남을 해칠 생각을 함

182. 염량세태(炎凉世態) 공무원 기출 2회

- 훈과 음: 뜨거울 염(炎)·차가울 량(凉)·세상 세(世)·모양 태(態)
- 직역/의역: 뜨거웠다가 차가워지는 세상 모양/ 권세가 있을 때는 아첨하여 좇고 권세가 없어지면 매정하게 돌아서는 세상인심

183. 인면수심(人面獸心)

- 훈과 음: 사람 인(人)·얼굴 면(面)·짐승 수(獸)·마음 심(心)
- 직역/의역: 사람의 얼굴에 짐승의 마음/ 짐승 같은 사람. 잔인한 사람

184. 지록위마(指鹿爲馬) 참조 유래 86 공무원 기출 3회

- 훈과 음: 가리킬 지(指)·사슴 록(鹿)·할 위(爲)·말 마(馬)
- 직역/의역: 사슴을 가리켜 말이라 함/ 임금(윗사람)을 제 마음대로 놀리고 함부로 권세를 부림

185. 초요과시(招搖過市) 참조 유래 90 공무원 기출 1회

- 훈과 음: 부를 초(招)·흔들릴 요(搖)·지날 과(過)·시장 시(市)
- 초요(招搖)하다: ①자꾸 흔들리다(흔들다) ② 이리저리 헤매다
- 직역/의역: (뽐내듯이) 몸을 이리저리 흔들면서 시장 거리를 지남/ 남의 눈을 끌기 위해 과시하며 거리를 지나감

186. 포악무도(暴惡無道)

- 훈과 음: 사나울 포(暴)·악할 악(惡)·없을 무(無)·도리 도(道)
- 직역/의역: 사납고 악하여 도리가 없음/ 사납고 악하기가 이를 데 없음

187. 표리부동(表裏不同)

- 훈과 음: 겉 표(表)·속 리(裏)·아니 불(不)·같을 동(同)
- 직역/의역: 겉과 속이 같지 않음/ (직역과 같음)

188. 호가호위(狐假虎威) 참조 유래 102 공무원 기출 4회

- 훈과 음: 여우 호(狐)·빌릴 가(假)·범 호(虎)·위세 위(威)
- 직역/의역: 여우가 호랑이의 위세를 빌림/ 남의 권세를 빌려 허세를 부림

189. 혹세무민(惑世誣民)

- 훈과 음: 미혹할 혹(惑)·세상 세(世)·업신여길 무(誣)·백성 민(民)
- 직역/의역: 세상을 미혹하고 백성을 업신여김/ 세상을 속여 미혹시키고 어지럽힘 (미혹: 무엇에 홀려서 정신을 차리지 못함)

190. 후안무치(厚顔無恥) 공무원 기출 1회
- 훈과 음: 두꺼울 후(厚) · 얼굴 안(顔) · 없을 무(無) · 부끄러울 치(恥)
- 직역/의역: 두꺼운 얼굴로 부끄러움이 없음/ 얼굴 가죽이 두꺼워 부끄러운 줄을 모름

3. 세상과 정치

3-1 만남과 사귐 191~209

191. 각골난망(刻骨難忘) 공무원 기출 1회
- 훈과 음: 새길 각(刻) · 뼈 골(骨) · 어려울 난(難) · 잊을 망(忘)
- 직역/의역: 뼈에 새기어 잊기 어려움/ 은혜를 잊지 않고 꼭 갚음

192. 간담상조(肝膽相照) 참조 유래 2 공무원 기출 2회
- 훈과 음: 간 간(肝) · 쓸개 담(膽) · 서로 상(相) · 비칠 조(照)
- 직역/의역: 간과 쓸개를 서로 비추어 봄/ 서로 마음을 터놓고 사귐

193. 견원지간(犬猿之間) 공무원 기출 1회
- 훈과 음: 개 견(犬) · 원숭이 원(猿) · ~의 지(之) · 사이 간(間)
- 직역/의역: 개와 원숭이의 관계/ 원수 같은 사이

194. 결초보은(結草報恩) 참조 유래 7 공무원 기출 2회
- 훈과 음: 맺을 결(結) · 풀 초(草) · 갚을 보(報) · 은혜 은(恩)
- 직역/의역: 풀을 묶어 은혜를 갚음/ 죽어서도 잊지 않고 은혜를 갚는다는 뜻

195. 경이원지(敬而遠之)
- 훈과 음: 공경할 경(敬) · 그러나 이(而) · 멀 원(遠) · 그것 지(之)
- 직역/의역: ① 공경은 하지만 이를 멀리함/ 공경은 하면서도 적당한 거리를 둠 ② 겉으로는 공경하는 척하지만 실제로는 꺼려 멀리 함

196. 관포지교(管鮑之交) 참조 유래 12 공무원 기출 1회
- 훈과 음: (관포: 사람이름, 관중과 포숙아) · ~의 지(之) · 사귈 교(交)
- 직역/의역: 관중과 포숙아의 사귐/ 서로를 믿어주는 매우 진한 우정

197. 금란지교(金蘭之交), 금란지계(金蘭之契) 공무원 기출 2회
- 훈과 음: 쇠 금(金) · 난초 란(蘭) · ~하는 지(之) · 사귈 교(交) · 맺을 계(契)
- 직역/의역: 쇠처럼 단단하고 난초처럼 향기로운 사귐/ 아주 친한 친구

198. 동병상련(同病相憐) 공무원 기출 4회
- 훈과 음: 같을 동(同) · 병 병(病) · 서로 상(相) · 불쌍히 여길 연(憐)
- 직역/의역: 같은 병이 있는 사람끼리 서로 불쌍히 여김/ 어려운 처지의 사람끼리 서로 동정함

199. 막역지우(莫逆之友)

- 훈과 음: 없을 막(莫) · 거스를 역(逆) · ~하는 지(之) · 벗 우(友)
- 직역/의역: 거스름이 없는 친구/ 허물이 없는 아주 친한 친구

200. 문경지교(刎頸之交) 참조 유래 38 공무원 기출 2회

- 훈과 음: 목 벨 문(刎) · 목 경(頸) · ~하는 지(之) · 사귈 교(交)
- 직역/의역: 목이 베이더라도 사귀는 친구/ 서로를 위해 목숨을 내줄 정도로 친한 친구

201. 백골난망(白骨難忘)

- 훈과 음: 흰 백(白) · 뼈 골(骨) · 어려울 난(難) · 잊을 망(忘)
- 직역/의역: 뼈가 희게 되어도 잊기 어려움/ 죽어서도 은혜를 잊지 않음

202. 상마지교(桑麻之交) 공무원 기출 1회

- 훈과 음: 뽕나무 상(桑) · 삼나무 마(麻) · ~의 지(之) · 사귈 교(交)
- 직역/의역: 뽕나무와 삼나무를 벗 삼아 지내는 사귐/ 시골에 조용히 살면서 시골 사람들과 사귀며 지내는 것

203. 상부상조(相扶相助) 공무원 기출 1회

- 훈과 음: 서로 상(相) · 도울 부(扶) · 도울 조(助)
- 직역/의역: 서로 도움/ (직역과 같음)

204. 수어지교(水魚之交) 참조 유래 61 공무원 기출 1회

- 훈과 음: 물 수(水) · 고기 어(魚) · ~의 지(之) · 사귈 교(交)
- 직역/의역: 물과 물고기의 사귐/ 고기가 물을 떠나서는 잠시도 살 수 없는 것과 같이 아주 밀접한 관계

205. 순망치한(脣亡齒寒) 참조 유래 63 공무원 기출 3회

- 훈과 음: 입술 순(脣) · 잃을 망(亡) · 이 치(齒) · 시릴 한(寒)
- 직역/의역: 입술을 잃으면 이가 시림/ 서로 도움이 필요한 사람들 사이의 관계나 이에 걸 맞는 상황을 비유적으로 표현한 말

206. 십시일반(十匙一飯) 공무원 기출 1회

- 훈과 음: 열 십(十) · 숟가락 시(匙) · 한 일(一) · 밥 반(飯)
- 직역/의역: 열 숟가락이면 한 끼 밥이 됨/ 어려운 사람을 위해 자기 것을 조금씩 내놓아 도와 줌

207. 유유상종(類類相從) 공무원 기출 2회

- 훈과 음: 무리 류(類) · 서로 상(相) · 좇을(모일) 종(從)
- 직역/의역: 무리끼리 서로 좇음(모임)/ 취미나 성격이 같은 무리끼리 어울림

208. 죽마고우(竹馬故友) 참조 유래 84 공무원 기출 1회

- 훈과 음: 대나무 죽(竹) · 말 마(馬) · 옛 고(故) · 벗 우(友)
- 직역/의역: 대나무로 만든 말을 타던 옛 친구/ 같은 고향에서 태어나고 어릴 적부터 사귄 친구

209. 초록동색(草綠同色) 〔공무원 기출 1회〕

- 훈과 음: 풀 초(草) · 푸를 녹(綠) · 같을 동(同) · 색 색(色)
- 직역/의역: 풀색과 푸른색은 같은 색임/ 서로 처지가 같거나 같은 부류의 사람들끼리 어울리는 것을 이르는 말

3-2 공허한 논쟁 210~218

210. 가담항설(街談巷說)

- 훈과 음: 거리 가(街) · 말씀 담(談) · 거리 항(巷) · 말씀 설(說)
- 직역/의역: 길거리의 말과 길거리의 이야기/ 세상에 떠도는 헛소문

211. 갑론을박(甲論乙駁) 참조 유래 4 〔공무원 기출 1회〕

- 훈과 음: 첫째 갑(甲) · 말할 논(論) · 둘째 을(乙) · 반박할 박(駁)
- 직역/의역: 갑이 논하고 을이 반박함/ 결론이 없는 끝없이 논쟁함

212. 공리공론(空理空論) 〔공무원 기출 1회〕

- 훈과 음: 빌 공(空) · 이론 리(理) · 말할 논(論)
- 직역/의역: 헛된 이론과 헛된 말/ 아무 소용이 없는 헛된 이론이나 말

213. 묘항현령(猫項懸鈴), 묘두현령(猫頭縣鈴) 참조 유래 36

- 훈과 음: 고양이 묘(猫) · 목 항(項) · 머리 두(頭) · 매달 현(懸) · 방울 령(鈴)
- 직역/의역: 고양이 목(머리)에 방울을 매달음/ 실제로 할 수 없는 헛된 논의

214. 백가쟁명(百家爭鳴) 참조 유래 43

- 훈과 음: 일백 백(百) · 전문가 가(家) · 다툴 쟁(爭) · 말할 명(鳴)
- 직역/의역: 백 명(많은)의 전문가가 다투면서 말함/ 어떤 주제에 대하여 많은 학자들이 자신의 견해를 밝히며 치열하게 논쟁함

215. 설왕설래(說往說來)

- 훈과 음: 말씀 설(說) · 갈 왕(往) · 올 래(來)
- 직역/의역: 말이 오고 감/ 어떤 일에 대하여 여러 가지 말이 오고감

216. 유언비어(流言蜚語) 〔공무원 기출 1회〕

- 훈과 음: 흐를 유(流) · 말씀 언(言) · 바퀴벌레 비(蜚) · 말씀 어(語)
- 직역/의역: 흘러 다니는 말과 바퀴벌레 같은 말/ 아무 근거가 없어 진실과는 거리가 먼 뜬소문

217. 중구난방(衆口難防) 〔공무원 기출 1회〕

- 훈과 음: 무리 중(衆) · 입 구(口) · 어려울 난(難) · 막을 방(防)
- 직역/의역: 여러 사람의 입을 막기 어려움/ 어떤 일에 대하여 일일이 막기 어렵게 사방에서 마구 지껄여 댐

218. 탁상공론(卓上空論)

- 훈과 음: 탁자 탁(卓) · 위 상(上) · 헛될 공(空) · 논할 논(論)
- 직역/의역: 탁자 위에서의 헛된 논의/ 실천 가능성이 없는 헛된 이론이나 논의

3-3 정치와 사회 219~237

219. 강구연월(康衢煙月) 공무원 기출 1회

- 훈과 음: (강구: 여러 곳으로 통하는 큰 길) · 연기 연(煙) · 달 월(月)
- 직역/의역: 강구에 연기가 나고 달이 비침/ 태평한 시대의 평화로운 풍경

220. 개국공신(開國功臣)

- 훈과 음: 열 개(開) · 나라 국(國) · 공 공(功) · 신하 신(臣)
- 직역/의역: 나라를 새로 세울(열) 때 공이 있는 신하/ (직역과 같음)

221. 경세제민(經世濟民)

- 훈과 음: 경영할 경(經) · 세상 세(世) · 구제할 제(濟) · 백성 민(民)
- 직역/의역: 세상을 경영하고(다스리고) 백성을 구제함/ (직역과 같음)

222. 권선징악(勸善懲惡)

- 훈과 음: 권할 권(勸) · 착할 선(善) · 벌할 징(懲) · 악할 악(惡)
- 직역/의역: 선(착한 일)을 권하고 악(나쁜 일)을 벌함/ (직역과 같음)

223. 논공행상(論功行賞) 공무원 기출 1회

- 훈과 음: 논할 논(論) · 공 공(功) · 베풀 행(行) · 상줄 상(賞)
- 직역/의역: 공을 논하고 상을 베풂/ 어떤 일이 성공했을 때 참여한 사람들의 공로를 의논하여 상을 줌

224. 덕업상권(德業相勸)

- 훈과 음: 덕 덕(德) · 일 업(業) · 서로 상(相) · 권할 권(勸)
- 직역/의역: 덕이 되는 일은 서로 권함/ (직역과 같음)

225. 보국안민(輔國安民)

- 훈과 음: 도울 보(輔) · 나라 국(國) · 편안할 안(安) · 백성 민(民)
- 직역/의역: 나랏일을 돕고 백성을 편안하게 함/ (직역과 같음)

226. 부국강병(富國强兵)

- 훈과 음: 부유할 부(富) · 나라 국(國) · 군셀 강(强) · 군사 병(兵)
- 직역/의역: 나라를 부유하게 하고 군대를 강하게 함/ (직역과 같음)

227. 삼강오륜(三綱五倫) 참조 유래 52 공무원 기출 3회

- 훈과 음: 석 삼(三) · 벼리/기강 강(綱) · 다섯 오(五) · 인륜 륜(倫)
- 직역/의역: 세 개의 강령과 다섯 개의 윤리/ (직역과 같음)

228. 소급적용(遡及適用)

- 훈과 음: 거슬러 오를 소(遡) · 미칠 급(及) · 맞을 적(適) · 쓸 용(用)
- 직역/의역: 거슬러 올라가서 맞게 씀/ 어떤 법률이나 규칙 등이 시행되기 전의 시점까지 거슬러서 효력을 미치게 하는 것

229. 수렴청정(垂簾聽政)

- 훈과 음: 드리울 수(垂) · 발 렴(簾) · 들을 청(聽) · 정사 정(政)
- 직역/의역: 발을 드리우고 정사(나라를 다스리는 일)를 들음/ 나이 어린 임금이 즉위했을 때 왕대비나 다른 인물이 왕을 도와 나라 일을 돌보는 일

230. 신상필벌(信賞必罰)

- 훈과 음: 분명히 할 신(信) · 상줄 상(賞) · 반드시 필(必) · 벌할 벌(罰)
- 직역/의역: 분명히 상을 주고 반드시 벌을 줌/ 상과 벌을 주는 것을 공정하고 엄정하게 함

231. 이목지신(移木之信), 사목지신(徙木之信) 참조 유래 75

- 훈과 음: 옮길 이(移) · 옮길 사(徙) · 나무 목(木) · ~하는 지(之) · 믿을 신(信)
- 직역/의역: 나무를 옮기는 믿음/ 남을 속이지 않거나 약속한 것은 반드시 지킨다는 것을 비유하는 말

232. 이합집산(離合集散)

- 훈과 음: 떠날 리(離) · 만날 합(合) · 모일 집(集) · 흩어질 산(散)
- 직역/의역: 떠났다가 만나고 모였다가 흩어짐/ 사람들이 자신의 이익을 위해 모이고 흩어짐

233. 일등공신(一等功臣)

- 훈과 음: 한 일(一) · 등급 등(等) · 공 공(功) · 신하 신(臣)
- 직역/의역: 세운 공이 일등인 신하/ 어떤 일을 하거나 목적을 이루는 데 가장 큰 공을 세운 사람을 비유하는 말

234. 적재적소(適材適所)

- 훈과 음: 적당할 적(適) · 재목 재(材) · 자리 소(所)
- 직역/의역: 적당한 재목을 적절한 자리에 앉힘/ 어떤 일을 맡기기에 알맞은 재능을 가진 사람을 알맞은 자리에 씀

235. 적폐청산(積弊淸算)

- 훈과 음: 쌓을 적(積) · 나쁠 폐(弊) · 깨끗이 할 청(淸) · 계산할 산(算)
- 직역/의역: 쌓인 나쁜 것들을 깨끗하게 계산함/ 오랫동안 쌓여왔던 폐단을 깨끗이 해결하여 씻어 버림

236. 태평성대(太平聖代)

- 훈과 음: 매우 태(太) · 편안할 평(平) · 성스러울 성(聖) · 시대 대(代)
- 직역/의역: 매우 편안하고 성스러운 시대/ 나라에 어려움이 없어 백성들이 평화롭게 지내는 시대

237. 흑묘백묘(黑猫白猫) 참조 유래 105

- 훈과 음: 검을 흑(黑) · 고양이 묘(猫) · 흰 백(白)
- 직역/의역: 검은 고양이와 흰 고양이/ 어떤 목적을 달성할 수만 있다면 수단이나 방법이 어떠해도 관계가 없음

3-4 나쁜 정치 238~246

238. 가렴주구(苛斂誅求) 공무원 기출 3회

- 훈과 음: 가혹할 가(苛) · 거둘 렴(斂) · 벨 주(誅) · 취할/빼앗을 구(求)
- 주구(誅求): 관청에서 백성의 재물을 강제로 빼앗음
- 직역/의역: 가혹하게 거두고 죽일(벨) 듯이 빼앗음/ 백성의 재물을 몹시 모질고 심하게 거두어드리고, 백성의 재물을 강제로 빼앗음

239. 강목수생(剛木水生)

- 훈과 음: 단단할 강(剛) · 나무 목(木) · 물 수(水) · 만들 생(生)
- 직역/의역: 단단한 나무에서 물을 만들어 냄 /위 '가렴주구'와 뜻이 같음

240. 골육상쟁(骨肉相爭)

- 훈과 음: 뼈 골(骨) · 고기 육(肉) · 서로 상(相) · 싸울 쟁(爭)
- 직역/의역: 뼈와 살이 서로 싸움/ 같은 민족이나 친족끼리 싸우는 것

241. 구미속초(狗尾續貂) 참조 유래 14

- 훈과 음: 개 구(狗) · 꼬리 미(尾) · 이을 속(續) · 담비 초(貂)
- 직역/의역: 개 꼬리로 담비 꼬리를 이음/ 능력이 안 되는 사람에게 벼슬을 함부로 줌

242. 시위소찬(尸位素餐) 참조 유래 64 공무원 기출 1회

- 훈과 음: 시동 시(尸) · 자리 위(位) · 흴 소(素) · 음식 찬(餐)
- 소찬(素餐): 하는 일 없이 녹봉(월급)을 받음.
- 시동: 옛날에 제사를 지낼 때 죽은 사람의 신위(사진이나 이름)를 대신하여 앉히는 어린아이
- 직역/의역: 시동의 자리에서 공짜 밥을 먹음/ 벼슬아치가 하는 일 없이 자리만 차지함. 자기 능력에 맞지 않는 높은 자리에 앉아 하는 일 없이 놀고먹음

243. 조령모개(朝令暮改)

- 훈과 음: 아침 조(朝) · 명령할 령(令) · 저녁 모(暮) · 고칠 개(改)
- 직역/의역: 아침에 영을 내리고 저녁에 다시 바꿈/ 법령의 개정이 너무 빈번하고 정책이 일관성이 없는 것

244. 조변석개(朝變夕改)

- 훈과 음: 아침 조(朝) · 변할 변(變) · 저녁 석(夕) · 고칠 개(改)
- 직역/의역: 아침에 변하고 저녁에 고침/ 어떤 일의 계획이나 결정을 일관성이 없이 자주 바꿈

245. 주지육림(酒池肉林) 참조 유래 83

- 훈과 음: 술 주(酒) · 연못 지(池) · 고기 육(肉) · 숲 림(林)
- 직역/의역: 술 연못과 고기 숲/ 극히 호사스럽고 방탕한 술잔치

246. 탐관오리(貪官汚吏)

- 훈과 음: 탐할 탐(貪) · 벼슬 관(官) · 더러울 오(汚) · 벼슬아치 리(吏)
- 직역/의역: 벼슬을 탐하는 더러운 벼슬아치/ 재물을 탐하고 마음과 행실이 깨끗하지 못한 관리

4. 위기와 반전

4-1 위기와 불안 247~266

247. 고심참담(苦心慘憺)

- 훈과 음: 괴로울 고(苦) · 마음 심(心) · 참담할 참(慘) · 참담할 담(憺)
- 참담: 끔찍하고 절망적임
- 직역/의역: 괴로운 마음이 참담함/ 몹시 마음을 태우고 애를 쓰며 걱정함

248. 기호지세(騎虎之勢) 공무원 기출 1회

- 훈과 음: 말탈 기(騎) · 범 호(虎) · ~하는 지(之) · 기세 세(勢)
- 직역/의역: 호랑이 등에 올라탄 기세/ 무슨 일을 하다가 도중에 그만두려 하여도 그만둘 수 없는 상황을 비유한 말

249. 내우외환(內憂外患) 공무원 기출 1회

- 훈과 음: 안 내(內) · 근심 우(憂) · 바깥 외(外) · 근심 환(患)
- 직역/의역: 안으로의 근심과 바깥에서의 근심 /(직역과 같음)

250. 노심초사(勞心焦思) 공무원 기출 2회

- 훈과 음: 근심할 노(勞) · 마음 심(心) · 애태울 초(焦) · 생각 사(思)
- 직역/의역: 근심하는 마음과 애태우는 생각/ 몹시 애를 쓰며 속을 태움

251. 누란지세(累卵之勢)

- 훈과 음: 포갤 루(累) · 달걀 란(卵) · ~하는 지(之) · 형세 세(勢)
- 직역/의역: 달걀을 포갠 것 같은 형세 /매우 위태로운 상황을 비유한 말

252. 망연자실(茫然自失)

- 훈과 음: 아득할 망(茫) · 그러할 연(然) · 스스로 자(自) · 잃을 실(失)
- 직역/의역: 정신이 아득해져 자신을 잃음/ 어떤 일을 당해 당황하여 정신이 나간 듯이 멍함

253. 백척간두(百尺竿頭) 공무원 기출 1회

- 훈과 음: 일백 백(百) · 길이 척(尺) · 장대 간(竿) · 머리 두(頭)
- 직역/의역: 백 척 길이의 장대 끝(에 올라섬)/ 더할 수 없이 어렵고 위태로운 지경에 처함

254. 오리무중(五里霧中) 공무원 기출 1회

- 훈과 음: 다섯 오(五) · 거리 리(里) · 안개 무(霧) · 가운데 중(中)
- 직역/의역: 오리까지 안개 속임 (*5리: 2km)/ 안개 속처럼 한 치 앞을 내다볼 수 없을 정도로 일의 실마리가 보이지 않음

255. 일촉즉발(一觸卽發)

- 훈과 음: 한 일(一) · 닿을 촉(觸) · 곧 즉(卽) · 쏠 발(發)
- 직역/의역: 한 번 닿기만 해도 곧 폭발함/ 조그마한 일이 실마리가 되어 당장에 큰일이 날 것 같은 매우 위급한 상황

256. 자중지란(自中之亂)

- 훈과 음: 스스로 자(自) · 가운데 중(中) · ~의 지(之) · 싸울 란(亂)
- 직역/의역: 스스로 만든 싸움/ 같은 편 안에서 일어나는 싸움

257. 전전긍긍(戰戰兢兢) 공무원 기출 1회

- 훈과 음: 두려워 떨 전(戰) · 두려울 긍(兢)
- 직역/의역: 두렵고 또 두려움/ 매우 두려워하여 벌벌 떪

258. 전전반측(輾轉反側) 공무원 기출 1회

- 훈과 음: 돌아누울 전(輾) · 반복할 반(反) · 곁 측(側)
- 직역/의역: 몸을 돌아눕고 구르며 다시 옆으로 누움/ 밤새도록 몸을 뒤척이며 잠을 이루지 못하는 것을 비유하는 말

259. 전호후랑(前虎後狼) 공무원 기출 1회

- 훈과 음: 앞 전(前) · 범 호(虎) · 뒤 후(後) · 이리 랑(狼)
- 직역/의역: 앞에는 호랑이, 뒤에는 이리/ 재앙이 끊일 사이 없이 닥침

260. 절체절명(絕體絕命)

- 훈과 음: 끊을 절(絕) · 몸 체(體) · 목숨 명(命)
- 직역/의역: 몸이 잘라지고 목숨이 끊어짐/ 어찌해볼 도리가 없이 매우 절박함

261. 좌불안석(坐不安席) 공무원 기출 1회

- 훈과 음: 앉을 좌(坐) · 아니 불(不) · 편안 안(安) · 자리 석(席)
- 직역/의역: 앉아도 편안한 자리가 아님/ 불안하고 초조한 마음에 한 자리에 편하게 앉아 있지를 못함

262. 중과부적(衆寡不敵)

- 훈과 음: 무리 중(衆) · 부족할 과(寡) · 아니 불(不) · 적 적(敵)
- 직역/의역: 적은 수로 많은 수와 대적할 수 없음/ 능력이나 역량 차이가 커서 상대가 되지 못함

263. 천학지어(泉涸之魚) 참조 유래 - 도가 7

- 훈과 음: 샘 천(泉) · 물마를 학(涸) · ~의 지(之) · 물고기 어(魚)
- 직역/의역: 물이 마른 샘의 물고기/ 매우 어려운 상황에 처함

264. 초미지급(焦眉之急) 공무원 기출 1회

- 훈과 음: 탈 초(焦) · 눈썹 미(眉) · ~하는 지(之) · 급할 급(急)
- 직역/의역: 눈썹이 타 들어갈 듯이 급함/ 매우 위급한 상황

265. 풍전등화(風前燈火)

- 훈과 음: 바람 풍(風) · 앞 전(前) · 등잔 등(燈) · 불 화(火)
- 직역/의역: 바람 앞의 등잔불/ 언제 꺼질지 모르는 위태로운 상태

266. 혼비백산(魂飛魄散) 공무원 기출 1회

- 훈과 음: 넋 혼(魂) · 날 비(飛) · 넋 백(魄) · 흩어질 산(散)
- 직역/의역: 혼백(넋)이 날아다니고 흩어짐/ 어떤 일을 당하여 매우 놀라거나 당황하여 넋을 잃음

4-2 위기탈출의 지혜 267~283

267. 각자도생(各自圖生)

- 훈과 음: 각각 각(各) · 스스로 자(自) · 꾀할 도(圖) · 살 생(生)
- 직역/의역: 각자 삶을 꾀함/ 각자 흩어져서 살아 나갈 방도를 꾀함

268. 견마지로(犬馬之勞) 공무원 기출 2회

- 훈과 음: 개 견(犬) · 말 마(馬) · ~의 지(之) · 노력할 노(勞)
- 직역/의역: 개와 말의 노력/ 자신이 하는 노력을 겸손하게 이르는 말

269. 결자해지(結者解之)

- 훈과 음: 맺을 결(結) · 사람 자(者) · 풀(풀다) 해(解) · 그것 지(之)
- 직역/의역: (매듭은) 맺은 자가 이를 풀어야 함/ 어떤 잘못을 저지른 사람이 스스로 그 일을 풀어야 함

270. 계명구도(鷄鳴狗盜) 참조 유래 9

- 훈과 음: 닭 계(鷄) · 울/울음소리 명(鳴) · 개 구(狗) · 훔칠 도(盜)
- 직역/의역: 닭 울음과 개같은 도둑질/ ① 학문은 없고 아주 얕은꾀로 남을 속임 ② 하찮은 재주라도 경우에 따라서는 크게 쓸모가 있음

271. 궁여지책(窮餘之策)

- 훈과 음: 다할 궁(窮) · 남을 여(餘) · ~의 지(之) · 꾀 책(策)
- 직역/의역: 매우 다급한(어려운) 상황에서 내는 꾀/ (직역과 같음)

272. 발본색원(拔本塞源) 공무원 기출 3회

- 훈과 음: 뽑을 발(拔) · 근본 본(本) · 막힐 색(塞) · 근원 원(源)
- 직역/의역: 근본을 뽑고 근원을 막음/ 문제가 되는 일의 원인을 찾아내어 모두 없애 버림

273. 백절불굴(百折不屈)
- 훈과 음: 일백 백(百) · 꺾을 절(折) · 아니 불(不) · 굽힐 굴(屈)
- 직역/의역: 백번 꺾여도 굽히지 않음/ 절대로 항복하지 않음

274. 분골쇄신(粉骨碎身)
- 훈과 음: 가루 분(粉) · 뼈 골(骨) · 부술 쇄(碎) · 몸 신(身)
- 직역/의역: 뼈가 가루가 되고 몸이 부수어짐/ 어떤 일을 이루기 위해 자기 몸을 돌보지 않고 있는 힘을 다함

275. 사석위호(射石爲虎) 참조 유래 50
- 훈과 음: 쏠 사(射) · 돌 석(石) · 간주할 위(爲) · 범 호(虎)
- 직역/의역: 호랑이로 알고 돌에 화살을 쏨 (그랬더니 돌에 화살이 꽂힘)/ 어떤 일이든 정신을 집중해서 최선을 다하면 이룰 수 있음

276. 심기일전(心機一轉) 공무원 기출 1회
- 훈과 음: 마음 심(心) · 기회 기(機) · 모든(한) 일(一) · 바꿀 전(轉)
- 직역/의역: 어떤 기회에 마음을 모두 바꿈/ 어떤 일을 당하여 그 전까지 가졌던 마음가짐을 완전히 뒤집듯이 바꿈

277. 암중모색(暗中摸索) 공무원 기출 1회
- 훈과 음: 어두울 암(暗) · 가운데 중(中) · 찾을 모(摸) · 찾을 색(索)
- 직역/의역: 어둠 속에서 찾고 또 찾음/ 확실한 방법이 없는 상태에서 일의 실마리를 찾으려고 함

278. 요지부동(搖之不動) 공무원 기출 1회
- 훈과 음: 흔들릴 요(搖) · 그것 지(之) · 아니 불(不) · 움직일 동(動)
- 직역/의역: 흔들리지만 움직이지 않음/ 어떤 위기에도 마음이 동요되지 않고 지금까지 하던 대로 행동함

279. 은인자중(隱忍自重) 공무원 기출 1회
- 훈과 음: 숨을 은(隱) · 참을 인(忍) · 스스로 자(自) · 무거울 중(重)
- 직역/의역: 숨기고 참으며 스스로 무겁게 행동함/ 위기가 와도 경솔하지 않고, 마음속으로 참으며 신중하게 처신함 반 경거망동

280. 임기응변(臨機應變)
- 훈과 음: 임할 임(臨) · 기회 기(機) · 응할 응(應) · 변할 변(變)
- 직역/의역: 기회에 따라 임하고 변화에 응함/ 상황에 따라 알맞게 대처하여 일을 처리함

281. 조삼모사(朝三暮四) 참조 유래 82 공무원 기출 3회
- 훈과 음: 아침 조(朝) · 석 삼(三) · 저녁 모(暮) · 넉 사(四)
- 직역/의역: 아침에는 세 개, 저녁에는 네 개/ 잔꾀로 남을 속임

282. 쾌도난마(快刀亂麻) [참조 유래 91]
- 훈과 음: 쾌할 쾌(快) · 칼 도(刀) · 어지러울 란(亂) · 삼 마(麻)
- 직역/의역: 잘 드는 칼로 어지러운 삼 가닥을 자름/ 어지럽게 뒤섞인 일을 단숨에 명쾌하게 처리함

283. 허심탄회(虛心坦懷)
- 훈과 음: 빌 허(虛) · 마음 심(心) · 너그러울 탄(坦) · 생각 회(懷)
- 직역/의역: 마음을 비우고 너그럽게 생각함/ 가진 생각을 터놓고 말할 만큼 마음에 아무런 거리낌이 없고 솔직함

4-3 운명과 반전 [284~297]

284. 개과천선(改過遷善) [공무원 기출 1회]
- 훈과 음: 고칠 개(改) · 잘못 과(過) · 바꿀 천(遷) · 착할 선(善)
- 직역/의역: 잘못을 고쳐 착하게 바꿈/ 잘못을 반성하고 착한 사람이 됨

285. 계란유골(鷄卵有骨) [참조 유래 8]
- 훈과 음: 닭 계(鷄) · 알 란(卵) · 있을 유(有) · 뼈 골(骨)
- 직역/의역: 계란에 뼈가 있음/ 운이 나쁜 사람은 좋은 기회가 와도 일이 잘 안 풀림

286. 고진감래(苦盡甘來) [공무원 기출 1회]
- 훈과 음: 괴로울 고(苦) · 다할 진(盡) · 달 감(甘) · 올 래(來)
- 직역/의역: 괴로움이 다하면 달콤함이 옴/ 고생 끝에 즐거움이 옴

287. 기사회생(起死回生)
- 훈과 음: 일어날 기(起) · 죽을 사(死) · 다시 회(回) · 살 생(生)
- 직역/의역: 죽은 사람이 일어나 다시 살아남/ 죽을 위험에 처해 있다가 가까스로 구출되거나 스스로 역경을 이겨 내고 다시 일어섬

288. 사필귀정(事必歸正) [공무원 기출 1회]
- 훈과 음: 일 사(事) · 반드시 필(必) · 돌아갈 귀(歸) · 바를 정(正)
- 직역/의역: 모든 일은 반드시 바른 데로 돌아감/ (직역과 같음)

289. 새옹지마(塞翁之馬) [참조 유래 56] [공무원 기출 1회]
- 훈과 음: 변방 색/새(塞) · 늙은이 옹(翁) · ~의 지(之) · 말 마(馬)
- 직역/의역: 변방 늙은이의 말/ 인생의 모든 것은 하늘에 달려있음

290. 오비이락(烏飛梨落) [공무원 기출 3회]
- 훈과 음: 까마귀 오(烏) · 날 비(飛) · 배 리(梨) · 떨어질 락(落)
- 직역/의역: 까마귀가 날자 배가 떨어짐/ 우연한 일이 생김으로서 남의 의심을 받음

291. 인과응보(因果應報)

- 훈과 음: 인할 인(因) · 결과 과(果) · 응할 응(應) · 갚을 보(報)
- 직역/의역: 원인과 결과는 보답으로 응함/ 좋은 행동은 좋은 결과가, 나쁜 행동에는 나쁜 결과가 따름

292. 자가당착(自家撞着) 참조 불교 6 공무원 기출 2회

- 훈과 음: 스스로 자(自) · 집 가(家) · 부딪힐 당(撞) · 붙을 착(着)
- 직역/의역: 스스로의 주장(自家)이 서로 부딪치기도 하고 붙기도 함/ 사람의 말과 행동이 서로 앞뒤가 맞지 않는 모습

293. 자승자박(自繩自縛) 공무원 기출 2회

- 훈과 음: 스스로 자(自) · 줄 승(繩) · 묶을 박(縛)
- 직역/의역: 줄로 제 몸을 스스로 묶음/ 자신의 말과 행동으로 자신을 묶어서 괴로움을 당함

294. 자업자득(自業自得)

- 훈과 음: 스스로 자(自) · 일 업(業) · 얻을 득(得)
- 직역/의역: 스스로 일한 대로 얻음/ 자기가 저지른 일의 결과는 자신이 그대로 돌려받게 됨

295. 전화위복(轉禍爲福) 공무원 기출 4회

- 훈과 음: 바뀔 전(轉) · 불행/재앙 화(禍) · 될 위(爲) · 복 복(福)
- 직역/의역: 불행(재앙)이 바뀌어 복이 됨/ (직역과 같음)

296. 호사다마(好事多魔) 공무원 기출 1회

- 훈과 음: 좋을 호(好) · 일 사(事) · 많을 다(多) · 마귀 마(魔)
- 직역/의역: 좋은 일에는 마(나쁜 일)가 많음/ 좋은 일에는 방해가 많이 따름. 또는 어떤 일을 성공하기 위해서는 많은 시련을 겪어야 함

297. 회자정리(會者定離)

- 훈과 음: 만날 회(會) · 사람 자(者) · 정할 정(定) · 헤어질 리(離)
- 직역/의역: 만난 사람은 헤어짐이 정해져 있음/ 사람은 만나면 헤어지고 헤어지면 다시 만나게 되는 것이 운명임

5. 공부와 성공

5-1　공부와 성공 298~310

298. 금과옥조(金科玉條)

- 훈과 음: 황금 금(金) · 법률 과(科) · 옥 옥(玉) · 법규 조(條)
- 직역/의역: 황금 같은 법률과 옥과 같은 법규/ 아주 귀중한 교훈이 될 만한 글

299. 대기만성(大器晩成)
- 훈과 음: 큰 대(大) · 그릇 기(器) · 늦을 만(晩) · 이룰 성(成)
- 직역/의역: 큰 그릇은 늦게 만들어짐/ 큰 인물이 되기 위해서는 많은 노력과 시간이 필요하므로 조급해 하지 말고 꾸준히 노력하라는 뜻임

300. 불간지서(不刊之書) 공무원 기출 1회
- 훈과 음: 아니 불(不) · 책 펴낼 간(刊) · ~하는 지(之) · 책 서(書)
- 불간(不刊): 책이 정확해서 글자 하나라도 삭제하고 바꿀 수 없음
- 직역/의역: 글자 하나라도 삭제할 수 없는 책/ 전부 혹은 일부라도 내용을 삭제할 수 없는 책. 후대에 길이길이 전할 훌륭한 책

301. 수불석권(手不釋卷) 참조 유래 59 공무원 기출 1회
- 훈과 음: 손 수(手) · 아니 불(不) · 내놓을 석(釋) · 책 권(券)
- 직역/의역: 손에서 책을 놓지 않음/ 항상 손에 책을 들고 쉬지 않고 부지런히 공부하는 것

302. 온고지신(溫故知新) 공무원 기출 1회
- 훈과 음: 익힐 온(溫) · 옛 고(故) · 알 지(知) · 새로울 신(新)
- 직역/의역: 옛것을 익혀 새로운 것을 앎/ (직역과 같음)

303. 위편삼절(韋編三絶) 참조 유래 71 공무원 기출 1회
- 훈과 음: 가죽 위(韋) · 엮을 편(編) · 석 삼(三) · 끊을 절(絶)
- 직역/의역: 가죽으로 맨 책 끈이 세 번 끊어짐/ 독서에 힘씀

304. 입신양명(立身揚名)
- 훈과 음: 세울 입(立) · 몸 신(身) · 날릴 양(揚) · 이름 명(名)
- 직역/의역: 몸을 세워 이름을 날림/ 뜻을 세우고 노력하여 출세함 ⑮ 패가망신

305. 자고현량(刺股懸梁) 참조 유래 78
- 훈과 음: 찌를 자(刺) · 허벅다리 고(股) · 매달 현(懸) · 대들보 량(梁)
- 직역/의역: 허벅다리를 찌르고 머리털을 묶어 대들보에 매달음/ 온 힘과 마음을 다하여 열심히 공부함

306. 절차탁마(切磋琢磨) 참조 유래 80
- 훈과 음: 끊을 절(切) · 갈 차(磋) · 쫄 탁(琢) · 갈 마(磨)
- 직역/의역: (옥이나 뿔 따위를) 자르고 (정으로) 쪼고 갈아서 (쓸모 있는 보물로) 만듦/ 학문이나 기예 등을 열심히 배우고 익힘

307. 주경야독(晝耕夜讀)
- 훈과 음: 낮 주(晝) · 밭갈 경(耕) · 밤 야(夜) · 읽을 독(讀)
- 직역/의역: 낮에는 밭을 갈고 밤에는 책을 읽음/ 온갖 고생을 하며 열심히 공부함

308. 한우충동(汗牛充棟)
- 훈과 음: 땀 한(汗) · 소 우(牛) · 찰 충(充) · 용마루 동(棟)

- 직역/의역: 책을 수레에 실으면 소가 땀을 흘리고 집에 쌓으면 대들보까지 닿음/ 가지고 있는 책이 매우 많은 것을 비유하는 말

309. 형설지공(螢雪之功) 참조 유래 101

- 훈과 음: 반딧불 형(螢) · 눈 설(雪) · ~의 지(之) · 공 공(功)
- 직역/의역: 반딧불과 눈으로 이룬 성공/ 어려운 환경에서 갖은 고생을 하면서도 열심히 공부하여 훗날 크게 성공함

310. 화룡점정(畫龍點睛) 참조 유래 104

- 훈과 음: 그림 화(畫) · 용 용(龍) · 점 점(點) · 눈동자 정(睛)
- 직역/의역: 용을 그리고 눈동자를 점찍음/ 어떤 사물의 가장 중요한 부분을 완성시키거나 끝손질을 하는 것을 비유하는 말

5-2 우직한 노력 311~320

311. 각고면려(刻苦勉勵) 공무원 기출 1회

- 훈과 음: 새길 각(刻) · 괴로울 고(苦) · 힘쓸 면(勉) · 힘쓸 려(勵)
- 직역/의역: 고통을 새기며 힘쓰고 또 힘씀/ 온갖 고생을 이겨 내며 열심히 노력함

312. 경당문노(耕當問奴)

- 훈과 음: 밭갈 경(耕) · 마땅할 당(當) · 물을 문(問) · 종 노(奴)
- 직역/의역: 밭가는 일은 당연히 종에게 물어야 함/ 어떤 일을 하는 방법은 비록 아랫사람이라도 그 일을 잘하는 사람에게 물어야 함

313. 마부위침(磨斧爲針), 마저작침(磨杵作針) 참조 유래 31 공무원 기출 4회

- 훈과 음: 갈 마(磨) · 도끼 부(斧) · 쇠공이 저(杵) · 만들 위(爲) · 만들 작(作) · 바늘 침(針)
- 직역/의역: 도끼(쇠공이)를 갈아 바늘을 만듦/ 아무리 어려운 일도 끈기 있게 노력하면 이룰 수 있음

314. 불광불급(不狂不及)

- 훈과 음: 아니 불(不) · 미칠 광(狂) · 이를 급(及)
- 직역/의역: 미치지 않으면 (일정 수준에) 이르지 못함/ 마치 미친 것처럼 최선을 다해 노력하지 않으면 높은 수준에 이르지 못함

315. 불치하문(不恥下問) 공무원 기출 3회

- 훈과 음: 아니 불(不) · 부끄러울 치(恥) · 아래 하(下) · 물을 문(問)
- 직역/의역: 아래 사람에게 묻는 것을 부끄러워하지 않음/ 모르는 것은 누구한테라도 물어서 배워야 함

316. 수적천석(水滴穿石) 공무원 기출 1회

- 훈과 음: 물 수(水) · 물방울 적(滴) · 뚫을 천(穿) · 돌 석(石)

- 직역/의역: (떨어지는) 물방울이 바위를 뚫음/ 아주 조금씩이라도 꾸준히 노력하면 무슨 일이든 할 수 있음

317. 심사숙고(深思熟考) 〔공무원 기출 1회〕
- 훈과 음: 깊을 심(深) · 생각 사(思) · 곰곰이 숙(熟) · 살펴볼 고(考)
- 직역/의역: 깊이 생각하고 곰곰이 살펴봄/ 어떤 일을 결정할 때 여러모로 생각하고 잘 살펴서 결정하는 것

318. 우공이산(愚公移山) 〔참조 유래 69〕 〔공무원 기출 1회〕
- 훈과 음: (우공(愚公): 사람 이름) · 옮길 이(移) · 뫼 산(山)
- 직역/의역: 우공이 산을 옮김/ 아무리 어려운 일도 꾸준하게 열심히 하면 반드시 이룰 수 있음

319. 초지일관(初志一貫)
- 훈과 음: 처음 초(初) · 뜻 지(志) · 한 일(一) · 이어질 관(貫)
- 직역/의역: 처음에 세운 뜻을 하나로 이어 나감/ 처음에 세운 뜻을 중간에 바꾸지 않고 끝까지 밀고 나감

320. 칠전팔기(七顚八起)
- 훈과 음: 일곱 칠(七) · 넘어질 전(顚) · 여덟 팔(八) · 일어날 기(起)
- 직역/의역: 일곱 번 넘어지고 여덟 번째 일어남/ 무수히 실패했으나 좌절하지 않고 계속 노력하여 결국에는 성공함

5-3   무언의 가르침 321~330

321. 교학상장(敎學相長) 〔공무원 기출 1회〕
- 훈과 음: 가르칠 교(敎) · 배울 학(學) · 서로 상(相) · 성장할 장(長)
- 직역/의역: 가르치고 배우면서 함께 성장함/ 스승은 학생을 가르치고 제자는 스승에게 배움으로써 함께 발전함

322. 단기지계(斷機之戒), 단기지교(斷機之敎) 〔참조 유래 23〕 〔공무원 기출 2회〕
- 훈과 음: 끊을 단(斷) · 베틀 기(機) · ~하는 지(之) · 훈계할 계(戒) · 가르칠 교(敎)
- 직역/의역: 베틀(짜던 베)을 끊어 훈계함(가르침)/ 학문을 중도에 그만두면 아무 쓸모가 없음. 자식에 대한 부모의 엄격한 교육

323. 동성이속(同性異俗) 〔공무원 기출 1회〕
- 훈과 음: 같을 동(同) · 성품 성(性) · 다를 이(異) · 풍속 속(俗)
- 직역/의역: 같은 성품이라도 (사는 곳의) 풍속에 따라 달라짐/ 사람은 주어진 환경에 때라 성격이 변하고 능력이 달라짐

324. 반면교사(反面敎師) 〔공무원 기출 1회〕
- 훈과 음: 반대 반(反) · 마주할 면(面) · 가르칠 교(敎) · 스승 사(師)

• 직역/의역: 반대의 가르침을 주는 스승/ 바르지 못한 남의 말과 행동이 도리어 자신의 인격을 수양하는 데 도움이 됨

325. 삼천지교(三遷之教) 참조 유래 54

• 훈과 음: 석 삼(三) · 옮길 천(遷) · ~하는 지(之) · 가르칠 교(教)
• 삼천(三遷): 맹자의 어머니가 자식교육을 위해 세 번 이사했다는 뜻임
• 직역/의역: 세 번 이사하여 가르침/ ① 부모가 자식교육을 위하여 노력하는 것 ② 인간의 성장에는 환경이 매우 중요함

326. 이심전심(以心傳心) 공무원 기출 3회

• 훈과 음: ~로서 이(以) · 마음 심(心) · 전할 전(傳)
• 직역/의역: 마음으로서 마음에 전함/ 마음과 마음으로 서로 뜻이 통함

327. 일벌백계(一罰百戒)

• 훈과 음: 한 일(一) · 벌할 벌(罰) · 일백 백(百) · 경계할 계(戒)
• 직역/의역: 한 사람을 벌하여 백 사람을 경계함/ 다른 이들에게 경각심을 주기 위하여 본보기로 한 사람을 중하게 처벌함

328. 줄탁동시(啐啄同時) 참조 유래-불교 7

• 훈과 음: 쫄 줄(啐) · 쫄 탁(啄) · 같을 동(同) · 때 시(時)
• 직역/의역: 줄(啐)과 탁(啄)이 동시에 이루어짐/ ① 병아리가 알에서 나오기 위해서는 새끼와 어미 닭이 안팎에서 서로 쪼아야 한다는 뜻 ② 바람직한 스승과 제자, 또는 서로 합심하여 일이 잘 이루어짐

329. 청출어람(靑出於藍) 참조 유래 89 공무원 기출 4회

• 훈과 음: 푸를 청(靑) · 날 출(出) · ~에서 어(於) · 쪽 람(藍)
• 직역/의역: 푸른색은 쪽빛에서 나옴/ ① 쪽에서 나온 푸른 물감이 쪽빛보다 더 푸름. ② 제자가 스승보다 더 나음을 비유하는 말

330. 후생가외(後生可畏) 공무원 기출 4회

• 훈과 음: 뒤 후(後) · 날 생(生) · 가할 가(可) · 두려워 할 외(畏)
• 직역/의역: 아래 세대는 가히 두려워할 만함/ 젊은 후배가 학문을 계속 닦아 선배를 능가하는 경지에 이르게 된다는 것

6. 승부와 전쟁

6-1 처절한 승부 331~343

331. 건곤일척(乾坤一擲) 참조 유래 5 공무원 기출 1회

• 훈과 음: 하늘 건(乾) · 땅 곤(坤) · 한 일(一) · 던질 척(擲)

- 직역/의역: 하늘과 땅을 걸고 한번 던짐/ 승패와 흥망을 걸고 마지막으로 하는 단판 승부를 비유한 말

332. 군웅할거(群雄割據)
- 훈과 음: 무리 군(群) · 영웅 웅(雄) · 나눌 할(割) · 차지할 거(據)
- 할거(割據): 땅을 나누어 차지하여 세력을 형성함
- 직역/의역: 영웅 무리가 할거함/ 여러 영웅이 땅을 나누어 세력을 형성함

333. 권모술수(權謀術數)
- 훈과 음: 권세 권(權) · 도모할 모(謀) · 꾀 술(術) · 셈 수(數)
- 술수(術數): 목적을 달성하기 위해 일을 꾸미는 교묘한 생각이나 방법
- 직역/의역: 권력 도모를 위한 술수/ 목적 달성을 위해서 수단과 방법을 가리지 않는 온갖 술수

334. 난공불락(難攻不落)
- 훈과 음: 어려울 난(難) · 공격할 공(攻) · 아니 불(不) · 떨어뜨릴 낙(落)
- 직역/의역: 공격하기가 어려워 떨어뜨리지 못함/ (직역과 같음)

335. 백중지세(伯仲之勢)
- 훈과 음: 맏 백(伯) · 둘째 중(仲) · ~의 지(之) · 기세 세(勢)
- 직역/의역: 맏형과 둘째형의 기세/ 우열의 차이가 없이 엇비슷함

336. 사생결단(死生決斷)
- 훈과 음: 죽을 사(死) · 살 생(生) · 터질 결(決) · 끊을 단(斷)
- 결단(決斷): 딱 잘라 결정함. 결정을 내림
- 직역/의역: 삶인지 죽음인지 딱 잘라 결정함/ 죽고 사는 것에 연연하지 않고 끝장을 내려고 함

337. 오합지졸(烏合之卒) 참조 유래 67
- 훈과 음: 까마귀 오(烏) · 모을 합(合) · ~하는 지(之) · 군사 졸(卒)
- 직역/의역: 까마귀들을 모아 놓은 것 같은 군사들/ 갑자기 모아훈련이 안되고 질서가 없는 무능한 군사들을 비유한 말

338. 용호상박(龍虎相搏)
- 훈과 음: 용 용(龍) · 범 호(虎) · 서로 상(相) · 칠/때릴 박(搏)
- 직역/의역: 용과 범이 서로 때림(싸움)/ 실력이 강한 두 사람(집단)이 팽팽한 승부를 벌임

339. 이전투구(泥田鬪狗) 공무원 기출 1회
- 훈과 음: 진흙 이/니(泥) · 밭 전(田) · 싸울 투(鬪) · 개 구(狗)
- 직역/의역: 진흙 밭에서의 개싸움/ 명분이 서지 않는 일로 싸우거나 체면을 돌보지 않고 이익을 다툼

340. 일진일퇴(一進一退)
- 훈과 음: 한 일(一) · 나아갈 진(進) · 물러날 퇴(退)
- 직역/의역: 한 번 나아가고 한 번 물러남/ (직역과 같음)

341. 임전무퇴(臨戰無退) 공무원 기출 1회

- 훈과 음: 임할 임(臨) · 싸울 전(戰) · 없을 무(無) · 물러날 퇴(退)
- 직역/의역: 싸움에 임하여 물러나지 않음/ (직역과 같음)

342. 적자생존(適者生存)

- 훈과 음: 적응할 적(適) · 사람 자(者) · 살 생(生) · 있을 존(存)
- 직역/의역: 적응한 자가 살아남음/ 생물의 생존 경쟁에서 환경에 적응하는 것만 살아남고 그렇지 못한 것은 사라짐

343. 파죽지세(破竹之勢) 참조 유래 94

- 훈과 음: 쪼개질 파(破) · 대나무 죽(竹) · ~하는 지(之) · 기세 세(勢)
- 직역/의역: 대나무를 쪼개는 기세/ 세력이 강하여 적을 거침없이 물리치면서 쳐들어가는 기세

6-2 철저한 준비 345~355

344. 권토중래(捲土重來) 참조 유래 5 공무원 기출 4회

- 훈과 음: 말 권(捲) · 흙 토(土) · 다시 중(重) · 올 래(來)
- 권토(捲土): 부대가 말을 달려 전진할 때 일으키는 흙먼지가 멀리서 보면 마치 땅을 말아 올리면서 달리는 것처럼 보이는 현상
- 직역/의역: (말들이) 흙먼지를 말아 올리며(일으키며) 다시 옴/ 어떤 일에 실패한 뒤 힘을 길러 다시 그 일을 시도하는 것

345. 대의명분(大義名分)

- 훈과 음: 큰 대(大) · 의로울 의(義) · 이름 명(名) · 나눌 분(分)
- 직역/의역: 큰 의로움과 명분/ 어떤 일을 도모하고자 할 때 내세우는 합당한 구실이나 이유

346. 도광양회(韜光養晦) 참조 유래 27

- 훈과 음: 감출 도(韜) · 빛 광(光) · 기를 양(養) · 어둠 회(晦)
- 직역/의역: 빛을 감추고 어둠 속에서 (힘을) 기름/ 자신의 재능을 숨기고 인내하며 때를 기다림

347. 도원결의(桃園結義) 참조 유래 28

- 훈과 음: 복숭아 도(桃) · 동산 원(園) · 맺을 결(結) · 의로울 의(義)
- 직역/의역: 복숭아 동산에서 의로움을 맺음/ 뜻이 맞는 사람끼리 같은 목적을 이루기 위해 행동을 같이할 것을 약속하는 것을 비유하는 말

348. 백의종군(白衣從軍)

- 훈과 음: 흰 백(白) · 옷 의(衣) · 쫓을 종(從) · 군사 군(軍)
- 직역/의역: 흰 옷을 입고 군대를 쫓음/ 벼슬이나 직위가 없이 군대에 들어가서 싸움에 임함

349. 비육지탄(髀肉之嘆) 참조 유래 48 공무원 기출 4회

- 훈과 음: 넓적다리 비(髀) · 고기 육(肉) · ~의 지(之) · 탄식할 탄(嘆)
- 직역/의역: 넓적다리 살에 대한 탄식/ 별로 하는 일 없이 세월만 헛되이 보내면서 능력을 발휘하지 못함을 탄식함

350. 삼고초려(三顧草廬) 참조 유래 53

- 훈과 음: 석 삼(三) · 돌아볼 고(顧) · 풀 초(草) · 오두막집 려(廬)
- 직역/의역: 초가집을 세 번 방문함/ 유능한 인재를 맞아들이기 위하여 참을성 있게 노력하는 것을 비유하는 말

351. 오월동주(吳越同舟) 참조 유래 68 공무원 기출 2회

- 훈과 음: (오월: 오나라와 월나라) · 같을 동(同) · 배 주(舟)
- 직역/의역: 오나라와 월나라가 같은(한) 배를 탐/ 아무리 원수지간이라도 상황에 따라서는 서로 도와주는 행동이 필요함

352. 와신상담(臥薪嘗膽) 참조 유래 68 공무원 기출 1회

- 훈과 음: 누울 와(臥) · 섶나무 신(薪) · 맛볼 상(嘗) · 쓸개 담(膽)
- 직역/의역: 섶나무 위에 눕고 쓸개를 맛봄/ 원수를 갚기 위해 힘을 기를 때까지 온갖 어려움을 참고 견디는 것

353. 유비무환(有備無患) 참조 유래 72

- 훈과 음: 있을 유(有) · 준비할 비(備) · 없을 무(無) · 근심 환(患)
- 직역/의역: 준비가 있으면 근심이 없음/ 무슨 일이든지 미리 대비를 하면 훗날 걱정할 일이 없음

354. 절치부심(切齒腐心) 공무원 기출 2회

- 훈과 음: 끊을 절(切) · 이 치(齒) · 상할 부(腐) · 마음 심(心)
- 직역/의역: (분해서) 이를 갈면서 속을 썩임/ 매우 분하여 한을 품고 복수를 다짐함

355. 호시탐탐(虎視耽耽) 공무원 기출 1회

- 훈과 음: 범 호(虎) · 볼 시(視) · 노려볼 탐(耽)
- 직역/의역: 호랑이가 눈을 부릅뜨고 노려봄/ 남을 공격하거나 남의 것을 빼앗기 위해 형세를 살피며 기회를 엿봄

6-3 전술과 전략 356~366

356. 공피고아(攻彼顧我) 참조 유래 11

- 훈과 음: 공격할 공(攻) · 저쪽 피(彼) · 돌아볼 고(顧) · 나 아(我)
- 직역/의역: 상대방(저쪽)을 공격하기 전에 먼저 나를 돌아봄/ (직역과 같음)

357. 배수지진(背水之陣) 참조 유래 42

- 훈과 음: 등질 배(背) · 물 수(水) · ~하는 지(之) · 진지 진(陣)
- 직역/의역: 물(강)을 등지고 진을 침/ 어떤 일을 성취하기 위하여 더 이상 물러설 수 없는 상황을 만듦

358. 성동격서(聲東擊西) 참조 유래 57

- 훈과 음: 소리 성(聲) · 동녘 동(東) · 공격할 격(擊) · 서녘 서(西)
- 직역/의역: 동쪽에서 소리를 내고 서쪽을 공격함/ 동쪽을 치는 듯이 상대를 어지럽게 하여 속이고 실제로는 서쪽을 공격하는 전략

359. 원교근공(遠交近攻) 참조 유래 70

- 훈과 음: 멀 원(遠) · 사귈 교(交) · 가까울 근(近) · 칠 공(攻)
- 직역/의역: 먼 곳과 사귀고 가까운 곳을 공격함/ 멀리 떨어진 나라와 친교를 맺고 가까운 나라를 공격함

360. 읍참마속(泣斬馬謖) 참조 유래 74 공무원 기출 1회

- 훈과 음: (마속: 사람 이름) 울 읍(泣) · 벨 참(斬)
- 직역/의역: 울면서 마속을 벰/ 대의를 위해 사사로운 정을 버림

361. 이이제이(以夷制夷) 공무원 기출 1회

- 훈과 음: ~로서 이(以) · 오랑캐 이(夷) · 제압할 제(制)
- 직역/의역: 오랑캐로서 오랑캐를 제압함/ 어떤 적을 칠 때 다른 적을 이용하여 제압함

362. 장계취계(將計就計)

- 훈과 음: 장수/거느릴 장(將) · 꾀 계(計) · 취할 취(就)
- 직역/의역: (상대의) 꾀로서 계략을 취함/ 상대방의 전략을 미리 알아채고 반대로 그것을 이용하는 전략

363. 파부침선 (破釜沈船), 파부침주(破釜沈舟) 참조 유래 93

- 훈과 음: 깨뜨릴 파(破) · 가마솥 부(釜) · 가라앉을 침(沈) · 배 선(船) · 배 주(舟)
- 직역/의역: 가마솥을 깨뜨리고 배를 가라앉힘/ 돌아갈 길을 차단하여 군사들이 죽을 각오를 하고 싸우도록 만드는 것

364. 합종연횡(合縱連橫) 참조 유래 98

- 훈과 음: 합할 합(合) · 세로 종(縱) · 이을 연(連) · 가로 횡(橫)
- 합종(合縱): 중국 전국시대 소진의 전략 * 연횡(合縱): 장의의 전략
- 직역/의역: 종으로 합하고 횡으로 연대함/ 중국 전국시대 7국의 외교 전략으로 합종은 여섯 나라가 연합하여 진(秦)나라에 대항하는 것, 연횡은 여섯 나라가 각각 진나라와 화친하고 섬기는 것을 말함

365. 허장성세(虛張聲勢) 참조 유래 99 공무원 기출 2회

- 훈과 음: 헛될 허(虛) · 크게 할 장(張) · 소리 성(聲) · 기세 세(勢)
- 직역/의역: 헛되이 소리를 크게 하여 기세를 높임 / 실력이나 실속은 없으면서 허세만 부림

366. 허허실실(虛虛實實) 참조 유래 100

- 훈과 음: 빌 허(虛) · 실속 실(實)
- 직역/의역: 허점을 보여 실속(실리)을 얻음 / 텅 빈 듯이 보이게 하면서 실리를 취함

6-4 패자의 운명 367~380

367. 낙화유수(落花流水)

- 훈과 음: 떨어질 낙(落) · 꽃 화(花) · 흐를 유(流) · 물 수(水)
- 직역/의역: 지는 꽃과 흘러가는 물/ 힘이나 세력이 점점 약해짐

368. 멸문지화(滅門之禍)

- 훈과 음: 멸할 멸(滅) · 가문 문(門) · ~하는 지(之) · 재앙 화(禍)
- 직역/의역: 가문을 멸하는 재앙/ 한 집안이 다 죽임을 당하는 재앙

369. 목불인견(目不忍見) 공무원 기출 1회

- 훈과 음: 눈 목(目) · 아니 불(不) · 참을 인(忍) · 볼 견(見)
- 직역/의역: 눈으로 보는 것을 참을 수 없음/ 눈으로 차마 볼 수 없는 광경이나 비참하고 끔찍한 상황

370. 삭탈관직(削奪官職)

- 훈과 음: 빼앗을 삭(削) · 빼앗을 탈(奪) · 벼슬 관(官) · 직위 직(職)
- 직역/의역: 벼슬과 직위를 빼앗음/ 관리가 잘못했을 때 그의 벼슬을 빼앗음

371. 시산혈해(屍山血海) 공무원 기출 1회

- 훈과 음: 시체 시(屍) · 뫼 산(山) · 피 혈(血) · 바다 해(海)
- 직역/의역: 시체가 산을 이루고 피가 바다를 이룸/ 전투가 끝난 후 차마 눈뜨고 볼 수 없는 비참하고 끔찍한 상황

372. 아비규환(阿鼻叫喚) 참조 유래-불교 4 공무원 기출 1회

- 훈과 음: (아비: 불교 8대 지옥 중 아비지옥) · (규환: 규환지옥) 언덕 아(阿) · 코 비(鼻) · 부르짖을 규(叫) · 부를 환(喚)
- 직역/의역: 아비지옥과 규환지옥/ 여러 사람이 참혹한 지경에 빠져 고통으로 울부짖는 상황을 비유한 말

373. 약육강식(弱肉强食)

- 훈과 음: 약할 약(弱) · 고기 육(肉) · 굳셀 강(强) · 먹을 식(食)
- 직역/의역: 약한 자는 고기가 되어 강자에게 먹힘/ (직역과 같음)

374. 일망타진(一網打盡) 참조 유래 76

- 훈과 음: 한 일(一) · 그물 망(網) · 칠 타(打) · 없앨 진(盡)

- 직역/의역: 한 번의 그물질로 모두 잡아 없앰/ 범인이나 어떤 무리들을 한꺼번에 모조리 잡는 것을 비유하는 말

375. 일패도지(一敗塗地) 참조 유래 77 공무원 기출 1회

- 훈과 음: 한 일(一) · 패할 패(敗) · 칠할 도(塗) · 땅 지(地)
- 직역/의역: 한 번 패배로 (간과 뇌를) 땅에 칠함/ 한번 싸움으로 여지없이 패해 다시 일어날 수 없게 됨

376. 지리멸렬(支離滅裂) 공무원 기출 1회

- 훈과 음: 가를 지(支) · 흩어질 리(離) · 없어질 멸(滅) · 찢어질 렬(裂)
- 직역/의역: 갈라지고 흩어지며 없어지고 찢어짐/ 이리저리 찢기고 흩어져 갈피를 잡을 수 없음

377. 추풍낙엽(秋風落葉)

- 훈과 음: 가을 추(秋) · 바람 풍(風) · 떨어질 낙(落) · 잎사귀 엽(葉)
- 직역/의역: 가을바람에 떨어지는 잎사귀/ 어떤 형세나 세력이 갑자기 기울어지거나 흩어지는 모양

378. 토사구팽(兎死狗烹) 참조 유래 92 공무원 기출 1회

- 훈과 음: 토끼 토(兎) · 죽을 사(死) · 개 구(狗) · 삶을 팽(烹)
- 직역/의역: 토끼가 죽으면 사냥개를 삶음/ 필요할 때는 실컷 이용하다가 필요 없을 때는 냉정하게 버림

379. 패가망신(敗家亡身)

- 훈과 음: 망가뜨릴 패(敗) · 집 가(家) · 잃을 망(亡) · 몸 신(身)
- 직역/의역: 집안을 망하게 하고 몸(신세)도 망침/ (직역과 같음) 반 입신양명

380. 풍비박산(風飛雹散)

- 훈과 음: 바람 풍(風) · 날 비(飛) · 우박 박(雹) · 흩어질 산(散)
- 직역/의역: 바람에 날려 우박이 흩어짐/ 어떤 물건이나 상황이 산산이 부서져 사방으로 날아가거나 흩어짐

7. 어휘력 향상

7-1 단호한 표현 381~393

381. 거두절미(去頭截尾) 공무원 기출 1회

- 훈과 음: 덜어낼 거(去) · 머리 두(頭) · 끊을 절(截) · 꼬리 미(尾)
- 직역/의역: 머리를 덜어내고 꼬리를 자름/ 어떤 일의 자세한 설명은 빼어 버리고 요점만을 간략하게 말함

382. 금시초문(今時初聞)

- 훈과 음: 이제 금(今) · 때 시(時) · 처음 초(初) · 들을 문(聞)
- 직역/의역: 지금 처음 들음/ (직역과 같음)

383. 기왕지사(旣往之事)

- 훈과 음: 이미 기(旣) · 지나갈 왕(往) · ~하는 지(之) · 일 사(事)
- 직역/의역: 이미 지나간 일임/ (직역과 같음)

384. 단도직입(單刀直入) 공무원 기출 1회

- 훈과 음: 홀로 단(單) · 칼 도(刀) · 곧을 직(直) · 들 입(入)
- 직역/의역: 홀로 한 자루의 칼을 들고 곧게 들어감/ 말을 하거나 글을 쓸 때 쓸데없는 말을 늘어놓지 않고 요점을 바로 제시하는 것

385. 명약관화(明若觀火) 공무원 기출 1회

- 훈과 음: 밝을 명(明) · 같을 약(若) · 볼 관(觀) · 불 화(火)
- 직역/의역: 불을 보는 것과 같이 밝음/ 불을 보는 것처럼 분명함

386. 불문곡직(不問曲直) 공무원 기출 1회

- 훈과 음: 아니 불(不) · 물을 문(問) · 굽을 곡(曲) · 곧을 직(直)
- 직역/의역: 굽었는지 곧은지 묻지 않음/ 사리의 옳고 그름을 따져 묻지 않음

387. 시종일관(始終一貫)

- 훈과 음: 처음 시(始) · 끝날 종(終) · 한 일(一) · 꿸 관(貫)
- 직역/의역: 처음부터 끝까지 한 가지로 꿰임/ 처음부터 끝까지 한결같음

388. 언감생심(焉敢生心)

- 훈과 음: 어찌 언(焉) · 감히 감(敢) · 날 생(生) · 욕심 심(心)
- 직역/의역: 어찌 감히 욕심을 내겠는가./ 감히 바랄 수 없음

389. 언어도단(言語道斷)

- 훈과 음: 말씀 언(言) · 말씀 어(語) · 길 도(道) · 끊을 단(斷)
- 직역/의역: 말할 길이 끊어짐(말문이 막힘)/ 너무나 기가 막혀서 말로 다 표현할 수가 없음

390. 이실직고(以實直告) 공무원 기출 1회

- 훈과 음: ~로서 이(以) · 진실 실(實) · 곧을 직(直) · 말할 고(告)
- 직역/의역: 진실로서 직접 고함(말함)/ 사실을 바른대로 말함

391. 인지상정(人之常情) 공무원 기출 1회

- 훈과 음: 사람 인(人) · ~라면 지(之) · 항상 상(常) · 정/뜻 정(情)
- 직역/의역: 사람이라면 (누구나) 갖게 되는 (일반적인) 감정/ (직역과 같음)

392. 전대미문(前代未聞)

- 훈과 음: 앞 전(前) · 시대 대(代) · 아닐 미(未) · 들을 문(聞)
- 직역/의역: 이전 시대에는 들어보지 못함/ 처음 들어보는 아주 놀랍고 획기적인 말이나 일

393. 전인미답(前人未踏)

- 훈과 음: 앞 전(前) · 사람 인(人) · 아닐 미(未) · 밟을 답(踏)
- 직역/의역: 이전 사람은 밟지 않음/ 어떤 일에 아직 아무도 손댄 적이 없거나 어떤 수준에 아직 누구도 다다라 본 적이 없음

7-2 삶의 희로애락 393~410

394. 격세지감(隔世之感)

- 훈과 음: 사이 뜰 격(隔) · 세대 세(世) · ~하는 지(之) · 느낄 감(感)
- 직역/의역: 세대를 건너뛴 듯한 느낌/ 다른 세대라도 된 듯 생각이나 의견의 차이가 큼

395. 대갈일성(大喝一聲)

- 훈과 음: 큰 대(大) · 꾸짖을 갈(喝) · 한 일(一) · 소리 성(聲)
- 직역/의역: 크게 꾸짖는 한 마디 소리/ (직역과 같음)

396. 대경실색(大驚失色)

- 훈과 음: 큰 대(大) · 놀랄 경(驚) · 바꿀 실(失) · 얼굴빛 색(色)
- 직역/의역: 크게 놀라 얼굴빛이 바뀜/ 갑자기 생긴 어떤 일에 대하여 얼굴빛이 변할 정도로 크게 놀라는 모습

397. 대오각성(大悟覺醒)

- 훈과 음: 큰 대(大) · 깨달을 오(悟) · 깨달을 각(覺) · 깰 성(醒)
- 각성(覺醒): 어떤 잘못이나 사실 등을 깨달아 앎
- 직역/의역: 크게 깨달아 각성함/ 크게 깨달음을 얻음

398. 만사휴의(萬事休矣) 참조 유래 32

- 훈과 음: 일만 만(萬) · 일 사(事) · 그칠 휴(休) · 어조사 의(矣)
- 직역/의역: 만 개의 일(모든 일)이 끝났음/ 모든 일이 절망 상태에 있음

399. 만시지탄(晩時之歎) 공무원 기출 4회

- 훈과 음: 늦을 만(晩) · 때 시(時) · ~의 지(之) · 탄식할 탄(歎)
- 직역/의역: 때가 늦었음을 탄식함/ (직역과 같음)

400. 박장대소(拍掌大笑)

- 훈과 음: 칠 박(拍) · 손바닥 장(掌) · 큰 대(大) · 웃을 소(笑)
- 직역/의역: 손바닥을 치며 큰 소리로 웃음/ (직역과 같음)

401. 분기충천(憤氣沖天)

- 훈과 음: 분할 분(憤) · 기운 기(氣) · 찌를 충(沖) · 하늘 천(天)
- 직역/의역: 분한 기운이 하늘을 찌름/ (직역과 같음)

402. 불구대천(不俱戴天)

- 훈과 음: 아니 불(不) · 함께 구(俱) · 일(이다) 대(戴) · 하늘 천(天)
- 직역/의역: 함께 하늘을 (머리에) 이고 살 수 없음/ 이 세상에서 함께 살 수 없을 만큼 큰 원한을 가짐

403. 비분강개(悲憤慷慨)

- 훈과 음: 슬플 비(悲) · 분할 분(憤) · 원통할 강(慷) · 분개할 개(慨)
- 직역/의역: 슬프고 분하고 원통하여 분개함/ 슬프고 분하여 의분이 북받침

404. 앙앙불락(怏怏不樂)

- 훈과 음: 원망할 앙(怏) · 아니 불(不) · 즐거울 락(樂)
- 직역/의역: 원망하고 원망해서 마음이어서 즐겁지 않음/ 마음에 차지 않거나 야속하게 여겨 즐겁지가 않음

405. 앙천대소(仰天大笑)

- 훈과 음: 우러를 앙(仰) · 하늘 천(天) · 큰 대(大) · 웃을 소(笑)
- 직역/의역: 하늘을 우러러 크게 웃음/ ① 직역과 같음 ② 어떤 사람의 행위를 보고 비웃듯이 얼굴을 돌려 하늘을 보고 웃음

406. 천인공노(天人共怒)

- 훈과 음: 하늘 천(天) · 사람 인(人) · 함께 공(共) · 성낼 노(怒)
- 직역/의역: 하늘과 사람이 함께 성냄/ 누구도 화를 참을 수 없을 만큼 증오스럽거나 용납될 수 없음

407. 청천벽력(靑天霹靂)

- 훈과 음: 푸를 청(靑) · 하늘 천(天) · 천둥 벽(霹) · 벼락 력(靂)
- 직역/의역: 푸른 하늘의 벼락과 천둥/ 전혀 예상하지 못했던 큰 변고나 사건을 비유한 말

408. 파안대소(破顔大笑)

- 훈과 음: 깨뜨릴 파(破) · 얼굴 안(顔) · 큰 대(大) · 웃을 소(笑)
- 직역/의역: 얼굴을 깨질 정도로 크게 웃음/ 마음이 매우 즐거워 한바탕 크게 웃는 모습

409. 포복절도(抱腹絕倒)

- 훈과 음: 잡을 포(抱) · 배 복(腹) · 끊을 절(絕) · 넘어질 도(倒)
- 직역/의역: 배를 잡고 넘어짐/ 너무 웃어 배를 잡고 넘어질 정도로 상황이 매우 재미가 있음

410. 학수고대(鶴首苦待) 공무원 기출 1회

- 훈과 음: 학 학(鶴) · 머리 수(首) · 애쓸 고(苦) · 기다릴 대(待)
- 직역/의역: 학이 머리를 쭉 빼듯 애타게 기다림/ 어떤 사람이나 어떤 일이 이루어지기를 애타게 기다림

7-3 빗대는 표현 411~427

411. 각곡유목(刻鵠類鶩)
- 훈과 음: 새길 각(刻) · 고니 곡(鵠) · 닮을 유(類) · 집오리 목(鶩)
- 직역/의역: 고니를 새기려다 닮은 오리를 새김/ ① 큰 뜻을 가지고 노력하다 보면 작은 성과라도 이루게 됨 ② 서투른 솜씨로 흉내 내려다 죽도 밥도 안 되거나 그로 인하여 세상의 웃음거리가 됨

412. 각자무치(角者無齒) 공무원 기출 1회
- 훈과 음: 뿔 각(角) · 놈 자(者) · 없을 무(無) · 이 치(齒)
- 무치(無齒): 뿔이 있는 초식동물들은 이는 있지만 날카롭지 못하다. 따라서 무치는 '이가 없다'가 아니라 '날카로운 이가 없다'는 뜻이다.
- 직역/의역: 뿔이 있는 놈(짐승)은 날카로운 이가 없음/ 한 사람이 여러 가지 복이나 재주를 한꺼번에 다 가질 수 없음

413. 갈이천정(渴而穿井)
- 훈과 음: 목마를 갈(渴) · 그래서 이(而) · 뚫을 천(穿) · 우물 정(井)
- 직역/의역: 목이 말라야 우물을 뚫음/ 자기가 급해야 일을 서둘러서 함

414. 견물생심(見物生心) 공무원 기출 1회
- 훈과 음: 볼 견(見) · 사물 물(物) · 날 생(生) · 욕심 심(心)
- 직역/의역: 물건을 보면 욕심이 생김/ (직역과 같음)

415. 고장난명(孤掌難鳴) 공무원 기출 2회
- 훈과 음: 하나 고(孤) · 손바닥 장(掌) · 어려울 난(難) · 울릴 명(鳴)
- 직역/의역: 한 손바닥은 울리기 어려움/ 어떤 일을 할 때 여러 사람이 힘을 합해야지 혼자서는 일을 이루기가 어려움

416. 노마지지(老馬之智), 노마식도(老馬識道) 참조 유래 21
- 훈과 음: 늙을 노(老) · 말 마(馬) · ~의 지(之) · 지혜 지(智) · 알 식(識) · 길 도(道)
- 직역/의역: 늙은 말의 지혜 (늙은 말은 길을 앎)/ 나이가 많은 사람은 경험이 많아 어려운 상황에 처했을 때 지혜로울 때가 많음

417. 백년하청(百年河淸) 참조 유래 44 공무원 기출 3회
- 훈과 음: 일백 백(百) · 해 년(年) · 강 이름(황하) 하(河) · 맑을 청(淸)
- 직역/의역: 백년이면 황하가 맑아질까?/ (백년이 지나도 황하는 맑아질 수 없는 것처럼) 아무리 기다려도 이루어지기 힘들거나 아예 기대할 수 없는 일

418. 백전노장(百戰老將)
- 훈과 음: 일백 백(百) · 싸울 전(戰) · 늙을 노(老) · 장수 장(將)
- 직역/의역: 백번이나 싸운 늙은 장수/ 세상의 온갖 풍파를 겪은 경험이 있는 노련한 사람

419. 언중유골(言中有骨)

- 훈과 음: 말씀 언(言) · 가운데 중(中) · 있을 유(有) · 뼈 골(骨)
- 직역/의역: 말 속에 뼈가 있음/ 평범한 말 속에 깊은 뜻이 있음

420. 오비삼척(吾鼻三尺) 공무원 기출 1회

- 훈과 음: 나 오(吾) · 코 비(鼻) · 석 삼(三) · 자 척(尺) (*1척: 약 30.3cm)
- 직역/의역: 내 코가 석자임/ 자기 사정이 급박하여 남을 도와줄 겨를이 없음

421. 우수마발(牛溲馬勃)

- 훈과 음: 소 우(牛) · 오줌 수(溲) · 말 마(馬) · 똥 발(勃)
- 직역/의역: 소 오줌과 말똥/ 가치 없고 쓸모없는 말이나 글 또는 물건

422. 우후죽순(雨後竹筍)

- 훈과 음: 비 우(雨) · 뒤 후(後) · 대나무 죽(竹) · 죽순 순(筍)
- 직역/의역: 비가 온 뒤에 돋아나는 대나무 순/ 어떤 일이 한때에 많이 생겨남

423. 일어탁수(一魚濁水)

- 훈과 음: 한 일(一) · 물고기 어(魚) · 흐릴 탁(濁) · 물 수(水)
- 직역/의역: 물고기 한 마리가 물을 흐림/ 한 사람의 잘못으로 여러 사람이 그 피해를 받게 되는 것

424. 일엽지추(一葉知秋)

- 훈과 음: 한 일(一) · 잎사귀 엽(葉) · 알 지(知) · 가을 추(秋)
- 직역/의역: 잎사귀 하나로 가을을 앎/ 한 가지의 일을 보고 앞으로 있을 일을 짐작함

425. 천의무봉(天衣無縫) 참조 유래 88 공무원 기출 2회

- 훈과 음: 하늘 천(天) · 옷 의(衣) · 없을 무(無) · 꿰맬 봉(縫)
- 직역/의역: 하늘의 옷(선녀들의 옷)은 꿰맨 자국이 없음/ 시나 문장이 꾸밈없이 자연스럽게 잘된 것을 비유하는 말

426. 타산지석(他山之石)

- 훈과 음: 다를 타(他) · 뫼 산(山) · ~의 지(之) · 돌 석(石)
- 직역/의역: 남의 산의 돌/ 남의 말이나 행동이 자신의 인격을 수양하는 데에 도움이 될 수 있다는 것을 비유하는 말

427. 함흥차사(咸興差使) 참조 유래 97 공무원 기출 1회

- 훈과 음: (함흥: 지명) · 보낼 차(差) · 사신 사(使)
- 직역/의역: 함흥으로 보낸 사신/ 심부름 간 사람이 돌아오지도 않고 아무런 소식도 없는 것

7-4 비교하는 표현 (428~445)

428. 감언이설(甘言利說)
- 훈과 음: 달 감(甘) · 말씀 언(言) · 이로울 이(利) · 말씀 설(說)
- 직역/의역: 달콤한 말과 이로운 말/ 남의 비위에 맞춘 달콤한 말과 이로운 조건으로 상대를 꾀는 말

429. 감탄고토(甘吞苦吐)
- 훈과 음: 달 감(甘) · 삼킬 탄(吞) · 쓸 고(苦) · 뱉을 토(吐)
- 직역/의역: 달면 삼키고 쓰면 뱉음/ 자기에게 이로운 것만 취하고 불리한 것은 버림

430. 난형난제(難兄難弟)
- 훈과 음: 어려울 난(難) · 맏 형(兄) · 아우 제(弟)
- 직역/의역: 형이라 하기도, 아우라 하기도 어려움/ 둘 가운데 우열을 가리기가 어려운 상황임

431. 대동소이(大同小異) 공무원 기출 1회
- 훈과 음: 큰 대(大) · 같을 동(同) · 작을 소(小) · 다를 이(異)
- 직역/의역: 큰 것은 같고 작은 것은 다름/ 둘 또는 그 이상의 것들이 다른 점이 별로 없고 거의 같음

432. 동가홍상(同價紅裳)
- 훈과 음: 같을 동(同) · 값 가(價) · 붉을 홍(紅) · 치마 상(裳)
- 직역/의역: 같은 값이면 붉은 치마/ 두 개의 값이 같다면 보기 좋거나 모양 좋은 것을 갖겠다는 의미임

433. 비몽사몽(非夢似夢)
- 훈과 음: 아닐 비(非) · 꿈 몽(夢) · 닮을 사(似)
- 직역/의역: 꿈인 것도 같고 꿈이 아닌 것도 같음/ 완전히 잠들지도 잠에서 깨어나지도 않아 정신이 어렴풋한 상태

434. 사소취대(捨小取大)
- 훈과 음: 버릴 사(捨) · 작을 소(小) · 취할 취(取) · 큰 대(大)
- 직역/의역: 작은 것(이익)을 버리고 큰 것(이익)을 취함/ (직역과 같음)

435. 수원수구(誰怨誰咎)
- 훈과 음: 누구 수(誰) · 원망할 원(怨) · 탓할 구(咎)
- 직역/의역: 누구를 원망하고 누구를 탓하겠는가./ (직역과 같음)

436. 시시비비(是是非非) 공무원 기출 1회
- 훈과 음: 옳을 시(是) · 아닐 비(非)
- 직역/의역: 옳은 것과 옳지 않은 것/ 옳고 그름

437. 양두구육(羊頭狗肉) 참조 유래 65 공무원 기출 2회

- 훈과 음: 양 양(羊) · 머리 두(頭) · 개 구(狗) · 고기 육(肉)
- 직역/의역: 양 머리에 개고기/ 겉은 훌륭하나 속은 변변치 못함. 괜찮은 물건을 진열해 놓고 실제로는 형편없는 물건을 파는 것

438. 어두육미(魚頭肉尾)

- 훈과 음: 물고기 어(魚) · 머리 두(頭) · 짐승고기 육(肉) · 꼬리 미(尾)
- 직역/의역: 물고기는 머리, 짐승 고기는 꼬리가 맛있음/ (직역과 같음)

439. 외화내빈(外華內貧) 공무원 기출 1회

- 훈과 음: 바깥 외(外) · 화려할 화(華) · 안 내(內) · 가난할 빈(貧)
- 직역/의역: 겉은 화려하나 안은 가난함/ 겉으로는 그럴 듯하지만 안으로는 아무 것도 없음

440. 용두사미(龍頭蛇尾) 참조 유래-불교 3

- 훈과 음: 용 용(龍) · 머리 두(頭) · 뱀 사(蛇) · 꼬리 미(尾)
- 직역/의역: 용의 머리와 뱀의 꼬리/ 처음은 좋으나 끝이 좋지 않음

441. 유구무언(有口無言)

- 훈과 음: 있을 유(有) · 입 구(口) · 없을 무(無) · 말씀 언(言)
- 직역/의역: 입은 있으나 할 말이 없음/ 내가 잘못한 것이 분명하여 변명할 말이 없음

442. 유명무실(有名無實) 공무원 기출 1회

- 훈과 음: 있을 유(有) · 이름 명(名) · 없을 무(無) · 내용 실(實)
- 직역/의역: 이름은 있으나 열매가 없음/ 이름만 있고 내용이 없음

443. 이구동성(異口同聲) 공무원 기출 1회

- 훈과 음: 다를 이(異) · 입 구(口) · 같을 동(同) · 소리 성(聲)
- 직역/의역: 입은 다르나 소리는 같음/ 어떤 일에 대하여 여러 사람의 말이 한결같음

444. 일구이언(一口二言)

- 훈과 음: 한 일(一) · 입 구(口) · 두 이(二) · 말씀 언(言)
- 직역/의역: 한 입으로 두 번 말함/ 같은 일에 서로 다른 말을 하여 말에 신의가 없음

445. 재승박덕(才勝薄德)

- 훈과 음: 재주 재(才) · 뛰어날 승(勝) · 적을 박(薄) · 덕 덕(德)
- 직역/의역: 재주는 좋으나 덕이 부족함/ (직역과 같음)

7-5 거듭되는 표현 446~464

446. 경천동지(驚天動地)

- 훈과 음: 놀랄 경(驚) · 하늘 천(天) · 움직일 동(動) · 땅 지(地)
- 직역/의역: 하늘이 놀라고 땅이 움직임/ 세상을 몹시 뒤흔들어서 놀라게 함

447. 금상첨화(錦上添花) 공무원 기출 2회
- 훈과 음: 비단 금(錦) · 위 상(上) · 더할 첨(添) · 꽃 화(花)
- 직역/의역: 비단 위에 꽃을 더함/ 좋은 일에 더 좋은 일이 더해짐

448. 능소능대(能小能大)
- 훈과 음: 능할 능(能) · 작을 소(小) · 큰 대(大)
- 직역/의역: 작은 일이나 큰일 모두 두루 능숙함/ (직역과 같음)

449. 다다익선(多多益善) 공무원 기출 1회
- 훈과 음: 많을 다(多) · 더할 익(益) · 좋을 선(善)
- 직역/의역: 많으면 많을수록 좋음/ (직역과 같음)

450. 동분서주(東奔西走)
- 훈과 음: 동녘 동(東) · 달릴 분(奔) · 서녘 서(西) · 뛸 주(走)
- 직역/의역: 동쪽으로 달리고 서쪽으로 뜀/ 여기저기 사방으로 분주하게 돌아 다님

451. 득롱망촉(得隴望蜀) 참조 유래 30
- 훈과 음: 얻을 득(得) · 땅이름 롱(隴) · 바랄 망(望) · 나라 이름 촉(蜀)
- 직역/의역: 농(땅)을 얻으면 촉(땅)을 바라게 됨/ 욕심이 끝이 없음

452. 산전수전(山戰水戰)
- 훈과 음: 뫼 산(山) · 싸울 전(戰) · 물 수(水)
- 직역/의역: 산에서의 싸움과 물에서의 싸움/ 어떤 일에 대하여 온갖 고생과 시련을 많이 겪어 경험이 많음

453. 설상가상(雪上加霜) 공무원 기출 3회
- 훈과 음: 눈 설(雪) · 위 상(上) · 더할 가(加) · 서리 상(霜)
- 직역/의역: 눈 위에 서리가 더해짐/ 안 좋은 일이 계속하여 생김

454. 승승장구(乘勝長驅)
- 훈과 음: 탈 승(乘) · 이길 승(勝) · 긴 장(長) · 달릴 구(驅)
- 직역/의역: 승리를 타고 길게 달림/ 승리나 성공의 여세를 몰아 계속 나아감

455. 심모원려(深謀遠慮)
- 훈과 음: 깊을 심(深) · 꾀할 모(謀) · 멀 원(遠) · 생각할 려(慮)
- 직역/의역: 깊이 있게 꾀하고 멀리까지 생각함/ 눈앞의 이익에 연연하지 않고 먼 장래를 내다보며 깊이 있게 꾀함(도모함)

456. 우여곡절(迂餘曲折)
- 훈과 음: 굽힐 우(迂) · 남을 여(餘) · 굽을 곡(曲) · 꺾일 절(折)
- 직역/의역: 굽어지고 또 굽어지고 꺾임/ 여러 가지로 뒤엉킨 복잡한 사정

457. 욱일승천(旭日昇天)

- 훈과 음: 해 뜰 욱(旭) · 해 일(日) · 오를 승(昇) · 하늘 천(天)
- 직역/의역: 아침 해가 하늘로 떠오름/ 아침 해가 하늘로 오르듯 기세가 아주 왕성함을 비유적으로 표현한 말

458. 유일무이(唯一無二)

- 훈과 음: 오직 유(唯) · 한 일(一) · 없을 무(無) · 둘 이(二)
- 직역/의역: 오직 하나이고 두 개는 없음/ 직역과 같음

459. 일파만파(一波萬波)

- 훈과 음: 한 일(一) · 물결 파(波) · 일만 만(萬)
- 직역/의역: 하나의 물결이 만 개의 물결을 일으킴/ 하나의 사건으로 인하여 많은 사건이 연속적으로 발생하는 것을 비유한 말

460. 점입가경(漸入佳境) 참조 유래 81 공무원 기출 1회

- 훈과 음: 점점 점(漸) · 들 입(入) · 아름다울 가(佳) · 경치 경(境)
- 직역/의역: 점점 들어갈수록 경체가 아름다워짐/ 어떤 말이나 사건이 그 내용을 깊이 들어갈수록 점점 더 재미가 있어짐

461. 주마가편(走馬加鞭) 공무원 기출 3회

- 훈과 음: 달릴 주(走) · 말 마(馬) · 더할 가(加) · 채찍 편(鞭)
- 직역/의역: 달리는 말에 채찍을 가함/ 잘 하는 사람을 더욱 잘하도록 격려함

462. 천태만상(千態萬象)

- 훈과 음: 일천 천(千) · 모습 태(態) · 일만 만(萬) · 형상 상(象)
- 직역/의역: 천 가지 모습과 만 가지 형상/ 여러 가지 사물의 모양이나 모습이 같은 것이 없이 각각 다 다름

463. 환골탈태(換骨奪胎)

- 훈과 음: 바꿀 환(換) · 뼈 골(骨) · 빼앗을 탈(奪) · 탯줄 태(胎)
- 직역/의역: 뼈를 바꾸고 탯줄을 뺏음/ 글이나 낡은 제도 따위를 과감하게 고쳐 모습이나 상태가 매우 새롭게 바뀜

464. 황당무계(荒唐無稽)

- 훈과 음: (황당: 헛되고 터무니없음) · (무계: 근거가 없음) 거칠 황(荒) · 당나라 당(唐) · 없을 무(無) · 상고할 계(稽)
- 직역/의역: 헛되고 터무니없으며 근거가 없음/ 말이나 행동이 터무니가 없고 헛되어 믿을 수 없음

7-6 과장된 표현 465~482

465. 괄목상대(刮目相對) 참조 유래 13 공무원 기출 3회
- 훈과 음: 비빌/닦을 괄(刮) · 눈 목(目) · 자세히 볼 상(相) · 상대 대(對)
- 직역/의역: 눈을 비비고 상대를 자세히 봄/ 어떤 사람의 학식이나 재주가 어느 순간 이전보다 훨씬 향상됨

466. 구사일생(九死一生)
- 훈과 음: 아홉 구(九) · 죽을 사(死) · 한 일(一) · 살 생(生)
- 직역/의역: 아홉 번 죽었다가 한 번 살아남/ 여러 차례 죽을 고비를 겪고 겨우 살아남

467. 구우일모(九牛一毛)
- 훈과 음: 아홉 구(九) · 소 우(牛) · 한 일(一) · 털 모(毛)
- 직역/의역: 아홉 마리 소에서 털 한 개/ 많은 것 가운데 아주 적은 것 또는 아무것도 아닌 하찮은 일

468. 급전직하(急轉直下)
- 훈과 음: 급할 급(急) · 변할 전(轉) · 곧을 직(直) · 떨어질 하(下)
- 직역/의역: 급하게 변하여 곧게 떨어짐/ 어떤 상황이나 형세가 갑자기 바뀌어 걷잡을 수 없음

469. 기고만장(氣高萬丈)
- 훈과 음: 기운 기(氣) · 높을 고(高) · 일만 만(萬) · 길이 장(丈) (*1장: 약 3m)
- 직역/의역: 기세가 만장만큼 높음/ 우쭐대며 뽐내는 기세가 대단함

470. 기상천외(奇想天外)
- 훈과 음: 기이할 기(奇) · 생각할 상(想) · 하늘 천(天) · 바깥 외(外)
- 직역/의역: 기이한 생각이 하늘 밖에 있음/ 생각하는 것이 다른 사람은 쉽게 상상할 수 없을 정도로 기이함

471. 무아도취(無我陶醉)
- 훈과 음: 없을 무(無) · 나 아(我) · 질그릇 도(陶) · 취할 취(醉)
- 도취(陶醉): 어떤 것에 마음이 끌려 홀린 듯이 빠져 듦
- 직역/의역: 무엇엔가 도취하여 나를 잊음/ 무엇엔가 마음을 빼앗겨 자신의 존재를 잊고 흠뻑 빠짐

472. 빙산일각(氷山一角)
- 훈과 음: 얼음 빙(氷) · 뫼 산(山) · 한 일(一) · 한 귀퉁이 각(角)
- 직역/의역: (거대한) 얼음산 중 한 귀퉁이/ 어떤 일의 대부분이 숨겨져 있고 겉으로 드러나는 것은 극히 일부분에 지나지 않음

473. 사상누각(砂上樓閣)
- 훈과 음: 모래 사(砂) · 위 상(上) · 다락 루(樓) · 높고 큰집 각(閣)

- 누각: 휴식이나 놀이를 위해 산이나 언덕, 물가 등에 지은 다락집
- 직역/의역: 모래 위에 세운 누각/ 기초가 약하여 오래 유지되지 못하거나 실현 불가능한 일

474. 소극침주(小隙沈舟) 〔공무원 기출 1회〕
- 훈과 음: 작을 소(小) · 틈 극(隙) · 가라앉을 침(沈) · 배 주(舟)
- 직역/의역: 작은 틈이 배를 가라앉힘/ 작은 일이라고 하여 게을리 하면 더 큰 재앙이 닥치게 됨. 작은 것이라도 성실히 임해야 함.

475. 오매불망(寤寐不忘) 〔공무원 기출 2회〕
- 훈과 음: 깰 오(寤) · 잠잘 매(寐) · 아니 불(不) · 잊을 망(忘)
- 직역/의역: 자나 깨나 잊지 못함/ (직역과 같음)

476. 일기당천 (一騎當千)
- 훈과 음: 한 일(一) · 말 기병 기(騎) · 대할 당(當) · 일천 천(千)
- 직역/의역: 한 사람의 기병이 천 명을 대함/ 혼자서 다 감당할 정도로 실력이나 재주가 매우 뛰어남

477. 전광석화(電光石火)
- 훈과 음: 번개 전(電) · 빛 광(光) · 돌 석(石) · 불 화(火)
- 직역/의역: 번개의 불빛과 돌로 만든 불빛/ 지극히 짧은 시간. 또는 재빠르고 날랜 동작을 비유한 말

478. 창해일속(滄海一粟) 〔공무원 기출 1회〕
- 훈과 음: 큰 바다 창(滄) · 바다 해(海) · 한 일(一) · 좁쌀 속(粟)
- 직역/의역: 큰 바다에 던져진 좁쌀 한 알/ 극히 하찮고 작은 것

479. 천려일실 (千慮一失) 〔공무원 기출 1회〕
- 훈과 음: 일천 천(千) · 생각할 려(慮) · 한 일(一) · 잃을 실(失)
- 직역/의역: 천 번을 생각해도 한번은 실수함/ 여러 번 깊이 생각하더라도 한 가지쯤은 잘못된 생각이 있을 수 있음

480. 천양지차(天壤之差)
- 훈과 음: 하늘 천(天) · 땅 양(壤) · 갈 지(之) · 어긋날 차(差)
- 직역/의역: 하늘과 땅 차이/ 매우 차이가 많이 남

481. 천편일률(千篇一律)
- 훈과 음: 일천 천(千) · 책 편(篇) · 한 일(一) · 법/운율 률(律)
- 직역/의역: 천 편의 책(글)이 한 가지 운율임/ 사물들이 모두 비슷해서 새롭거나 독특한 특성이 없음

482. 침소봉대(針小棒大) 〔공무원 기출 1회〕
- 훈과 음: 바늘 침(針) · 작을 소(小) · 몽둥이 봉(棒) · 큰 대(大)
- 직역/의역: 작은 바늘을 큰 몽둥이라 함/ 아주 작고 사소한 것을 크게 과장해서 표현함

7-7 역설적 표현 483~500

483. 귤화위지(橘化爲枳) 참조 유래 17 공무원 기출 1회
- 훈과 음: 귤나무 귤(橘)·될 화(化)·만들 위(爲)·탱자나무 지(枳)
- 직역/의역: 귤나무가 탱자나무가 됨/ 사물의 성질은 처한 환경에 따라 변함

484. 노이무공(勞而無功)
- 훈과 음: 힘쓸 노(勞)·어조사 이(而)·없을 무(無)·공 공(功)
- 직역/의역: 힘은 쓰지만 공(이룬 것)이 없음/ 온갖 애를 썼으나 아무 이룬 것이 없거나 보람이 없음

485. 동공이곡(同工異曲)
- 훈과 음: 같을 동(同)·장인 공(工)·다를 이(異)·곡조 곡(曲)
- 직역/의역: 같은 장인이 연주해도 곡조가 다름/ ① 처리하는 방법이 같아도 결과는 차이가 남 ② 표현은 달라도 내용은 같음. 겉만 다를 뿐 내용은 같음

486. 동상이몽(同床異夢) 공무원 기출 1회
- 훈과 음: 같을 동(同)·침상 상(床)·다를 이(異)·꿈 몽(夢)
- 직역/의역: 같은 잠자리에서 서로 다른 꿈을 꿈/ 겉으로는 같이 행동하면서 속으로는 각기 다른 생각을 함

487. 등하불명(燈下不明) 공무원 기출 1회
- 훈과 음: 등잔 등(燈)·아래 하(下)·아니 불(不)·밝을 명(明)
- 직역/의역: 등잔 밑이 밝지 않음/ 멀리 있는 것보다 가까이 있는 것이 오히려 찾거나 알아내기가 어려움

488. 본말전도(本末顚倒) 공무원 기출 1회
- 훈과 음: 시작 본(本)·끝 말(末)·뒤집힐 전(顚)·거꾸로 될 도(倒)
- 직역/의역: 시작과 끝이 거꾸로 뒤집힘/ 사물의 순서나 위치 또는 이치가 거꾸로 됨

489. 불원천리(不遠千里) 참조 유래 47
- 훈과 음: 아니 불(不)·멀 원(遠)·일천 천(千)·거리 리(里)
- 직역/의역: 천 리 길도 멀다고 하지 않음/ 먼 길을 오고 가는 수고도 마다하지 않음

490. 상전벽해(桑田碧海) 참조 유래 55 공무원 기출 1회
- 훈과 음: 뽕나무 상(桑)·밭 전(田)·푸를 벽(碧)·바다 해(海)
- 직역/의역: 뽕나무밭이 변하여 푸른 바다가 됨/ 세상일의 변천이 매우 심함

491. 식자우환(識字憂患)
- 훈과 음: 알 식(識)·글자 자(字)·근심 우(憂)·걱정 환(患)
- 직역/의역: 글자를 아는 것이 (오히려) 근심과 걱정이 됨/ 너무 많이 알기 때문에 쓸데없는 걱정도 그만큼 많음

492. 양약고구(良藥苦口)

- 훈과 음: 좋을 양(良) · 약 약(藥) · 쓸 고(苦) · 입 구(口)
- 직역/의역: 좋은 약은 입에 씀/ (직역과 같음)

493. 역지사지(易地思之) 공무원 기출 3회

- 훈과 음: 바꿀 역(易) · 땅 지(地) · 생각 사(思) · 그것 지(之)
- 직역/의역: 땅을 바꾸고(상대의 입장으로 돌아가서) 이를 다시 생각함/ 서로의 처지와 입장을 바꾸어서 생각함

494. 이열치열(以熱治熱)

- 훈과 음: ~로서 이(以) · 열 열(熱) · 다스릴 치(治)
- 직역/의역: 열로서 열을 다스림/ 힘에는 힘으로 또는 강한 것에는 더욱 강한 것으로 상대함을 이르는 말

495. 이율배반(二律背反)

- 훈과 음: 두 이(二) · 법 률(律) · 등질 배(背) · 반대 반(反)
- 직역/의역: 두 개의 규율이 서로 등지고 반대임/ 서로 모순되는 두 개의 명제가 동등한 타당성이 있음

496. 임중도원(任重道遠)

- 훈과 음: 책임 임(任) · 무거울 중(重) · 길 도(道) · 멀 원(遠)
- 직역/의역: 책임은 무겁고 갈 길은 멂/ (직역과 같음)

497. 적반하장(賊反荷杖) 공무원 기출 4회

- 훈과 음: 도적 적(賊) · 도리어 반(反) · 들 하(荷) · 지팡이 장(杖)
- 직역/의역: 도적이 도리어 지팡이를 듦/ 잘못한 사람이 아무 잘못도 없는 사람을 도리어 나무람

498. 주객전도(主客顚倒) 공무원 기출 2회

- 훈과 음: 주인 주(主) · 손님 객(客) · 뒤집힐 전(顚) · 거꾸로 될 도(倒)
- 직역/의역: 주인과 손님이 뒤집혀 거꾸로 됨/ 어떤 일이나 사물의 경중, 선후, 완급 따위가 서로 뒤바뀜

499. 충언역이(忠言逆耳)

- 훈과 음: 충성 충(忠) · 말씀 언(言) · 거스를 역(逆) · 귀 이(耳)
- 직역/의역: 충성스러운 말은 귀에 거슬림/ 잘못을 지적하고 타이르는 말은 귀에 거슬려 듣기 싫어함

500. 하석상대(下石上臺) 공무원 기출 3회

- 훈과 음: 아래 하(下) · 돌 석(石) · 위 상(上) · 괼 대(臺)
- 직역/의역: 아랫돌 뽑아 윗돌을 굄/ 임시로 이리저리 돌려서 맞춤

IV

중국고대사와 사자성어 퀴즈

읽기 전에

이 장은 중국고대사의 상식적인 내용을 사자성어의 뜻으로 풀어 쓴 것이다. 글을 읽으면서 퀴즈를 푸는 과정을 통해 자연스럽게 사자성어를 익히는 일석이조의 효과를 기대하였다. 그런데 왜 하필 우리나라 역사가 아니고 중국 역사인가?

2000년대 들어 중국은 우리나라 고대사를 중국역사에 편입시키는 연구를 꾸준히 진행하고 있다. 이를 동북공정이라고 한다. 심지어 김치도 중국음식, 한복도 중국식 복장이라고 하는 등 문화 공정도 서슴지 않는다. 2017년에는 고구려 전통무예인 수박을 중국의 무형문화재로 지정하기도 했다. 최근 알려진 바에 의하면 이른바 '백두산 공정'도 오래 전부터 진행 중이라고 한다.

즉 장백산(백두산의 중국식 이름)은 역사적으로 중국 영토였으며 중화문화권에 속한 산이라는 것이다. 중국은 1998년 이후 모든 문서와 지도상에서 백두산 명칭을 장백산으로 바꾸었고, 2005년 지린(吉林)성 직속으로 '장백산보호개발구'를 설치해 백두산 개발에 나섰다고 한다.

지피지기(知彼知己) 백전불태(百戰不殆). 적을 알고 나를 알면 백번 싸워 위태롭지 않다고 했다. 중국의 이와 같은 방약무인한 태도에 분노하기에 앞서 먼저 그들의 역사를 알아야 한다.

중국고대사와 함께 우리 민족이 어떤 역사를 만들어 왔는가를 알아야 그들의 만행에 효과적으로 대처할 수 있다. 따라서 여기서는 중국사 중 동북공정의 주 대상인 고구려와 통일신라, 발해의 역사와 맞물린 당나라 시대까지로 한정하였다. 그리고 뒷부분에 현재 중국에서 자행되고 있는 동북공정의 내용을 다루었다.

- 진나라에는 秦, 晉, 陳의 세 나라가 있고, 한나라는 韓과 漢나라가 있다. 이를 구분하기 위하여 필요한 경우 한자를 병기하였다.
- 퀴즈 문제의 형식은 본문 내용 중 진한 글씨체에 적절한 사자성어를 맞추는 것이다. 정답을 글 뒤에 제시하여 해당 문장을 뜻과 사자성어로 반복하여 읽도록 하였다. 필요한 경우 정답에 어울리는 토씨도 제시하였다.
- 문제는 사자성어 500개가 한 번 이상 들어가도록 하였다. 처음 문제는 문항번호 '1~500'을 위첨자로 제시하였다. 두 번째 출제된 문제(92개)는 '재', 세 번째 문제(20개)는 '재2', 도가사상 관련문제는 '도'라고 하였다.

1. 삼황오제와 하(夏)나라의 전설, 상(商)나라

우리나라의 건국 이야기인 단군신화와 **대개는 같고 차이가 거의 없는**[1] 것으로 중국에는 삼황오제의 신화가 있다. 신화이기에 **처음부터 끝까지 한결같이**[2]사실에 바탕을 둔 것은 아니다. 또한 삼황과 오제가 누구인가에 대해서도 학자들 간에 **여러 가지 말이 오고 가면서,**[3] 결론 없이 **자기주장만 내세우고 상대의 주장을 반박**[4]하는 등 의견이 분분하다. 그러나 대체로 삼황은 수인씨, 복희씨, 신농씨라 하고 오제는 황제, 전욱, 곡, 요, 순임금이라는 것이 정설이다.

정답: 1.대동소이(한) 2.시종일관 3.설왕설래(하면서) 4.갑론을박

1-1. 삼황(三皇)의 전설

삼황의 첫 번째 인물은 나무를 비벼 불을 만든 수인씨다. 그의 덕분으로 음식을 익혀 먹고 난방을 할 수 있게 되었다. **작은 바늘을 큰 몽둥이라 하듯이 과장**[5]한다면 세상에서 가장 위대한 발견이었다.

두 번째 인물은 사냥과 고기잡이를 가르친 복희씨다. 그 덕분에 사람들은 **짐승고기와 물고기의 진귀한 맛으로**[6]고급 식생활을 할 수 있었다. 세 번째 인물은 농사를 가르친 신농씨다. 이로서 사람들은 **입에 풀칠을 하는 방책**[7]이 다양하고 풍족해졌다. 그리고 나무열매를 따먹거나 짐승 사냥을 위해 **바람과 이슬을 맞으며 먹고 자던**[8]생활을 청산하고 한 곳에 정착하게 되었다. 그는 또 약초를 연구하여 사람들의 건강생활에도 크게 기여하였다. 이러한 삼황의 업적은 당시로서는 **하늘도 놀라고 땅도 뒤흔들만한**[9] 획기적인 발견, 발명이었다.

정답: 5.침소봉대 6.산해진미(로) 7.호구지책 8.풍찬노숙(하던) 9.경천동지(할)

1-2. 오제의 전설

오제의 첫째 인물은 황제이다. 지금부터 4,5천 년 전 많은 부락들이 황하강과 양자강 유역에 나타났다. 그중 가장 유명한 부락의 수령이 황제였다. 황제는 **이전의 누구도 밟지 못했던**[10]분야에 많은 업적을 쌓았다. 그리하여 중국 문명이 본격적으로 시작되었다. 수레와 배를 발명했고, 활과 화살, 나침반의 자침 등 문명의 이기(이로운 기구)를 발명했다. 문자를 발명하고 의복을 개선하여 비로소 옷이 몸을 가리는 기능뿐만 아니라 정식 의관으로 만들어졌다. 약초를 연구하여 중국 최초의 의학책인 황제내경을 펴냈다. 수학에서는 물체의 크기나 무게 등을 측정하는 도량형을 제정하였다. **눈을 비비고 상대를 자세히 볼**[11]만한 업적이었다.

둘째 인물은 전욱이다. 그는 엄격한 법을 세워 인간 세상에서의 주종관계, **평범한 남자와 여자**[12]사이에 남녀간의 도리 등을 명확히 하였다. 셋째 인물 곡은 각종 악기와 음악을 만들어 백성들을 즐겁게 하였다. 넷째 요와 다섯째 순은 역사상 가장 어진 성군으로 이름난 인물들이다.

요는 초가집에 살며 음식도 현미와 야채를 주식으로 하는 등 **좁은 거리에서 대그릇 밥과 표주박 물을 먹는**[13]삶을 즐겼다. 겨울철에는 겨우 사슴 가죽 한 장으로 추위를 견뎠다. 옷도 너덜너덜해지지 않으면 새 옷으로 갈아입지 않았다. 총명하고 인정이 많아 백성

들을 자식처럼 사랑하는 정치를 하였다. 요의 시대 백성들은 **실컷 배불리 먹고 배를 두드리거나**[14] 아무 걱정이 없어 **배를 두드리며 발로 땅을 구르는**[15] 춤을 추며 행복해 했다.

요는 자신을 이을 후계자로 자녀가 아닌 어진 인물을 택하였다. 신하들은 오제의 한 사람인 전욱의 후손이자 효성이 지극한 순을 추천하였다. 순임금 또한 요임금 못지않게 어진 정치를 펼쳤다. 특히 요임금의 말년부터 문젯거리로 여겼던 치수 사업을 성공시켰다.

요와 순 두 임금의 시대를 요순시대라고 한다. 신화이지만 이 시대는 역사상 최고의 **풍요롭고 편안하게 지내는 시대**[16]로, **번화한 거리에는 저녁밥 짓는 연기가 달빛을 향해 피어오르는**[17] 여유로움이 가득했다고 전해진다.

정답: 10.전인미답(의) 11.괄목상대(할) 12.갑남을녀(선남선녀) 13.단표누항(의)
14.함포고복(하거나) 15.고복격양(하는) 16.태평성대 17.강구연월(의)

1-3. 해(夏)나라

하나라는 기원전 2070년경에서 1600년경으로 연대가 표기되는 최초의 국가이다. 그러나 실제 근거가 희박하여 **길거리에 떠도는 소문**[18]과 같은 반은 전설적인 나라이다. 하나라의 시조는 오제의 마지막 임금인 순으로부터 왕위를 물려받은 우왕이다. 우왕은 순임금 때 완성한 치수 사업을 성공시킨 인물이었다. 그 때문에 **공적을 논하여 상을 줄 때**[19] 큰 상을 받았다. 그리고 순임금이 죽자 신하들의 추대를 받아 왕위에 올라 하나라를 건국하였다. 그 또한 요, 순과 **거의 같고 별 차이가 없는**[재] 선정을 펼쳤다. 궁전의 증축을 미루고 생활이 어려운 백성들의 세금을 면제했다. 하천을 정비하고 주변 토지를 경작하여 농토를 늘렸다. 몸소 검소한 생활을 실천하면서 **세상을 경영하고 백성들을 구제**[20]하였기에 성군으로 이름을 날렸다.

우왕이 죽자 신하들은 그의 아들 계를 제위에 앉혔다. 계는 중국역사상 최초로 아들이 왕위를 물려받은 세습 군주였으며 이후 그 자손들이 왕위를 계승하였다. 하나라는 이후 17대를 이어갔다. 그러나 **포악하여 인간의 도리가 없는(도리를 모르는)**[21] 17대 걸왕에 이르러 멸망하였다.

걸왕은 덕이 부족하고 폭정을 일삼아 민심의 배반을 불렀다. 말기에는 **나라의 운명을 기울게 할 만한 미모**[22]의 매희라는 여인에게 빠져 정사조차 돌보지 않았다. 3일에 한 번꼴로 **기름진 고기와 좋은 곡식으로 만든 맛있는 음식과,**[23] 이른바 맛있다는 **물고기의 머리와 짐승의 꼬리**[24]로 만든 음식이 가득한 잔치를 열어 즐겼다. 유능한 신하들은 모두 그의 곁을 떠났다. 이제 걸왕의 운명은 **말라가는 샘의 물고기**[25] 신세가 되었으나 전혀 개의치 않았다. 반면에 하나라의 속국인 상(商)의 탕왕은 덕으로써 나라를 다스려 백성들의 신망이 높았다. 이에 걸왕에 등 돌린 신하들이 **마음에서 마음으로 전해지 듯**[26] 탕왕 곁으로 모여들었다. 그들은 마침내 걸을 쫓아내고 하나라를 멸망시켜 상(商) 왕조를 열었다.

정답: 18.가담항설 19.논공행상(에서) [재]대동소이(한) 20.경세제민 21.포악무도(한)
22.경국지색 23.고량진미(와) 24.어두육미 25.천학지어 26.이심전심(으로)

1-4. 상(商)나라

상나라는 기원전 1600년경부터 1046년까지 이어진 나라로 은(殷)이라고도 한다. 상나라는 하나라와 달리 역사상 실제로 존재한 국가였다. 1928년부터 발굴된 상나라 수도 허난성의 은허 유적지에서 갑골문자가 새겨진 유물이 대량으로 발견되었다. 사마천이 지은 「사기」에 기록된 상 왕조 여러 왕의 이름이 갑골문자의 내용과 대체로 일치하였다. 즉 은허에서 출토되는 갑골문에 의하여 상나라 왕의 존재와 역사가 **불을 보듯이 분명**[27]해진 것이다. 이후 은허를 도읍으로 하였다고 해서 '은(殷)'나라로 불리기도 하지만 정식 명칭은 상(商)나라이다.

상 왕조는 시조인 탕왕 이후 450여 년간 이어지다 30대 주왕 때에 멸망하였다. 주왕은 폭군이었다. 술과 여자에 대해서도 아주 호탕하여 달기라는 여인에게 빠져 정사를 돌보지 않았다. 달기는 **꽃다운 얼굴과 달 같은 자태를 지닌**[28]빼어난 미인이었다. 주왕은 달기의 청을 받아들여 **술로 채운 연못과 고기 안주를 매단 나무숲**[29]을 만들어 놓고 폭정을 일삼다가 주나라 무왕에게 나라를 내주고 말았다. **나라를 기울게 할 정도로 아름다운 미인**[재] 달기가 상나라를 무너뜨린 것이다.

주나라가 건국하고 상의 왕족이었던 기자가 주나라 무왕의 부름을 받았다. 가는 도중에 옛 상나라 도읍터를 지나게 되었다. 그러나 궁전은 사라지고 폐허가 된 궁터에 보리만 무성하게 자라 있었다. **무성한 보리를 보며 나라 잃은 설움을 한탄하는**[30]노래를 지어 옛 상나라의 백성들을 울렸다.

주나라가 건국된 후에 상의 백성들은 각지를 떠돌아 다녔다. 고향을 잃고 떠돌며 **갖은 어려움과 고초**[31]를 겪던 상나라 후손들은 지역마다 생산되고 소비되는 물건들이 다르다는 것을 알게 되었다. 그래서 **남자는 등에 지고 여자는 머리에 이어**[32]여러 지역을 돌아다니며 지역마다 넘치는 물건을 부족한 지역에 조달하는 일을 하였다. 여기에서 장사를 하는 사람이란 뜻의 상인(商人)이 유래하였다.

정답: 27.명약관화 28.화용월태(의) 29.주지육림 재)경국지색(의) 30.맥수지탄(의) 31.간난고초 32.남부여대(하여)

2. 서주(西周)시대, 동주(東周)와 춘추시대

주(周)는 상에 이어 기원전 1046년에서 기원전 256년까지 790년간 이어진 나라이다. 상나라 마지막 왕인 주왕 때 주나라는 상나라에 조공을 바치는 제후국이었다. 주왕의 폭정이 이어지자 여러 제후들은 세상의 신망을 얻고 있었던 주의 문왕(文王) 곁으로 모여들었다. 문왕이 죽자 그의 뒤를 이은 무왕이 주변 여러 나라와 연합하여 주왕을 몰아내고 천하의 주인이 되었다. 기원전 1046년의 일이다.

2-1. 봉건제

주나라는 넓은 영토를 효율적으로 통치하기 위하여 중국 역사상 처음으로 봉건제를 실시하였다. 천하를 손에 쥔 무왕은 친족들과 태공망 등 **나라를 여는데 공이 있는 신하**[33]에게 땅을 나눠주고 다스리게 하였다. 그들은 땅을 받는 대신 왕실에 세금을 내고 **위급할 때 목숨을 바쳐 충성**[34]할 의무가 주어졌다. 이것이 봉건제이다. 즉 봉건제는 왕이 수도와 일부 중요한 지역만 직접 다스리고 그 외의 영토는 신하들에게 주어 대리로 통치하는 제도이다. 이 때 왕이 신하에게 땅을 나누어 주는 것을 분봉이라고 하고 땅의 크기에 맞는 벼슬을 주는 것을 책봉이라고 한다.

영토의 크기에 따라 신하들이 책봉 받는 작위(벼슬)는 다른데 공작, 백작, 후작, 남작, 자작의 다섯 단계이다. 이중 가장 많은 작위는 후작이었으며 이 때문에 귀족들을 칭할 때 제후(여러 제(諸), 후작 후(侯))라고 하였다. 이들 또한 내부의 공신들에게 땅을 나누어 주었는데 이들은 경(卿) 혹은 대부(大夫)라 하였으며 가(家)라는 칭호(벼슬)가 주어졌다. 이들을 모두 포함하면 주나라 초기 제후국은 천여 개에 이르렀다.

정답: 33.개국공신 34.견위치명

2-2. 태공망(강태공)

오늘날 낚시꾼들을 비유하여 강태공이라고 한다. 강태공과 태공망은 동일 인물로 주나라 무왕을 도와 상나라 주왕을 몰아내고 천하를 제패하는데 **가장 큰 공을 세운 인물**[35]이다. 그의 본명은 여상이다. 능히 천하를 다스릴 **대들보 같은 재주**[36]를 지녔으나 불운하여 늦도록 벼슬길에 나아가지 못했다. 위수 강가에서 낚시질을 하며 **숨어서 참고 견디며 자중할**[37] 때 변방 늙은이의 말[38]과 같은 반전의 기회가 왔다. **마치 학이 목을 길게 빼고 기다리던**[39] 인물을 만난 것이다. 사냥을 나왔던 문왕이 돌아가는 길에 여상을 만나 대화를 나누었다. 그리고 천하 정세에 대한 여상의 **뛰어난 논리(이론)와 탁월한 식견(학설)**,[40] 그리고 **현하(懸河)의 물이 흐르는 듯 거침없는 달변**[41]에 반하여 높은 벼슬을 내렸다. 이후 문왕은 그를 태공망이라 불렀다. 태공망이란 문왕의 선친인 태공이 오랫동안 바라던(바랄 망(望)) 인물이란 뜻이다.

주나라는 강태공을 얻은 뒤로 작은 나라들을 복속시키며 세력을 키웠다. 그때 은의 주왕은 국사를 제대로 돌보지 않고 **하는 일없이 빈둥거리며 놀고먹듯이**[42] 향락적인 삶에 빠져 있었다. 문왕이 죽자 무왕은 바로 군사를 일으켰다. 태공망이 지휘하는 주나라 대군은 은나라 성들을 **대나무를 쪼개는 기세**[43]로 함락시켰다. 최후의 전장인 목야의 싸움에서 승리를 거두고 주왕을 죽인 후 마침내 천하를 손에 쥐었다. 태공망은 이후 제후에 봉해져 제나라를 하사받았다.

정답: 35.일등공신 36.동량지재 37.은인자중(할) 38.새옹지마 39.학수고대(하던)
40.명론탁설 41.현하구변 42.무위도식(하듯이) 43.파죽지세

2-3. 백이와 숙제

백이와 숙제는 상나라 말기 고죽국의 왕자들이었다. 주 무왕에 의해 상나라가 멸망하자 주의 신하되기를 거부하였다. 그리고 **한 조각의 붉은 마음**[44]으로 조국 상나라에 대한 충절과 의리를 지켰다.

고죽국 왕은 죽기 전 여러 아들 중 둘째인 숙제에게 왕위를 물려주려고 했다. 형인 백이도

동의하여 왕궁을 떠나 세상을 떠돌았다. 그러나 숙제는 **세 가지 기강과 다섯 가지 윤리**[45]에 어긋나는 일이라며 거부했다. 그 또한 왕궁을 떠났다.

세상을 떠돌던 두 형제는 주의 문왕이 어진 정치를 한다는 소문을 듣고 **천리 길도 멀다고 하지 않고**[46]함께 주나라로 갔다. 가는 도중 문왕이 죽고 무왕이 즉위하였다. 무왕은 폭군 주왕으로부터 백성들을 구한다는 **큰 뜻을 명분으로**[47]군사를 일으켰다. 백이와 숙제는 무왕을 가로막으며 간언했다.

"아버지가 돌아가시고 얼마 되지 않는데 전쟁을 할 수는 없다. 그것은 효가 아니기 때문이다. 또한 주나라는 상나라의 신하 국가이다. 어찌 신하가 임금을 죽이는 것을 인(仁)이라 할 수 있겠는가."

그러나 무왕은 이를 무시하고 상나라를 쳐서 천하의 주인이 되었다. 백이와 숙제는 인의(仁義)가 없는 나라에서 살 수 없다며 **헤진 옷과 부서진 갓,**[48] 그리고 **대나무 지팡이와 낡아 헤어진 짚신**[49]을 신고 수양산으로 들어갔다. 그리고 다시는 산에서 나오지 않았다. 주나라 땅에서 난 모든 곡식을 마다하며 **풀뿌리와 나무껍질**[50]로 **겨우겨우 삶을 이어가다가**[51]굶어 죽었다. 혼란한 시대에 **눈 속의 푸른 소나무**[52]처럼 **홀로 푸르고 또 푸른**[53]충절과 지조를 지킨 의인이었다.

정답: 44.일편단심 45.삼강오륜 46.불원천리(하고) 47.대의명분(으로) 48.폐포파립 49.죽장망혜 50.초근목피 51.근근득생(하다) 52.설중송백 53.독야청청(의)

2-4. 주 문공(주공 단)

주공 단은 문공으로도 불리며 문왕의 아들이자 무왕의 동생이다. 무왕이 상나라를 무너뜨리고 천하의 주인이 된지 얼마 안 되어 사망하였다. 문공은 무왕의 어린 아들(성왕)이 즉위하자 **어린 왕을 도와 국정을 돌보는 정치**[54]를 하였다. 이에 불만을 품은 형제들이 반란을 일으켰으나 바로 진압하였다. 7년 뒤 **미생의 믿음처럼 신의를 지켜**[55]성인이 된 성왕에게 정권을 돌려주었다. 이로 인하여 왕족으로서 올바른 섭정을 한 인물로 후세에 이름을 날렸다.

문공보다 500년 후에 태어난 공자는 그를 **공정하고 매우 정의로운**[56]성인으로 평가하였다. 특히 우리나라 역사에서 조선시대 때 어린 조카인 단종을 죽이고 왕위에 오른 수양대군(세조)과 비교되는 인물이다. 그의 **사사로운 욕심을 버리고 공적인 이익을 받드는**[57]태도는 후세에 큰 귀감이 되었다.

정답: 54.수렴청정 55.미생지신(으로) 56.공명정대(한) 57.멸사봉공(의)

2-5. 서주(西周)와 동주(東周)의 구분

주나라 12대 유왕이 포사라는 미인에게 빠져 정비인 신후(신나라 제후)의 딸을 폐하고 포사를 정비로 삼았다. 포사가 낳은 아들 백복을 태자로 만들기 위하여 폐비의 아들인 태자 의구를 죽이려고 했다. **눈썹이 타들어 가는 위기**[58]의 상황에서 의구는 신후에게 도망쳐 도움을 청했다. 신후는 유왕을 괘씸하게 여겼지만 아직 **군사 수가 적어 적수가 되지 못했다.**[59] 그리하여 오랑캐 나라 견융과 결탁하여 주의 수도 호경을 침입하였다. 견융의 우두머리는 유왕을 죽이고 포사를 데려가 자기 여자로 삼았다. 신후는 유왕의 시체를 거두어 장사지내고 의구를 왕으로 세웠다. 이이가 제13대 평왕이다.

그러나 견융과 결탁한 것은 **오와 월이 한 배를 탄 것(원수라도 목적이 같아 협력하는 것)**이었지만[60] 결국 **자기 줄로 스스로를 묶은 꼴**[61]이 되었다. 견융은 수시로 호경을 침략하여 괴롭혔다. 견디다 못한 평왕은 기원전 770년 호경에서 동쪽의 낙양으로 천도했다. 이때를 기점으로 이전을 서주, 이후를 동주라 한다.

정답: 58.초미지급 59.중과부적(이었다) 60.오월동주(였지만) 61.자승자박

2-6. 동주와 춘추시대

춘추시대는 주나라가 도읍을 낙양으로 옮겨 동주시대가 열린 기원전 770년에서 기원전 403년까지를 말한다. 주나라가 도읍을 옮기면서 중앙의 힘은 약화되고 지방의 제후들이 힘이 강해져 각기 패권을 다투었다. 마치 **영웅의 무리가 지역을 차지하고 겨루는**[62] 양상이었다. **천 가지 모습과 만 가지 형상**[63]으로 진행된 이 패권 다툼의 시대를 춘추시대라고 한다. 춘추라는 이름은 공자가 노나라의 역사를 정리하여 지은 「춘추(春秋)」에서 유래했다.

주나라 초기에 1000여 개에 이르렀던 제후국은 **약한 나라가 강한 나라의 먹이가 되는**[64] 과정을 통해 춘추시대에는 150개 내외로 줄어들었다. 그중 영향력이 큰 나라로 제, 노, 위, 정, 송, 채, 진(陳), 진(晉), 진(秦), 초, 오, 월 등이 있었다. 이들 제후국들 간에는 **용과 범이 싸우듯**[65] 힘겨루기가 다반사로 일어났다. 주 왕조의 권위는 **급하게 변하여 곧게 떨어지듯**[66] 약화되었다. 그 대신 '패자의 회맹'이라는 새로운 질서가 등장했다. 이는 가장 강력한 힘을 지닌 나라(패자)가 다른 제후국들을 모아 맹약(맹세와 약속)을 맺는 것이다. 패자는 회맹을 통해 **한껏 뽐내며 저자거리를 지나듯**[67] 자신의 힘을 과시하며 주 왕실을 중심으로 하는 새로운 질서를 확립했다.

정답: 62.군웅할거 63.천태만상 64.약육강식(의) 65.용호상박(의) 66.급전직하(로) 67.초요과시(하듯)

2-7. 춘추오패

춘추시대 제후 간 세력의 중심이 크게 바뀐 회맹은 5번 있었다. 이 회맹을 주도한 맹주를 춘추오패라고 한다. 즉 제의 환공, 진(晉)의 문공, 초의 장왕, 오왕 합려(또는 부차), 월왕 구천이다. 제의 환공은 '규구의 회(기원전 651년)', 진의 문공은 '천토의 회(기원전 632년)'을 통해 패자가 되었다. 특히 제의 환공은 **관중과 포숙아의 사귐**[68]으로 이름난 두 인물의 도움으로 가장 먼저 패권을 거머쥐었다. 남방의 초는 기원전 597년 중원에 진출하여 진을 격파하고 패자가 되었다. 그러나 초의 장왕은 이때 **자신의 힘을 과대평가하는 헛된 생각**[69]으로 주 왕실을 무시하고 스스로 왕이라 칭하며 천하의 주인이 되고자 하였다. 비록 뜻을 이루지는 못했지만 이 같은 장왕의 **오만하고 방자한**[70] 행동은 주 왕실의 힘과 권위를 더욱 약화시켰다.

춘추시대 말기 초강대국으로 **개와 원숭이 같은 원수 사이**[71]였던 진과 초 두 나라가 함께 세력이 급격하게 약화되는 사건이 발생하였다. 초의 장왕에게 패해 패권을 넘겨주었던 진나라

가 **먼 나라와 손을 잡고 가까운 나라를 치는**[72] 전략을 세웠다. 초나라 뒤에 있는 오나라를 설득하여 초를 공격하게 한 것이다. 이후 수년 간 이어진 오와 초의 전쟁으로 패권 구도가 바뀌었다. 진나라의 도움을 받은 오는 초의 도읍을 함락시킬 정도로 강해졌다. 초는 매우 **궁한 상태에서 생각한 방책**[73]으로 남쪽에 있는 월과 동맹을 맺고 오를 공략하게 했다. 이를 통해 남방의 오와 월 두 나라가 갑자기 강대해졌

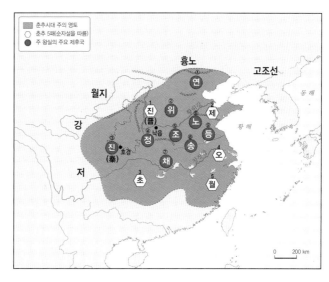

다. 그리고 주거니 받거니 잇달아 중원의 패자가 되었다. 이 과정에서 오왕 합려와 월왕 구천, 오왕 부차 사이에 서로 복수를 주고받는 혈전이 이어졌다. 그들은 **일곱 번 넘어져도 여덟 번째 일어난다는**[74]정신과 **백 번 꺾여도 굴하지 않는**[75]마음으로 사투를 벌였다. 복수의 성공을 위해서는 **섶나무(장작더미) 위에서 자고 쓸개를 맛보는**[76]고통도 마다하지 않았다. 이 싸움의 마지막 승자는 월왕 구천이었다.

정답: 68.관포지교 69.과대망상 70.오만방자(한) 71.견원지간 72.원교근공
73.궁여지책 74.칠전팔기(의) 75.백절불굴(의) 76.와신상담(의)

2-8. 공자

예수와 석가모니, 소크라테스와 함께 세계 4대 성인으로 추앙받는 공자는 기원전 551년 노나라에서 태어났다. 예(행사 예식)와 음악, 활쏘기, 마차술, 서예, 수학 등 육예(六藝)에 능통하고 고전에 밝아 30대에 이미 훌륭한 스승으로 이름을 날렸다. 그의 사상에 대한 모든 기록은 그의 사후 제자들이 기록한 「논어」에 실려 있다.

공자 사상의 핵심은 인(仁)이다. 공자는 **자기 몸을 죽여서 인을 이루는 것**[77]과 **나를 이기고 예로 돌아가는 것**[78]을 학문하는 선비의 이상으로 삼았다. 그는 이와 같은 사상으로 54세에 재상이 되어 노나라를 반석 위에 올려놓았다. 그러나 노나라의 융성을 시기하던 제나라 왕의 이간질로 재상 직위를 박탈당했다. 이때부터 그의 유랑생활이 시작되었다. 여러 나라를 여행하며 자신의 뜻을 펼 곳을 찾았으나 어느 나라도 공자를 반기지 않았다. 당시 제후들은 예의를 숭상하고 백성들을 위하기보다 **부유한 나라와 강한 군대를 만드는 것**[79]에만 관심이 있었기 때문이다. 엄격한 도덕과 예를 설파하는 공자의 말은 **존경은 하지만 그를 멀리 하듯이**[80]귀담아 듣지 않았다. 오히려 시간이 지날수록 가는 나라마다 **문 앞에서 박정하게 대하는**[81] 경우가 많아졌다. 패권에만 눈이 먼 제후들이 **태산(위인)을 알아보지 못한**[82]탓이었다. 결국 공자는 자신의 뜻이 현재에는 이루어지지 않을 것임을 알았다. 67세에 유랑생활을 접고 고향으로 돌아왔

다. 그리고 73세에 죽기까지 제자들을 교육하는데 힘썼다.

공자의 제자는 3천 명에 이르고 그 중 이름이 알려진 사람만 70여명이다. 그는 이들에게 많은 가르침을 남겼다. 자장에게는 **참는 가운데 평화가 있다고**[83]하였으며, 자공에게는 **지나침은 오히려 부족함만 못하다고**[84]하였다. 공자가 가장 사랑한 제자는 안회였다. 그는 **대나무밥그릇에 밥을 먹고 표주박으로 물을 마시는**[85] 생활 속에서 **가난을 편안해 하고 도를 즐기는**[86] 진정한 선비였다. 공자 자신은 책읽기를 좋아하여 주역에 관한 책은 **책을 맨 가죽 끈이 세 번이나 끊어질**[87] 정도로 읽었다. 그가 썼거나 읽은 책은 **수레에 실어 끌면 소가 땀을 흘리고 방안에 쌓으면 들보에 닿을 정도**[88]였다.

☞정답: 77.살신성인 78.극기복례 79.부국강병 80.경이원지(하듯이) 81.문전박대(하는) 82.불식태산 83.인중유화(라고) 84.과유불급(이라고) 85.단사표음(하는) 86.안빈낙도(하는) 87.위편삼절(할) 88.한우충동(이)

2-9. 노자

노자는 춘추전국시대 제자백가 중 도가를 창시한 인물이다. 도가는 공자와 맹자로 대표되는 유가와 함께 중국 문명에 큰 영향을 미쳤다. 그러나 도교의 경전인 「도덕경」의 저자로 알려져 있지만 언제 태어나고 죽었는지 등 생애에 대해서는 잘 알려지지 않았다. 추측하자면 그의 삶은 자연 속에 묻혀 **샘과 바위(자연)에 대한 사랑이 지나쳐 고질병을 앓는**[89] 삶을 살았을 것이다. 또한 **가난하면서도 원망하지 않고**[90] 오히려 **가난을 편안해 하면서 도를 즐기는**[재] 생활이었을 것이다. 사마천의 사기에는 늙은 노자와 젊은 공자의 유명한 만남에 대한 기록이 있다. 이 또한 근거는 불분명하다. 공자와의 만남에서 노자는 공자의 오만과 야망을 **단 칼로 곧장 찌르듯이**[91] 비판했다. 공자는 그로부터 겸손함을 배웠다고 한다.

노자 사상의 핵심은 **사람의 힘을 더하지 않은 그대로의 자연**[도]이며 도(道)라는 한 글자로 대표된다. 무위(無爲)란 '자연의 이치에 따라 행위하고 사람의 생각이나 힘을 더하지 않은 것'이라는 뜻이다. 반의어는 인위(人爲)이다. 자연은 산과 강과 바다와 들이라는 뜻의 자연이 아니다. 그것은 인간의 생각이나 말, 행위 등 삶의 바람직한 모습이 인위적이지 않은 것, 즉 무위의 자연스러움을 의미하는 것이다. 이처럼 노자는 무위의 자연스러움 속에서 인간 본래의 모습을 찾으려고 하였다. 유교의 인간 중심 사고와 인간관계를 위한 도덕도 **작은 쇠붙이로 사람을 죽이듯**[92] 매섭게 비판한다. 인간의 올바른 삶을 위해 만든 인의와 예절도 무익할 뿐더러 오히려 유해하다고 주장한다. 정치 또한 유교의 예치(예로 다스리는 정치)를 인위의 정치라고 비판하면서 무위로 다스리는 무위정치야말로 이상적이라고 하였다.

정답: 89.천석고황(의) 90.빈이무원(하고) 재)안빈낙도(하는) 91.단도직입(적으로) 도)무위자연 92.촌철살인(으로)

2-10. 손무와 손자병법

손무는 손자병법의 저자로 알려진 인물이다. 춘추시대 말기 조국 제나라를 떠나 남쪽의 오나라로 피신했다. 그리고 수도 근처의 산간에 칩거하여 **자신의 존재를 잊고 도취된 듯이**[93] 손자병법 13편 저술에 몰두하였다. 이후 오나라 재상 오자서의 추천으로 오왕 합려의 책사가 되었다. 그리고 **한 명을 벌주어 백 사람을 경계하는**[94] 방법으로 군대를 훈련시켜 강군으로 만들었다. 기원전 506년 합려는 손무와 오자서를 대장으로 초나라 원정길에 나섰다. 손무의 전략에 따라 오군은 **승리의 여세를 몰아 계속 나아가**[95] 수도를 함락하고 초나라의 운명은 **바람 앞의 등불**[96] 신세였다. 그러나 **입술을 잃으면 이가 시린 것**[97]과 같은 관계였던 진나라의 구원으로 겨우 명맥은 유지했다. 이후 오나라는 철군하였으나 이 전투로 인하여 오왕 합려는 중원의 패자가 되었다.

손자병법은 춘추 말기의 군사학 이론과 전쟁 경험 등을 모두 묶은 책이다. 그 내용과 수준이 **마치 꿰맨 자국이 없는 천상의 옷처럼 완벽하여**[98] 병법서 중 **후세에 길이길이 전할 양서**[99]로 손꼽힌다. '적을 알고 나를 알면 100번 싸워도 위태롭지 않다(지피지기 백전불태)'는 문구는 인간의 삶 모두에 적용되는 명언이다. 책을 완성한 저자가 손무의 손자인 전국시대 손빈이라는 설도 있다. 그리하여 손자병법의 저자로서 손자라는 이름은 손무와 손빈을 모두 일컫기도 한다.

정답: 93.무아도취(하여) 94.일벌백계(의) 95.승승장구(하여) 96.풍전등화
97.순망치한 98.천의무봉(으로) 99.불간지서

3. 동주(東周)와 전국시대

춘추시대와 전국시대를 구분하는 경계는 춘추시대에 가장 강했던 진(晉)나라가 조·위·한 3국으로 분열하고, 동주 왕실이 이를 정식으로 승인한 기원전 403년이다. 그리고 전국시대의 종말은 진(秦)나라 진시황이 천하를 통일한 기원전 221년이다. 즉 춘추시대는 주나라가 도읍을 낙양으로 옮긴 기원전 770년부터 403년까지이며 전국시대는 기원전 403년부터 221년까지이다.

3-1. 봉건제의 붕괴

전국시대는 봉건제가 무너지고 각 나라(제후국)별로 중앙집권 형태의 군현제가 일부 도입되었다. 제후국인 진(晉)나라의 경(卿), 대부(大夫)들인 조·위·한이 반란을 일으켜 주 왕실이 승인한 제후가 되었다는 것은 단순한 하극상이 아니었다. **작은 틈이 배를 가라앉히듯**[100]경, 대부들이 제후를 칭하면서 기존의 봉건 질서는 급격하게 무너졌다. 강력한 제후국들은 마치 **곁에 사람이 없는 것과 같이**[101]주 왕실을 대놓고 무시하고 왕을 칭했다. 제후들이 영지를 받는 대신 주 왕실에 충성해야 한다는 봉건제는 **모래위에 지은 집**[102]이 되었다. 얼마 후 태공망으로부터 시작되었던 제나라도 기존의 강(姜)씨를 대신하여 전(田씨)가 지배하였다. 이 시기부터 각 제후들 간에 치열한 세력 다툼이 벌어졌다. **환경에 적응하는 자만이 살아남는**[103] 원리에 따라 춘추시대 말기 140여 개국이었던 나라들이 대부분 7개 강대국 중 어느 한 나라에 편입되었다. 이들 일곱 나라 모두 주 왕실을 무시하고 왕을 칭했다. 주나라는 형식적으로 존재할 뿐 아무 역할도 못하고 봉건제는 명목상으로만 유지되었다.

전국시대에는 경, 대부들이 임명했던 사 계급 출신의 관료가 상(재상)이라는 칭호를 받고 제후국의 정치를 장악하였다. 그들의 임무는 군주를 보좌하여 정치 전반을 관장하는 것이며, 이

전의 경, 대부와 달리 세습이 허용되지 않았다. 또한 군사제도도 바뀌어 장군이라는 직위가 신설되었다. 이전에는 대부가 세습적으로 지휘권을 가지고 있었으나 장군들은 세습되지 않고 전쟁이 일어날 때마다 군주에 의해 임명되었다. 마치 **뽕나무 밭이 바다로 변한 것**[104] 같은 이 변화로 신하들은 군주로부터 인정받기 위해 **뼈를 빻고 몸을 부수듯 온 힘을 다해**[105] 더욱 충성을 해야만 했다.

정답: 100.소극침주(이듯) 101.방약무인(으로) 102.사상누각 103.적자생존(의) 104.상전벽해 105.분골쇄신(하여)

3-2. 철기의 보급과 경제의 발달

춘추전국시대에는 중국 역사를 통틀어 사회 모든 면에서 **눈을 비비고 상대를 자세히 볼**[재]만큼 큰 변화와 발전이 있었다. 그 원동력은 바로 급격한 산업생산의 증가였다. 생산의 증가 원인은 춘추시대에 시작된 소를 이용한 농경과 전국시대에 보급된 철제 농기구의 사용이다. 이전의 농기구는 대부분 석제(돌)나 목제(나무)로 황무지나 산림을 개간하는 데에는 **감히 욕심을 낼 수 없을 정도로**[106] 한계가 있었다. 철제 농기구를 사용하면서 농지가 이전보다 **하늘과 땅의 차이**[107]로 늘어났다. 토지의 생산성도 그만큼 증대되었다. 그로 인하여 관개(물대기)용 수로나 제방을 쌓는 토목공사도 활발하게 일어나 농업 분야에서 획기적인 발전을 이루었다.

철기의 보급에 따라 눈부신 발전을 이룩한 농업은 상공업의 발달도 촉진시켰다. 국경을 초월한 대상(큰 상인)들의 교류가 활발해 졌다. 여러 나라에 판로를 가진 대상들은 사치품 등을 판매하여 큰돈을 벌었다. 서민의 필수품인 철기나 소금 등을 제조하는 수공업자들이나 이를 판매하는 대상들의 재산이 왕실보다 많은 경우도 있었다. 이들은 많은 부를 쌓았음에도 **농 땅을 얻으면 촉 땅마저 갖기를 바라는 듯**[108]처럼 국경을 넘어갈 때 통관세가 없는 통일국가를 원했다. 진시황이 전국시대를 통일되는 과정에서 이들이 큰 역할을 했다. 대표적인 인물이 진시황 초기의 재상 여불위이다.

정답: 재)괄목상대(할) 106.언감생심(으로) 107.천양지차 108.득롱망촉

3-3. 전국칠웅

춘추시대 말기부터 주 왕실은 권위가 급속하게 실추되어 각 제후국들의 구심점 역할을 거의 상실하였다. 진(晉)나라에서 조·위·한 3개국이 독립하는 과정에서 시작되는 전국시대에는 그 양상이 더욱 심해졌다. 각국 간에 벌어진 전쟁으로 약소국은 강대국에게 흡수되었다. 강국이 된 제후들은 **주인과 손님의 처지가 바뀐 듯**[109]대놓고 주 왕실을 무시하고 왕을 칭하였다. 이 중에서 가장 강했던 일곱 나라 즉, 진(秦), 초, 연, 제, 조, 위, 한(韓)을 일컬어 전국칠웅이라고 한다. 물론 아직 칠웅에 흡수되지 않은 작은 나라들이 있었지만 **큰 바다에 던져진 좁쌀 한 알**[110] 정도로 춘추시대만큼 많지는 않았다.

전국칠웅 중 먼저 세력을 떨친 나라는 위나라였다. 제자백가 중 법가의 영향을 받은 변법을 가장 먼저 시행하여 성공시켰기 때문이다. 게다가 **비단 위에 꽃을 더하듯**[111] 중원에 위치해 있다는 지리적인 이점도 컸다. 위의 세력이 약해지고 서쪽 진나라와 동쪽 제나라가 **누가 형이고**

아우인지 모를 정도[112]의 패권을 다투었다. 제는 평야와 해안가가 있어 물산이 풍부하고, 진은 산악지역에 위치하여 수비가 유리한데다 변법을 성공시켰기 때문이다. 특히 전국시대에는 당시 유행하던 법가의 변법을 시행하고 성공시키는 것이 중요했다. **배에 새기어 칼을 구하는 것**[113]처럼 옛것을 고집하거나 **나무 그루터기에 토끼가 부딪혀 죽기를 기다리는**[114] 나라들은

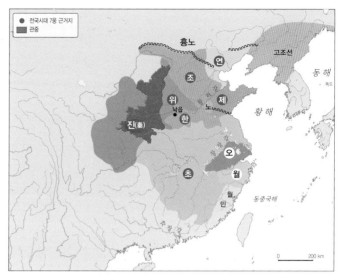

미래가 없었다. 한편 남방의 초나라는 가장 영토가 넓고 인구가 많았지만 **춘추시대 제와 초 사이에 끼인 약소국 등나라**[115] 신세여서 진과 제의 견제로 세력을 떨치기가 어려웠다.

정답: 109.주객전도(된듯) 110.창해일속 111.금상첨화(로) 112.난형난제
113.각주구검 114.수주대토(하는) 115.간어제초

3-4. 합종과 연횡

전국칠웅이 자웅을 겨루면서 각국은 자국의 안위를 지키기 위해 항상 노심초사했다. 이해관계에 따라 **떠나고 합쳐지고 다시 흩어지고 모이기**[116]를 반복하면서 **목적달성을 위해 수단과 방법을 가리지 않는 온갖 술수**[117]가 난무하였다. 각국의 가장 큰 관심사는 초강대국이었던 진(秦)과 6국의 관계 설정이었다. 이중 가장 유명한 것이 **6국이 종(세로)으로 합하고 횡(가로)으로 연대하는**[118] 전략이다.

합종은 6국이 연합하여 동맹을 맺고 진나라에 맞서는 외교 전략이다. 당시 진나라는 상앙의 변법 성공으로 전국칠웅 중 가장 강했다. 그리고 **범이 눈을 부릅뜨고 먹잇감을 노려보듯**[119] 이웃나라를 칠 기회만 노렸다. 6국은 언제 침략을 당할지 몰라 **두려워 벌벌 떨면서**[120] 땅을 내주면서까지 진과 친하게 지내려 했다. 소진은 이러한 정세를 정확히 꿰뚫어 보았다. **푸른 산에 흐르는 물**[121] 같은 말솜씨로 6국이 합종하여 진에 대항하면 땅을 주지 않아도 된다고 제후들을 설득하였다. 연과 조, 한, 위, 제, 초왕이 차례로 동의하여 소진이 6국의 정승을 겸하는 합종이 이루어졌다. 이후 15년 동안 진은 함곡관 밖으로 나오지 못하고 중원에 평화가 왔다.

이후 진은 6국의 동맹을 깨기 위하여 **괴로운 마음으로 참담해**[122]하며 기회를 엿보았다. 마침내 기회가 왔다. 합종 동맹 15년이 되는 해 진나라는 **오랑캐로서 오랑캐를 제압하는**[123] 전략으로 제와 위를 속여 조나라를 치게 했다. 이로서 합종 동맹은 깨어지고 중원은 다시 어지러워졌다. 이 때 장의가 진의 혜문왕에게 진과 6국이 각각 동맹을 맺는 연횡책을 주장하여 받아들여졌다. 이후 6국을 차례로 돌며 **아침에는 셋, 저녁에는 네 개**[124]의 꾀로, 때로는 **마음을 비우고 너그**

럽게 생각하는[125] 대화로 제후들을 설득하여 마침내 연횡책은 성사되었다. 이로서 진을 중심으로 한 중원의 평화 체제가 만들어졌다. 그러나 6국이 연횡책을 받아들이면서 멸망의 길을 걷게 될 줄은 당시 아무도 알지 못했다.

정답: 116.이합집산 117.권모술수 118.합종연횡 119.호시탐탐 120.전전긍긍(하면서)
121.청산유수 122.고심참담 123.이이제이 124.조삼모사 125.허심탄회(한)

3-5. 제자백가

제자백가(諸子百家)의 제자는 여러 학자라는 뜻이며, 백가는 수많은 학파라는 뜻이다. 춘추전국시대는 중국 역사상 정치, 경제, 사회적으로 가장 많은 변화가 이루어진 시기이다. 주나라 초기 정착되었던 봉건제 질서가 무너지고 제후국들 사이의 대립과 항쟁이 심해졌다. 사람들은 **반딧불과 눈빛에 책을 비추며 공부하고**[126] **낮에는 밭을 갈고 밤에는 책을 읽으며,**[126] 새로운 변화에 적합한 이론 연구에 몰두했다. 그 결과 국가를 통치하기 위한 다양한 사상이 등장했다. 사상가들은 자신들과 생각이 같은 사람끼리 학파를 이루어 **병아리와 어미닭이 안과 밖에서 쪼아 껍질을 깨고 병아리가 나오듯**[128] 학문의 완성을 위해 진력했다. 때로는 그것이 **몸을 세워 (출세하여) 이름을 날리기 위한**[129] 수단으로도 작용했다.

춘추시대 노자와 공자에 의해 시작된 도가와 유가는 전국시대에 이르러 장자와 맹자에 의하여 한층 발전했다. 전국시대 초기 묵자의 묵가(墨家)는 유교의 인과 예를 비판하면서 겸애(똑같은 사랑), 상현(실력있는 인재 등용), 절용(절약)을 주장하였다. 한비자의 법가(法)는 법에 의한 국가의 통치를 주장하며 부국강병의 기초를 제시하였다. 그 외에도 병가(兵), 음양가(陰陽), 명가(名) 등 14개의 학파가 있었다. 이들은 각 학파들 간의 **옳고 그름**[130]을 가리듯이 **각기 자기의 주장들을 펴고 논쟁하면서**[131] 제후국들이 나라의 기틀을 다지고 학문을 발전시키는데 이바지하였다.

정답: 126.형설지공(과) 127.주경야독(하며) 128.줄탁동시(하며) 129.입신양명(의)
130.시시비비 131.백가쟁명(으로)

3-6. 맹자와 순자

맹자는 공자의 유가 사상을 더욱 발전시킨 인물로 기원전 372년 노나라에서 태어났다. 세 살 때 아버지를 여의고 홀어머니 밑에서 자랐다. 맹자가 학자로서 대성하고 아성(성인에 버금감)이 된 데에는 홀어머니의 힘이 컸다. 그녀는 맹자가 어린 시절 **자식 교육을 위하여 세 번이나 이사**[132]를 하였다. 왜냐하면 **귤나무가 기후가 안 맞으면 탱자나무가 되고,**[133] 같은 성격이라도 풍속에 따라 달라진다는 것**[134]을 잘 알았기 때문이다. 또한 어느 때 맹자가 공부에 지쳐 중도에 포기하고 집에 오자 **짜고 있던 베를 단칼에 자르는 교훈**[135]으로 다시 공부시켰다. 이후 맹자는 **고통을 새기고(고생을 무릅쓰고) 부지런히 노력**[136]하여 학문이 날로 달로 발전[137]하였다.

맹자의 사상은 그의 사후 제자들이 기록한 「맹자」 7권에 남아 있다. 그 핵심은 인간의 본성은 선하다는 성선설이다. 인간은 본래 선하기에 유교의 근본사상인 인의예지(仁義禮智)를 실천할 수 있다는 것이다. 반면에 맹자와 같은 학파였던 순자는 인간의 본성은 악하다는 성악설을 주장하였다.

공자처럼 맹자의 사상도 부국강병을 추구했던 제후들에게 받아들여지지 않았다. 그의 왕도정치 사상을 마치 **닭울음소리와 개의 흉내를 내는 재주**[138]처럼 하찮게 여겼다. 맹자는 이에 좌절하여 59세에 고향으로 돌아와 제자들을 키우고 책쓰기에 전념하였다. 그 과정에서 **밭가는 일은 당연히 노비에게 묻는 것**[139]이라 **아랫사람에게 묻는 것이 부끄럽지 않았기에**[140] 제자들과 **가르치고 배우며 서로 성장**[141]하면서 유가 이론은 더욱 발전했다.

정답: 132.삼천지교(맹모삼천지교) 133.귤화위지(와) 134.동성이속 135.단기지계(맹모단기) 136.각고면려
137.일취월장 138.계명구도 139.경당문노 140.불치하문(이기에) 141.교학상장

3-7. 사서오경

유교의 경전인 논어, 맹자, 중용, 대학의 사서와 시경, 서경, 역경의 삼경을 합쳐 사서삼경이라 한다. 여기에 춘추와 예기를 삼경에 합하여 사서오경이라고도 한다. 이 아홉 권의 책들은 모두 대표적인 **후세에 길이 전해지는 불후의 양서**[재]이다. 옛 선비들은 이 책들로 **도끼를 갈아 바늘을 만들고,**[142] **물방울이 계속 떨어져 바위를 뚫듯이**[143] 맹렬하게 공부하여 **몸을 세워 이름을 날리기 위한**[재]수단으로 삼았다.

논어와 맹자는 공자와 맹자의 사후 제자들이 그들의 말씀을 기록한 것이다. 중용은 사람이 세상을 살아가면서 지녀야 할 자세와 태도를 제시하며, 대학은 자기수양을 완성하고 나라를 다스리는 과정을 다루었다. 시경과 서경은 주나라 백성들의 생활과 정치의 모습을 담고 있으며 역경은 점괘와 역술에 관한 책이다. 춘추는 노나라와 주나라의 역사서로 **새로운 것을 알기 위해서는 옛것을 알아야**[144] 한다는 공자의 주장으로 편찬되었다. 예기는 각종 행사의 예법에 관한 책으로 유교에서는 **금과 옥처럼 귀중한 규범**[145]으로 여겨진다.

정답: 재)불간지서 142.마부위침(하고) 143.수적천석(하듯이) 재)입신양명(의) 144.온고지신(해야) 145.금과옥조

3-8. 장자

본명이 장주인 장자는 춘추시대 노자로부터 비롯된 도가사상을 완성한 인물이다. 그는 **학문이 넓고 아는 것이 많은**[146] 철학자이자 탁월한 문장가로 이름이 났다. 그럼에도 **큰 바다를 보고 자신의 식견이 좁음을 한탄**[147]하면서 겸손해 했다. 장자의 문장은 대부분 우화 형식으로 되어 있고 내용은 사실적이지 않지만 매우 깊은 의미가 담겨 있다. 예를 들면 어느 날 장자가 스스로 **나비가 되어 노는 꿈**[도]을 꾸었는데, 꿈이 깬 후 꿈속에서 **자신이 나비인지 나비가 자신인지 알 수가 없었다는(사물과 내가 하나가 되는)**[도]예화를 들 수 있다.

장자 사상의 핵심은 무(無)이다. 만물은 무에서 생겨나고 다시 무로 돌아간다. 사람이 산다는 것도 마치 **흰말이 문틈으로 지나가는 것**[148]처럼 순간일 뿐이다. 그러므로 무의 도를 깨달으면 삶을 기뻐하거나 죽음을 슬퍼하지 않는다. **만나면 헤어짐이 예정되어 있으니**[149] 이별을 아쉬워하지 않고, 성공을 자랑하거나 실패도 두려워하지 않는다. 무언가에 욕심을 내어 억지로

일을 꾸미지도 않는다는 것이다.

도덕적인 면에서 장자는 유가의 인위적인 도덕에 반대하고 사람의 힘을 아무것도 더하지 않은 무위의 자연스러운 행위를 강조한다. 그리하여 본성에 따라 사는 것을 최고의 가치로 여긴다. 그 안에 **이상향인 무릉의 복숭아 동산**[150]이 있다는 것이다. 장자는 또한 생명을 중요시하여 이 세상에서 생명을 지키고 몸을 보존하는 일보다 더 위대한 도덕은 없다고 주장한다. 이러한 장자의 사상에 대하여 지나치게 허무적이어서 **아무 소용이 없는 헛된 이론**[151]이라는 비판이 있다.

정답: 146.박학다식(한) 147.망양지탄 도)호접지몽 도)물아일체(의) 148.백구과극
149.회자정리(이니) 150.무릉도원 151.공리공론

3-9. 법가(法家)와 한비자

법가는 춘추전국시대 제자백가 중 공자의 유가, 노자의 도가 그리고 묵자의 묵가와 더불어 4대 학파로 일컬어진다. 대표적인 인물은 변법을 시행하여 진나라를 부강하게 한 상앙과 한비자가 있다. 특히 상앙은 **나무를 옮기는 사람에게 상을 준다는 믿음**[152]으로 국법에 대한 신뢰를 쌓았다. 나라를 다스리는 기본 이념으로 유가가 인의를 주장한 반면 법가는 엄격한 법치를 주장하였다. 경제면에서는 농업을 중시하여 모든 토지를 국가에 귀속시키는 토지국유제를 지지하였다. 또한 부자에게 세금을 물려 가난한 사람에게 분배하는 경제적 평등, 수공업을 국가가 주도하는 계획 경제를 주장하였다. 놀랍게도 법가의 주장은 오늘날 사회주의와 맥락이 같다.

한비자는 성악설을 주장한 순자의 제자였다. 그러나 본성이 악한 인간은 인의가 아닌 법으로 다스려야 한다는 주장을 펴면서 법가로 옮겼다. 그는 유가의 방법은 **탁자 위에서 하는 공허한 이론**[153]으로 천하를 다스릴 수 없다고 보았다. **계란을 쌓아 놓은 것과 같은 위태로운 상황**[154]에서 군주가 인의로만 다스린다면 마치 고삐나 채찍도 없이 사나운 말을 모는 것처럼 위험하고 무기력하다는 것이다. 그러므로 군주는 공평무사하고 **공이 있는 자에게는 상을 주고 죄를 지으면 반드시 벌을 주는**[155] 냉혹한 법으로 통치해야 한다고 주장한다. 이와 같은 한비자의 사상은 진시황이 천하를 통일하는데 가장 큰 역할을 하였다. 그러나 한나라 무제 때에 이르러 유가를 국가의 통치 이념으로 채택한 이후 세력을 잃었다. 적어도 전국시대에서 만큼은 **쪽색에서 나온 청색이 쪽보다 더 푸른 것**[156]처럼 한비자의 이론은 맹자나 순자를 능가하였다.

정답: 152.이목지신(사목지신) 153.탁상공론 154.누란지세 155.신상필벌(의) 156.청출어람

4. 진(秦)나라와 진시황

흔히 진시황(秦始皇)이라고 일컫는 시황제 영정은 중국 역사상 처음으로 천하를 통일하고 강력한 통일국가를 이룩한 인물이다. 이보다 800여년 앞서 주나라가 은나라를 무너뜨리고 천하를 제패하였지만 강력한 통일국가의 틀을 갖추지 못했다. 반면에 진나라는 황제라는 호칭을 최초로 사용하고 군현제 등 중앙집권의 조건을 갖추어 고대국가의 기틀을 마련한 최초의 통일제국이었다.

4-1. 시황제의 출생에서 진왕(秦王)이 되기까지

시황제는 전국칠웅 중 진나라의 31대 왕이었다. 기원전 259년 조나라의 수도 한단에서 태어나 13세 때인 기원전 246년 왕이 되었다. 재위 25년 동안 6국을 차례로 멸망시키고 마침내 기원전 221년 천하를 통일하였다. 천하통일 후 스스로를 최초의 황제라는 뜻의 시황제라 칭하였다.

시황제가 조나라에서 태어난 것은 아버지 자초가 진에서 조에 보낸 인질이었기 때문이다. 전국시대 각국은 이해관계에 따라 **아침에 변하고 저녁에 또 고치듯**[157] 동맹과 전쟁을 수시로 왔다 갔다 했다. 전쟁이 끝나고 화친을 할 경우 서로 다시는 침략하지 않겠다는 징표로 왕의 아들 중에서 인질을 보냈다. 적지에서 인질은 **의지할 곳 없는 외로운 홀몸 신세로**[158] 늘 앉아 있어도 **자리가 편안하지 않은**[159] 처지였다. 다시 싸움이 벌어지면 죽음을 당하거나 도망쳐 나와야 했다. 자초는 한단에 머무르는 동안 **도와주는 이 없는 외로운**[160] 처지에서 하남성 출신의 거상 여불위의 도움을 많이 받았다. 여불위는 자신의 애첩인 조희를 자초와 결혼시켰는데 그 둘 사이에서 아들이 태어났다. 이가 곧 시황제 정으로 기원전 259년의 일이다.

시황제가 조나라에서 살던 기원전 251년 자초의 아버지인 효문왕이 즉위하였다. **고통이 다하면 즐거움이 오듯이**[161] 자초는 여불위와 함께 진나라로 돌아와 태자가 되었다. **비단옷을 입고 고향에 돌아온**[162] 것이다. 다음 해 효문왕이 죽고 자초가 즉위하니 이가 장양왕이다. 그 또한 즉위 3년 후 사망하고 태자 정(시황제)이 13세의 어린 나이로 진나라의 제31대 국왕이 되었다. 기원전 246년의 일이다.

정답: 157.조변석개(하듯) 158.혈혈단신(으로) 159.좌불안석(의)
160.고립무원(의) 161.고진감래(로) 162.금의환향(한)

4-2. 여불위의 섭정과 실각

전국시대에는 농업과 수공업의 발달로 국민생활 수준이 향상되고 각국을 왕래하는 상인들이 많아졌다. 그들은 상업 활동을 통하여 막대한 부를 축적하였다. 그렇게 탄생한 거상들은 정치에도 관심이 컸다. 대표적인 인물이 여불위이다.

여불위가 조나라의 수도 한단에 왔다가 진나라에서 인질로 보낸 자초를 만났다. 사람과 세상을 보는 안목이 **닭 무리 속의 한 마리 학**[163]처럼 뛰어난 여불위는 자초야말로 투자 가치가 있는 훌륭한 상품이라고 판단하였다. 이후 자초를 진왕으로 만들기 위해 **어둠 속에서 물건을 더듬어 찾듯이**[164] 갖은 노력을 다했다. 목표는 여러 왕자들 중 자초의 왕위 계승 서열을 1위로 만드는 것이었다. **호랑이로 알고 쏘았더니 화살이 돌에 꽂힌 듯한**[165] 혼신의 노력은 마침내 결실을 맺었다. 상황은 여불위의 뜻대로 바뀌고 자초는 진의 30대 국왕(장양왕)으로 즉위하였다. 역시 그의 사람과 세상을 보는 안목은 **명성이 헛되이 퍼진 것이 아니었다.**[166] **죽어서 뼈만 남은 뒤에도 잊을 수 없는**[167] 은혜를 입은 장양왕은 여불위를 재상으로 임명하였다.

13살 어린 나이로 진왕이 된 정은 친정을 할 수 없었다. 따라서 아버지의 후견인이었던 여불위가 섭정을 했다. 섭정으로서 여불위는 **할 수 없는 일이 없는**[168] 막강한 권력을 행사했다. 능력 또한 탁월하여 훗날 천하통일의 기틀을 마련한 이사를 중용하는 등 업적도 많았다. 그러나 그의 섭정 말기 나라 사정은 매우 어려워졌다. 시황제 8년 그의 동생인 장안군이 반란을 일으켰고, 그 이듬해 장신의 제후 노애의 반란이 이어졌다. 특히 노애의 반란에는 어머니 조태후와 섭정 여불위가 연루되었다. 시황제는 반란을 진압하고 **강물이 한 순간에 천리를 흘러가듯이**[169] 재빠르게 숙청을 단행했다. 어머니 조태후는 옹땅에 1년간 유배시키고 노애와의 사이에서 태어난 그녀의 두 아들들은 참형하였다. 여불위 또한 **벼슬을 빼앗고**[170] 촉 땅으로 유배시켰다. 그리고 친정을 시작하였다. 진왕이 된지 9년 만인 기원전 237년의 일이다.

정답: 163.군계일학 164.암중모색(하며) 165.사석위호(의) 166.명불허전(이었다)
167.백골난망(의) 168.무소불위(의) 169.일사천리(로) 170.삭탈관직(하고)

4-3. 명재상 이사와 진의 천하통일

이사는 시황제가 천하를 통일할 때 **공이 가장 큰 신하**[재]이다. 그는 승상 여불위의 추천을 받아 벼슬길에 올랐다. 진나라가 천하를 통일할 기반을 마련하고, 통일 이후 대륙을 통치하는 기본정책이 대부분 **작은 일이나 큰일에 모두 능통**[171]한 그의 머리에서 나왔다. 이사는 본래 유가였던 순자의 제자였으나 법가에 심취했다. 그리하여 철저한 법에 의한 통치만이 백성을 제대로 다스릴 수 있다고 믿었다. 법가사상으로 무장한 그는 나라를 다스림에 **여러 가지 일(여덟 방향)에 모두 능숙한(아름다운) 사람**[172]이었다. 그가 시행한 정책으로 강력한 왕권이 확립되고 진은 전국칠웅 중 최강자가 되었다.

진의 천하 통일 과정은 시황제가 즉위하기 이전부터 시작되었다. 전국시대에 이르러 주 왕실의 권위는 **이름만 있고 실속이 없는**[173] 지경에 이르렀다. 일찍이 초와 위는 주 왕실을 무시하고 왕호를 칭하였다. 혜문왕 때에 이르러 진도 왕의 칭호를 사용하면서 주 왕실의 권위는 **아랫돌을 빼어 위에 올려놓은**[174] 듯 완전히 무너졌다. 결국 기원전 256년 시황제의 증조할아버지 소양왕의 군대가 동주를 정벌하여 주나라는 역사에서 완전히 사라졌다. 이제 전국칠웅은 모두가 왕을 칭하고 서로를 견제하면서 팽팽한 세력 다툼을 벌이는 시대로 진입했다.

기원전 231년부터 시황제는 통일 전쟁을 시작하였다. 그 해 9월 가장 세력이 약한 한나라를 공격하여 멸망시켰다. 기원전 229년 조나라 공격을 시작하여 4년간의 전쟁 끝에 멸망시켰다. 이후 **아침 해가 하늘로 떠오르는**[175] 기세로 연과 위, 초, 그리고 기원전 221년 마지막 남은 제나라까지 멸망시켜 천하를 통일하였다. 이때 시황제의 나이 40세였다.

정답: 재)일등공신 171.능소능대 172.팔방미인 173.유명무실(한) 174.하석상대(한) 175.욱일승천(의)

4-4. 황제 칭호와 군현제

천하를 통일한 시황제가 처음 한 일은 자신의 호칭을 정하는 일이었다. 시황제는 이미 전국 칠웅이 모두 왕을 칭했기에 계속 진왕으로 불리기를 원치 않았다. 마치 **용을 그릴 때 눈동자를 그려 넣어야 완성되는 것**[176] 처럼 천하통일을 완성하는 의미로써 새로운 칭호가 필요했다. 신하들은 **근심하는 마음으로 애태워 생각**[177]한 끝에 삼황오제 중 가장 많은 업적을 남긴 오제의 첫 번째 인물인 황제를 추천하였다. 이는 삼황오제에서 '황'과 '제'를 딴 의미이기도 했다. 그리하여 자신은 최초의 황제이니 시황제(始皇帝)라 칭하고, 자신의 뒤를 잇는 황제들은 2세, 3세 황제 등으로 부르도록 했다. 천세 만세까지 진 제국이 지속되기를 바랐던 것이다. 그러나 진제국은 2세 황제에 이르러 멸망하였다. 시황제의 원대한 야망은 **용의 머리로 시작하여 뱀의 꼬리**[178]로 끝난 셈이다.

진 제국은 통치체제로 봉건제가 아닌 군현제를 채택하였다. 전국을 36개 군으로 나누고 군 밑에는 현을 두었다. 각 군현의 관리들은 모두 중앙 정부에서 임명하였다. 이들은 봉건제 하의 제후와는 달리 세습이 허용되지 않았다. 중앙에는 오늘날 외무부, 법무부 등 행정부서와 같은 구경(九卿)을 두고 그 위에 승상(정치), 태위(군사), 어사대부(감찰)을 담당하는 삼공을 두었다. 그리하여 모든 정치와 군사 권력을 황제 한 사람이 장악하는 중앙 집권 체제가 완성되었다.

정답: 176.화룡점정 177.노심초사 178.용두사미

4-5. 진시황의 정치

시황제는 12만호에 달한 부호들을 **사리의 옳고 그름(굽었는지 곧은지)를 따져 묻지 않고**[179] 수도인 함양으로 강제 이주시켰다. 그들의 세력이 커지는 것을 감시 견제하면서 함양을 제일의 산업도시로 발전시키려는 의도였다. 실제로 그 정책은 **한 번 움직여 두 개의 이익을 얻고,**[180] **하나의 돌로 두 마리 새를 잡는**[181] 효과가 있었다. 그리고 황제의 권위를 높이기 위해 황궁을 웅장하게 건축하였다. 황궁 안에는 폭 50m의 황제 전용 도로도 만들었다.

시황제의 가장 큰 업적은 도량형과 화폐, 문자를 통일한 것이다. 천하통일 이전 나라마다 달랐던 물건의 길이와 부피, 무게를 재는 단위를 하나의 기준으로 통일함으로써 상업이 발달하고, 세금 징수가 편리해졌다. 지역별로 달랐던 화폐도 변량전이라는 화폐로 통일하였다. 도로 역시 효율적으로 정비하고 각지의 교통체계 또한 강화하였다. 영토도 확장하여 남쪽을 정벌하고 4개 군을 신설하고 북방의 흉노족을 정벌하여 내몽고 땅 일부도 편입시켰다. 이와 같은 업적으로 후세의 역사가들은 **입은 다르지만 같은 말로**[182] 시황제를 폭군임에도 불구하고 뛰어난 업적을 남긴 전제군주로 평가한다.

정답: 179.불문곡직(하고) 180.일거양득 181.일석이조(의) 182.이구동성(으로)

4-6. 진시황의 실정

진의 천하통일이 이루어진지 8년 만인 기원전 213년 진시황의 폭정을 상징하는 큰 사건이 발생하였다. 황궁에서 벌어진 성대한 연회 도중 봉건제와 군현제를 놓고 신하들 간에 **막기 어려울 정도로 여럿이 마구 지껄여 대는**[183] 언쟁이 벌어졌다. 유학자였던 박사 순우월이 군현제를 봉건제로 바꾸어야 한다는 주장을 펼쳤다. 법가 사상가로 강력한 법치를 위해 군현제를 실시했던 승상 이사는 **분노한 기운이 하늘을 뚫을 듯**[184] 하였다. 그리하여 **왱왱거리는 파리를 보고 칼을 뽑아들듯이**[185] 역사, 의술, 농경 등에 관한 것 이외의 모든 책은 불태워 없애라고 진언하였다. 진시황은 이를 받아들여 실행하였다. 이것이 바로 분서(책을 불태움) 사건이다.

1년 후 진시황은 자신의 정책에 사사건건 반대하던 460여명에 이르는 유생들을 잡아들여

산채로 땅 속에 묻어 죽었다. **학식이 있는 것이 도리어 근심**[186]이듯 억울한 죽음이었다. **차마 눈뜨고 볼 수 없는**[187] 이 참상이 바로 갱유(유생들을 파묻음) 사건이다. 앞서의 분서 사건과 함께 분서갱유 사건이라고 한다. 이러한 **천(많은) 사람이 함께 분노할**[188] 만행에 황태자 부소가 **몹시 놀라서 얼굴이 하얗게 질려**[189] 만류하였으나 황제는 듣지 않았다. 오히려 부소는 이 사건으로 황제의 분노를 사 국경 근처로 유배되었다.

진시황은 북방 이민족의 침입에 대비하여 대장군 몽염에게 만리장성을 쌓게 하였다. 이 공사에 **마른 나무에서 물을 짜내듯**[190] 백성들에게 과도한 세금을 부담시키고, 150여만 명이 강제노역에 동원되었다. 또한 함양 근교에 별도의 궁전인 아방궁을 짓고 여산에 70여만 명의 인부를 동원하여 자신의 능묘를 건설하였다. **이전까지 들어본 적 없는**[191] 대공사로 국가 재정은 바닥나고 백성들의 원성은 한없이 높아졌다.

정답: 183.중구난방(의) 184.분기충천 185.노승발검(하듯이) 186.식자우환 187.목불인견(의)
188.천인공노(할) 189.대경실색(하여) 190.강목수생(하듯) 191.전대미문(의)

4-7. 진시황의 죽음과 2세 황제의 즉위

진시황은 재위기간 중 다섯 차례나 전국을 시찰하였다. 그때마다 5개의 수레를 똑같이 치장하여 군사들이 호위토록 하고 자신은 그 중 하나에 탔다. 자신을 시해하려는 자들을 속이는 **미리 준비하여 근심을 없애는**[192] 계략이었다. 그리고 지나가는 길가에 자신의 송덕비를 세워 공적을 과시하였다. 이렇게 **요란하게 뽐내며 저자거리를 지나듯**[재]하면서 온 대륙을 돌아다니며 성공한 황제임을 천하에 과시하였다.

진시황의 마지막 시찰은 기원전 210년에 있었다. 승상 이사와 환관 조고, 그리고 **금으로 된 가지와 옥으로 된 잎**[193]처럼 기르던 막내아들 호해를 대동하였다. 이 시찰 도중 병을 얻어 사구 지방에서 붕어하였다. 불로장생을 꿈꾸었지만 뜻을 이루지 못하고 **남쪽 나뭇가지 아래서 꾼 꿈**[194] **한 바탕의 봄 꿈**[195]처럼 죽음을 피하지 못한 것이다. 나이는 50세, 왕위에 오르고 37년, 천하를 통일한지 11년 만이었다.

진시황은 죽기 전 환관 조고에게 유언장을 쓰게 하였다. 옥새를 북방에 유배된 황태자 부소에게 전달하고, 부소가 함양으로 돌아와 장례를 주관하라고 했다. 사실상 후계자로 부소를 지명한 것이다. 그러나 조고는 이를 거부하기로 마음을 먹고 계략을 꾸몄다. 먼저 **얼굴빛을 꾸미고 말을 그럴 듯하게 해서**[196] 이사와 호해를 설득하였다. 이사는 완강하게 거부하였으나 **왼쪽 오른쪽을 돌아보다가**[197] 결국 동조하였다. 그들은 황제의 죽음을 숨기고 유서를 조작하여 부소와 몽염에게 자결을 명하였다. 부소는 자결하였으나 몽염은 유서에 의심을 품어 자결하지 않았다.

황제의 장례식 후 호해가 황제에 오르니 그가 곧 2세 황제이다. 황위에 오른 그는 민심이 정돈되기 전에 **번갯불과 부싯돌 불**[198]처럼 재빨리 대장군 몽염을 잡아들였다. 잡혀 온 몽염은 아무 저항도 못하고 **한 집안이 다 죽임을 당하는 화**[199]를 당하였다.

정답: 192.유비무환(의) 재)초요요시 193.금지옥엽 194.남가일몽 195.일장춘몽
196.교언영색(으로) 197.좌고우면(하다가) 198.전광석화 199.멸문지화

4-8. 승상 조고와 2세 황제

시황제의 뒤를 이어 황위에 오른 호해는 무능한 황제였다. 온갖 사치를 부리며 여색을 탐하는 등 정치에는 관심이 없었다. 자신에게 간언하는 많은 관리들을 숙청하였으며 쓸데없는 대규모 사업을 벌여 국고를 바닥냈다. 그리고 국고를 채우기 위해 세율을 급격히 인상하는 등 모든 정책이 **하늘과 땅을 왔다 갔다 하여**[200] 백성들의 원성을 샀다.

2세 황제시대 정권의 라이벌이던 승상 이사와 환관 조고는 최고 권력자 자리를 놓고 치열한 승부를 벌었다. 결국 이사가 패배하여 처형되었다. 조고는 더욱 **눈앞에 사람이 없는 것처럼**[201] 전권을 휘둘렀다. 어느 때는 황제에게 **사슴을 가리키고 말이라고 하는**[202] 무례를 저질렀다. 황제가 웃으며 사슴이라고 하면서 좌중의 신하들에게 확인했다. 황제의 물음에 사슴이라고 진실을 말한 신하들은 다음날 모두 죽었다. **농담과 웃음 속에 칼을 숨긴**[203] 시험이었던 것이다. 이런 식으로 **눈앞에서는 복종하고 등 뒤에서 배반**[204]할 신하들을 가려내려는 시도는 이후로도 계속되었다. 2세 황제의 폭정과 권력을 독점한 조고의 횡포는 날이 갈수록 더했다. 당연히 **비온 뒤에 여기저기 돋아나는 대나무 순**[205]처럼 도처에서 반란이 일어났다. 진에 의해 멸망한 6국출신 귀족들도 나라를 다시 세우고 진에 대항하였다. 이런 시대의 흐름에 불을 붙인 것은 기원전 209년에 일어난 진승과 오광의 반란이었다.

진승과 오광의 반란은 성공하지 못했으나 이 과정에서 진나라는 급격하게 힘을 잃었다. 그리고 새로운 강자들이 대거 등장했다. 대표적인 인물이 초나라의 항우와 한나라의 유방이다. 위기를 느낀 조고는 2세 황제 호해를 죽였다. 그리고 백성들의 신망을 받던 부소의 아들 자영을 내세워 민심을 안정시키려 했다. 자영은 제위에 오르자마자 조고를 암살하였다. 그리고 왕좌를 보전하기 위하여 3세 황제가 아니라 스스로 격을 낮추어 진왕이라 했다. 그러나 자영의 이 같은 처신에도 **이미 때는 늦었다.**[206] 이제 진나라의 멸망은 피할 수 없는 운명이었다.

정답: 200.천방지축(이라) 201.안하무인(으로) 202.지록위마(의) 203.소리장도(의) 204.면종복배 205.우후죽순 206.만시지탄(이었다)

5. 진(秦)의 멸망과 초한(楚漢)전쟁

5-1. 항우와 유방의 등장

진승과 오광의 난은 비록 실패하였으나 반란을 꾀하는 군웅들이 등장하고 그들의 세력이 커지는 계기가 되었다. 이 기간 중 이미 조나라와 연나라가 부흥했고 예전 전국칠웅의 모든 세력들이 다시 꿈틀거렸다. 천하는 다시 분열되었고 **여러 영웅들이 각 지역을 차지하고 세력을 다투는**[재] 시대가 되었다. 이러한 군웅 중에 가장 두각을 나타낸 인물이 바로 항우와 유방이었다.

유방은 기원전 209년 중국 장쑤성 부근 패현에서 군사를 일으켰다. 패현은 작은 고을이었다. 처음 군사의 수도 3천여 명에 불과하고 그마저도 제대로 훈련이 안된 **까마귀 떼를 모아놓은 것과 같은 병졸**[207]들이었다. 그러나 천하를 다스릴 능력이 있으면서도 **겸손하고 사양하는 덕**[208]이 있어 유능한 인재들이 구름처럼 모여들었다. 장량(장자방)과 한신, 소하 등 전략가와 조참, 번쾌 등 용맹한 장수들이 대표적이다. 그들 덕분에 다른 제후들과 대등하게 다툴 정도로 급속하게 세력이 커졌다.

그 무렵 초나라 땅에서는 항량이 군사를 일으켰다. 그는 스스로 회계 군수가 되어 정예병 8천을 모으고 조카인 항우를 부장으로 삼았다. 항우는 **세상을 덮을만한 재주**[209]와 **혼자서 몇 명이든 당해낼 용기**[210]를 갖춘 일세의 영웅이었다. 항량이 군대를 이끌고 진을 공격하자 뜻을 함께 하는 세력들이 호응하여 병력은 순식간에 6~7만으로 불어났다. 기원전 208년 유방의 군대와 연합하여 항량과 유방의 연합군은 가장 큰 세력이 되었다. 연합군은 초나라 왕족 웅심을 회왕으로 옹립하여 초나라의 부활을 선포하였다. 이후 진나라 장수 장한의 기습으로 항량이 전사하자 항우가 초군을 물려받고 유방과 함께 팽성(초나라 수도)으로 물러나 전열을 재정비하였다.

정답: 재)군웅할거 207.오합지졸 208.겸양지덕 209.개세지재 210.겸인지용

5-2. 유방과 관중의 왕

진나라 장수 장한에 패하여 팽성으로 물러났을 때 항우와 유방은 회왕 앞에서 약속을 하였다. 먼저 진나라 수도 함양이 있는 관중을 차지한 자가 왕이 된다는 것이다. 이 약속은 장차 항우에게 많은 부담으로 작용하였다.

기원전 207년 항우는 진나라의 공격을 받은 조나라를 구하기 위하여 원정길에 올랐다. 진의 장수 왕리에게 포위된 거록성을 구하고자 장하를 건넜다. 그리고 **솥을 깨뜨리고 배에 구멍을 내어 가라앉히는**[211] 전략으로 대승을 거두었다. 이후 9차례에 걸친 싸움을 모두 승리하고 왕리를 사로잡았다. 마침내 장한의 항복까지 받아전쟁이 마무리 되었다. 그러나 항우와 진군이 건곤일척의 승부를 벌이는 사이에 유방이 먼저 관중을 차지했다.

항우는 마치 **뒤에 참새가 있는 것도 모르고 사마귀가 매미를 노리듯**[212] 진군 격파에만 신경 쓰다 관중을 유방에게 먼저 내어준 것이다. 두 사람은 이전 회왕 앞에서 관중을 먼저 차지한 자가 왕이 된다는 약속을 한 터였다. 다급해진 항우는 **경솔하고 망령된 행동**[213]으로 큰 실수를 저질렀다. 사로잡은 진의 병사 20만 명을 생매장하여 죽인 것이다. 후방에 남겨 놓았다가 관중을 공격할 때 이들이 배반하면 **앞에는 호랑이(유방) 뒤에는 이리(진군)**[214]의 상황이 될까 염려한 때문이다. **말을 타고 달리며 산천을 보듯**[215] 경솔하게 판단한 이 사건을 신안대학살이라고 한다. 이 **사납고 악하고 인간의 도리가 아닌**[재] 사건은 이후 유방과의 패권 다툼에서 민심이 유방 편에 서는 치명적인 약점으로 작용하였다.

항우와 진군의 싸움으로 유방은 **조개와 도요새의 싸움에 어부가 횡재하듯**[216] 힘들이지 않고 관중을 손에 넣었다. 함양에 입성하자 진왕 자영은 저항 없이 항복했다. 그는 진시황이 만든 아방궁과 온갖 사치스런 것에 마음을 빼앗겼다. 그러나 장량이 아직은 때가 아니니 건드리지 말 것을 간언했다. **좋은 약은 입에 쓰지만**[217] 병에 이롭다. **충성된 말은 귀에 거슬리지만**[218] 군주에게 필요하다. 유방은 장량의 쓰디쓰고 귀에 거슬리는 간언을 흔쾌히 받아들였다.

정답: 211.파부침선 212.당랑규선(으로) 213.경거망동 214.전호후랑 215.주마간산(으로)
재)포악무도(한) 216.어부지리(로) 217.양약고구(이나) 218.충언역이(도)

5-3. 홍문의 연과 진의 멸망

유방이 먼저 관중을 차지한 것에 화가 난 항우가 40만 대군을 몰아 진격했다. 그리고 관중의 입구인 홍문에 진을 치고 유방과 대치했다. 유방의 군대는 10만에 불과하였으므로 아직은 항우의 적수가 되지 못했다. 유방은 패권에 관심이 없을뿐더러 관중도 항우에게 바치려고 했다는 뜻을 전했다. **배에 칼을 숨긴 달콤한 말**[218]인줄도 모르고 기분이 좋아진 항우는 유방을 초대하여 잔치를 열었다. 이를 '홍문의 연'이라고 한다.

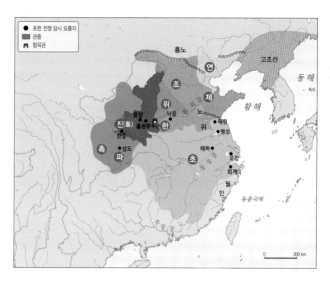

초나라 책사 범증은 그 자리에서 위험인물인 유방을 죽이려 했다. 그러나 이를 눈치 챈 장량의 꾀와 관중을 거저 바치겠다는 말에 **기세가 만 길까지 높아진**[219] 항우의 어리석음으로 겨우 목숨을 건질 수 있었다.

유방은 항우에게 미련 없이 관중을 내 주고 팽성으로 돌아갔다. 관중을 손에 넣은 항우는 함양을 불바다로 만들고 진의 백성들을 무참하게 죽였다. 유방에게 항복했던 진왕 자영마저 죽이니 마침내 진나라는 멸망하였다.

진나라 멸망이라는 목적을 달성한 항우는 팽성으로 돌아가고자 했다. 범증 등 신하들은 천하통일을 이루려면 전략상 요지인 함양을 지켜야 한다며 반대했다. 그러나 항우는 부귀해져서 고향으로 돌아가지 않는 것은 **비단옷을 입고 밤길을 가는 것과 같으니**[221] 누가 알아주겠는가. **비단옷을 입었으면 고향으로 돌아가는 것**[재]이 마땅하다면서 군사를 이끌고 고향인 초나라로 돌아갔다. 항우의 근거지인 초나라는 중국 남부에 위치해 중국 역사의 중심인 북부에서 한참 떨어진 곳이다. 따라서 고향으로 귀국한 항우의 이 행동이야말로 **입에서 젖비린내가 나는**[222] 어리석은 선택이었다. 훗날 천하를 유방에게 넘겨주는 결정적인 계기가 되었다.

정답: 219.구밀복검 220.기고만장(한) 221.금의야행(이니) 재)금의환향 222.구상유취(한)

5-4. 항우의 1차 천하 제패

진을 멸하고 팽성으로 돌아간 항우는 마치 자신이 천하를 통일한 듯 권력을 행사했다. 회왕을 명목상 황제인 의제로 옹립하고 스스로 서초의 패왕이라 칭하였다. 그리고 **공을 논하고 상을 베풀어**[재]진의 멸망에 공이 있는 장수들에게 영지를 주어 제후로 임명하는 분봉제를 실시하였다. 이 때 임명된 제후는 18명에 이르렀다.

이 과정에서 항우가 가장 신경 쓴 인물은 유방이었다. 이전 회왕 앞에서 관중 땅을 먼저 차지한 자가 관중의 왕이 된다고 한 약속이 부담이었다. 유방이 먼저 관중을 차지했는데 **한 입으로 두 말**[223]하며 약속을 어길 수는 없었다. 그렇다고 유방에게 관중을 내줄 수도 없어 **나갈 수**

도 물러설 수도 없는[224] 상황이었다. **깊이 생각하고 충분히 고려**[225]한 끝에 **오랑캐로서 오랑캐를 제압하는**[재] 방법을 택했다. 먼저 유방을 서쪽 오지인 파촉과 한중 땅을 묶어 한왕(漢王)에 봉했다. 그리고 한중에서 중원으로 나오는 길목인 관중을 3등분하여 항복한 진나라 장수 장한(옹왕), 사마흔(색왕), 동예(책왕)를 왕으로 봉하였다. 그들에게는 유방이 중원으로 나오는 것을 감시하고 막는 임무가 주어졌다. 자신도 관중을 차지하지 않았다는 명분과 유방의 세력이 커지는 것을 견제하는 실리, 즉 **하나의 돌로 새 두 마리를 잡는**[재] 효과적인 전략이었다. 유방의 입장에서는 **겉으로 화려하나 속으로 보잘것없는**[226] 처사였다.

그러나 항우가 실시한 분봉제는 이전의 군웅할거시대로 되돌아가는 것으로 평화는 기대할 수 없었다. 게다가 논공행상마저도 공평하지 못하여 영지를 받지 못한 장수들은 물론 임명된 제후들조차 **원망하고 또 원망하며 즐거워하지 않는**[227] 자가 많았다. 그 결과 제후들이 각 영지로 돌아간 후 한 달도 못되어 제나라 전영이 반기를 들었다. 이어서 장이와 진여, 팽월 등의 무리들이 뒤따랐다. 한왕 유방 또한 한중을 나와서 관중을 제압하고 항우의 서초를 공격함으로써 이후 4년여에 걸친 초·한 전쟁이 시작되었다.

5-5. 유방과 소하

유방이 4년간의 초한전쟁에서 승리하여 천하를 통일할 수 있었던 것은 휘하에 유능한 신하들이 많았기 때문이다. 그들 중 장량은 책사로, 소하는 행정가로, 한신은 대장군으로서 가장 큰 공을 세운 인물들이다.

소하는 유방과 같은 패현 출신으로 하급관리로 근무하면서 유방과 교류하였다. 두 사람은 비록 **어릴 적 대나무 말을 타고 놀던 친구**[228]는 아니었으나 **뽕나무와 삼나무를 벗 삼아 시골에서 사귀던**[229] 사이였다. 그러다가 어지러운 세상을 만나 의기투합하면서 **죽음을 대신해 줄 수 있는**[230] 사이, **간과 쓸개를 꺼내어 서로 보여줄 수 있는**[231] 사이로 평생을 함께 했다. 진시황이 죽고 2세 황제의 폭정으로 나라가 혼란에 빠지자 소하는 조참, 번쾌 등과 반란을 일으켰다. 그리고 진의 관리인 현령을 죽이고 유방을 새 현령에 추대하였다. 당시 유방 또한 패현의 하급관리에 불과하였으나 소하는 일찍이 그에게서 제왕의 자질을 보았기 때문이다. 하는 일없이 건달들과 **끼리끼리 어울려 다니던**[232] 유방에게 정장이라는 벼슬길을 열어준 것도 소하였다. **잘못을 고쳐 착한 사람이 된 듯**[233] 유방이 정신을 차린 것은 온전히 소하의 덕이었다. 훗날 유방이 항우와 패권을 다투며 전쟁터를 전전하는 동안 근거지에 남아 **국정을 보살피고 백성들을 편안하게 하는**[234] 역할을 하였다.

초 회왕 때 유방이 진의 수도 함양에 입성하자 모두가 진귀한 보물에 눈이 팔려 있었다. 그러나 소하는 승상부의 기록보관소로 달려가 진의 역사와 법률, 각국의 지도와 호적대장 등 진귀한 기록들을 손에 넣었다. **개인의 이익보다 공적인 일이 우선이었기**[235] 때문이다. 실제로 이 자료들은 훗날 통일국가로서 한 왕조의 기초를 다지는데 귀중한 자료가 되었다. 유방이 한중에서 힘을 기를 때 소하는 한신을 대장군으로 추천하였다. 유방이 다시 관중 땅을 차지하고 항우와 세력을 다툴 때는 함양에 남아 후방을 잘 관리하였다. 마침내 한이 천하를 통일하자 초대 승상이 되어 제국의 기초를 다졌다. **겉으로는 부드러우면서도 속으로 강인했던**[236] 소하는 한나라 천하통일의 일등공신이다.

정답: 228.죽마고우 229.상마지교(하던) 230.문경지교(의) 231.간담상조(하는) 232.유유상종(하던) 233.개과천선(한 듯) 234.보국안민(하는) 235.선공후사(이기) 236.외유내강(의)

5-6. 장량과 한신

장량은 전국시대 한(韓)나라 출신으로 자(둘째 이름)가 자방이다. 흔히 유능한 참모를 '나(그)의 장자방'이라고 하는데 바로 장량을 가리키는 말이다. 유방을 도와 한나라의 천하통일에 큰 공을 세웠으며 삼국시대 제갈량과 비교하여 **누가 형인지 아우인지 모를**[재] 뛰어난 지략가로 평가받는다. 그는 **상대의 계략을 알고 이를 역으로 이용하는**[237] 전략을 즐겨 사용하였다.

장량은 할아버지와 아버지가 한나라의 다섯 왕을 모신 재상이었다. 따라서 장량에게 한나라를 멸망시킨 진시황은 **하늘을 함께 머리에 이고 살 수 없는**[238] 원수였다. 진시황이 각국을 시찰할 때 **죽기 아니면 살기로 결단하여**[239] 암살하려 했으나 실패하였다. 하비 땅에 몸을 숨기고 **마음의 기운(심기)을 한번 바꾸어**[240] 병법을 익히면서 후일을 도모하고 있었다. 진시황이 죽고 제후들이 반란을 일으켜 천하가 다시 분열되었을 때 유방의 군대가 하비에 주둔한 적이 있었다. 그 소식을 들은 장량은 유방을 찾아갔다. 그의 얼굴에서 현세에 **오직 하나이고 둘도 없는**[241] 제왕의 기운이 느껴졌다. 기꺼이 그의 수하가 되어 한나라의 천하통일에 진력하였다.

한신은 회음 사람으로 출신 배경이 보잘것없는 평민 출신이었다. 주변에 도와주는 이 없이 **의지할 곳 없는 외로운 홀몸**[재]으로 떠돌았다. 그러다 항량이 회계에서 군사를 일으킬 때 그의 휘하에서 **직책 없이 무명의 병사로 참여**[242]하였다. 항량이 죽고 항우가 뒤를 잇자 하급 장수가 되어 여러 번 항우에게 좋은 계책을 올렸다. 그러나 항우는 **소 오줌과 말똥**[243] 취급하듯 한 번도 그의 계책을 채택하지 않았다. 유방의 책사로 항우의 군중에 있던 장량이 소개장을 써서 한신을 한중의 유방에게 보냈다. 어느 때 한신은 소하와 천하의 형세를 이야기할 기회를 가졌다. 소하는 단번에 그가 뛰어난 인물임을 알아보았다. 마침내 한신은 장량의 소개장과 소하의 추천으로 대장군이 되었다. **그는 높은 곳에 오르기 위해 낮은 곳에서 시작**[244]한 대표적인 인물이다. 그리고 초군과의 전투에서 보여주었던 **강을 등지고 치는 진**[245]은 그의 가장 유명한 전략이었다.

정답: 재)난형난제(의) 237.장계취계 238.불구대천(의) 239.사생결단(으로) 240.심기일전(하여) 241.유일무이(한) 재)혈혈단신 242.백의종군 243.우수마발 244.등고자비 245.배수지진

5-7. 한중왕 유방의 권토중래

처음 한왕에 봉해졌을 때 유방은 **앞에서는 복종했지만 마음속으로 배반**[재]하듯이 불만이었다. 중원에서 멀리 떨어진 외지일 뿐만 아니라 중원으로 나오는 통로인 관중마저 막혔기 때문이다. 더 뼈아픈 일은 10만에 육박했던 병사 중 항우는 3만 명만 데리고 가도록 조치한 것이다. 그러나 소하와 장량은 파촉은 산세가 험하니 안전하고, 물자가 풍부하니 세력을 키우기에

좋은 곳이라 하면서 유방을 달랬다. 이에 유방은 소하를 승상, 한신을 대장군으로 임명하여 한층 더 세력을 키웠다. 또한 **어진 사람은 적이 없는 법**[246]이라 덕장으로 소문이 났기에 유능한 인재들이 구름처럼 몰려 **문 앞이 시장을 이루었다.**[247] 이들 중에는 항우의 숙부인 항백과 훗날 천하통일이 되었을 때 한나라의 기틀을 다지고 승상에까지 오른 진평도 있었다. 유방은 이런 인재들을 **재능에 따라 알맞은 자리**[248]에 앉혀 세력을 키웠다.

유방이 **이를 갈고 마음을 썩이며**[249] 때를 기다리던 중 기원전 205년 항우가 의제를 시해하였다. **흙먼지를 일으키며 말을 몰아 다시 돌아올**[250] 각오를 다지고 있던 유방에게 이것은 좋은 기회였다. 유방은 의제의 복수를 명분으로 군사를 일으켜 한신으로 하여금 관중을 공격하게 하였다. 유방은 파촉으로 들어갈 때 관중으로 나오는 유일한 길인 잔도를 없앴다. 그리고 아무도 몰랐던 샛길을 이용하여 공격을 한 것이다. 전혀 예상치 못한 기습에 관중을 지키던 장한과 사마흔, 동예의 삼왕은 힘도 제대로 쓰지 못한 채 **이리저리 찢기고 흩어져**[251] 격파 당하고 관중은 유방의 차지가 되었다.

정답: 재)면종복배 246.인자무적 247.문전성시(를 이루었다) 248.적재적소 249.절치부심(하며) 250.권토중래(의) 251.지리멸렬(하여)

5-8. 팽성전투와 홍구위계(홍구에서의 계약, 조약)

기원전 203년 항우가 제나라와의 싸움으로 팽성을 비웠다. 이 틈을 타 유방은 다섯 제후와 연합하여 60만 대군으로 팽성을 공략하였다. 초군은 대패하고 적장 팽월은 항복하였다. 항우는 군사를 팽성으로 돌렸다. 이 때 그의 군세는 3만이었다. 수적 열세에도 불구하고 항우의 군대는 **하나의 기병이 천명을 당하는**[225] 기세로 대승하고 60만 연합군은 괴멸되었다. 유방은 **몸도 목숨도 끊어질**[253] 위기의 순간에 가솔들도 남겨둔 채 **아홉 번 죽다 한번 살아나듯**[254] 겨우 도망쳤다.

팽성전투의 패배로 유방은 **백 척의 장대 끝에 선**[255] 큰 위기를 맞았다. 동맹을 맺은 제후들도 대부분 유방에게 등을 돌렸다. 한군은 형양으로 퇴각하여 군사를 정비하고 형양과 성고를 경계로 항우와 대치했다. 그 후 양 진영은 **한 번 나아가고 한 번 물러서기**[256]를 거듭했다. 군세는 항우가 우세했지만 **동에 번쩍 서에 번쩍 사방으로 바쁘게 다니며**[257] 다른 제후들의 반란까지 대처하느라 점점 지쳐갔다. **눈 위에 서리가 내리듯**[258] 유방에게는 소하라는 든든한 신하가 있었다. 관중에 남아 있던 소하가 군량을 넉넉하게 비축하였기에 한군은 병사들의 사기가 충천하였다. 유방은 서서히 전쟁의 주도권을 쥘 수 있었다.

기원전 203년 9월 두 나라는 홍구를 경계로 천하를 양분하고 팽성에 있는 유방의 가족 등 인질을 서로 돌려보내는 평화 조약을 맺었다. 협약에 따라 항우는 유방의 아버지와 부인을 돌려보내고 팽성을 향해 철군하였다. 하마터면 **아버지를 잃고 바람에 흔들리는 나무의 탄식**[259]을 할 뻔한 유방은 항우의 군대가 동쪽으로 향하자 자신도 서쪽으로 향하려 했다. 그러나 장량과 진평 등이 지금이야말로 **천년에 한번 만날 수 있는**[260] 좋은 기회이니 물러나면 안 된다고 간언하였다. 유방은 그들의 뜻에 따라 군사를 되돌려 초군을 추격하였다.

정답: 252.일기당천(의) 253.절체절명(의) 254.구사일생(으로) 255.백척간두(의) 256.일진일퇴 257.동분서주(하며) 258.설상가상(으로) 259.풍수지탄 260.천재일우(의)

5-9. 해하(垓下) 전투와 한의 천하통일

마침내 기원전 202년 12월 항우는 10만 대군을 이끌고 해하에서 유방의 군사와 대치했다. 이것이 항우와 유방이 **하늘과 땅을 걸고 주사위를 던지는**[261] 승부를 벌인 유명한 해하 전투의 시작이었다. 한의 장군 한신은 30만에 이르는 군사로 항우의 군대를 포위하였다. 포위망 안에 갇혀 **나아가고 물러서기가 어려운**[재]항우의 군대는 군량이 거의 바닥나고 사기마저 떨어졌다.

어느 날 밤 한신은 군사들 가운데 초나라 출신들을 골라 초나라 노래를 부르게 하였다. 한밤 중에 **사방에서 울려 퍼진 초나라 노래**[262]는 오랜 전쟁에 지친 초나라 군사들에게 고향의 부모 와 처자를 생각하게 하였다. 당연히 초군의 사기는 바닥에 떨어졌다. 항우 또한 **슬프고 분하고 한탄스러운**[263] 마음이었다. 그날 밤 항우는 8백여 명에 불과한 병사들과 함께 한의 포위망을 뚫고 도망쳤다. 그러나 오강에 다다랐을 때 살아남은 자가 100여기에 불과했다. **정신이 아득 하고 멍해져서**[264] 오강을 바라보던 항우는 마침내 전의를 완전히 상실하였다. 전쟁터마다 항 상 함께 하며 **거문고와 비파의 즐거움(부부의 정)**[265]을 나누던 우희와 함께 스스로 목숨을 끊 었다.

항우의 죽음으로 4년여에 걸친 초한전쟁은 막을 내렸다. 진승과 오광의 난으로 분열된 천하 는 항우에 의하여 통일이 되는 듯 했지만 최후의 승자는 유방이었다. 기원전 202년 2월 유방 은 황제의 자리에 올랐다. 그가 바로 한나라 제국의 초대 황제인 고조(高祖)이다.

정답: 261.건곤일척(의) 재)진퇴양난(의) 262.사면초가 263.비분강개(한) 264.망연자실(하여) 265.금슬지락

6. 한(漢)나라

한고조 유방이 세운 한나라는 기원전 202년부터 서기 200년까지 약 400년간 지속되었다. 중간에 왕망이 세운 신나라(서기 8년~25년)에 의하여 잠시 맥이 끊겨 신나라 이전 시대를 전 한(前漢), 그 이후를 후한(後漢)이라고 부른다. 중국 역사상 가장 강대했던 나라 중 하나이며 오늘날 중국 민족을 한족이라고 부르게 된 것도 이 왕조의 이름에서 유래하였다.

6-1. 군국제와 토사구팽

작은 고을의 하급관리에 불과했던 유방이 천하를 통일할 수 있었던 것은 소하와 장량, 한신 과 같은 유능한 참모들 덕분이었다. 항우와 벌인 수많은 싸움에서 대부분 졌으나 그들 덕분으 로 **천 번 맵고 만 번 괴로운 온갖 고생**[266]끝에 **죽었다가 일어나 다시 살아날**[267] 수 있었다. 천 하통일 후 한고조는 이들의 공을 무시할 수 없었다. 가까운 곳은 관리를 파견하여 직접 다스리 고 먼 지방은 황족이나 공신들을 제후로 봉하여 다스렸다. 이것을 군국제라고 한다. 즉 군국제 는 주나라의 봉건제와 진시황의 군현제를 혼합한 것이다.

통일국가 초기 황권과 민생을 안정시키고 공신들에 대한 적절한 예우로서 군국제는 현명 한 조치였다. 그러나 한고조가 직접 다스린 군이 15개인 반면 제후국은 30개가 넘어 결국 중 앙의 힘은 약화될 수밖에 없었다. 위기를 느낀 고조는 **은혜를 배반하고 은덕을 잊은 듯**[268] 공

신들을 죽이고 그 자리를 황족으로 채우고자 하였다. 이 때 희생된 대표적인 인물이 한신과 팽월이었다. 그러나 그들과 초한전쟁 당시 어떤 경우에도 서로 죽이지 않는다는 맹약을 한 터라 **생각이 하늘 밖에 있는(누구도 생각할 수 없는) 기이한**[269] 방법을 썼다. 황후(훗날 여태후)를 이용한 것이다. 죽음의 문턱에 이르러 한신은 '**토끼 사냥이 끝나면 사냥개는 삶아지고**[270] 높이 나는 새를 다 잡으면 활은 곳간에 처박히며, 전쟁에 승리하면 유능한 장수는 버려진다.'는 말을 남겼다.

그러나 공신들의 영지를 유씨 황족으로 채운다는 정책이 무색하게 황족들에 의한 반란이 일어났다. 바로 오초칠국의 난이다. 황족의 제후라도 시간이 지나면 황실과의 결속력이 약화되기 때문이다. 고조는 재위 8년 만인 기원전 195년에 죽었다.

정답: 266.천신만고 267.기사회생(할) 268.배은망덕(하게도) 269.기상천외(한) 270.토사구팽(되고)

6-2. 악녀 여태후

한고조 유방의 정실부인 여태후는 당나라 측천무후, 청나라 서태후와 함께 **사납고 악하여 인간의 도리가 없는**[재2]중국 역사상 3대 악녀이자 여걸로 일컬어진다. 그녀의 이름은 꿩이라는 뜻의 치(雉)이다. 그녀의 아버지는 산동 사람인데 죄를 짓고 패현으로 이주했다. 어느 날 **장씨의 셋째, 이씨의 넷째 아들**[271]같은 평범한 농민 집안의 유방을 보았다. 큰 인물이 될 관상이기에 지체 없이 딸 여치와 결혼시켰다. 진나라 말기 유방은 군사를 일으켜 가족과 떨어져 전쟁터를 전전했다. 패현에 남은 여치는 **문 앞의 기름진 논**[272]에서 농사를 지었다. 그리고 시아버지 유태공을 **육적이 부모에게 드리려 귤을 품듯**[273]하고, **저녁엔 잠자리를 깔아 드리고 아침에 문안 인사**[274]하며 극진히 모셨다. 초한전쟁 때는 항우에게 잡혀 **물결이 만길 높이로 이는**[275] 삶을 견뎠다. 유방이 천하를 통일하는데 여치의 내조는 **일등으로 공을 세운 신하**[재2]들과 다름이 없었다.

한나라가 천하를 통일하자 여치는 황후가 되었다. 그리고 유방이 권력을 강화하는데 큰 역할을 하였다. 즉 공신이었던 한신과 팽월을 황제 대신 본인이 직접 제거한 것이다. 그 과정에서 **같은 값이면 다홍치마**[276]라고 가급적 잔인한 방법으로 죽였다. 팽월을 죽여 시체로 젓갈을 담가 신하들에게 먹인 것이 좋은 예다. 그 잔인성은 **인간의 얼굴에 짐승의 마음**[277] 그 자체였다. 그녀가 악마로 변신한 데에는 그럴만한 이유가 있었다.

유방에게는 여황후 소생인 태자 유영 외에 애첩 척희의 소생인 여의가 있었다. 유방은 **줏대가 없이 좋기만 한 사람**[278]인 맏아들 유영보다 자신을 닮은 여의를 후계자로 생각했다. 그러나 여태후는 장량 등 공신들을 움직여 유방을 단념시켰다. 천하통일 7년 만에 유방이 죽고 유영이 어린 나이에 혜제로 등극하자 그녀는 황태후가 되어 정권을 장악했다. 그리고 유방이 아끼던 여의를 죽이고 척희마저 팔다리를 잘라 인간돼지로 만들어 처참하게 죽였다. 그 모습을 보면서 **손뼉을 치면서 크게 웃었다**[279]고 한다. 여태후가 희대의 악녀로 불리게 된 것은 이처럼 복수의 방법이 지나치게 잔인했기 때문이다.

정답: 재2)포악무도(한) 271.장삼이사 272.문전옥답 273.육적회귤 274.혼정신성 275.파란만장(한)
재2)일등공신 276.동가홍상(이) 277.인면수심 278.무골호인 279.박장대소(하였다)

6-3. 문경의 치(治) −문제와 경제−

여태후에 대하여 역사는 **두 개의 명제가 서로 반대이지만 모두 타당한**[280] 평가를 한다. 그것은 잔인한 악녀임에도 정치는 잘 했다는 것이다. 그녀는 권력을 위해 계속해서 피바람을 일으켰지만 일반 백성들에게는 선정을 베풀었다. 사실 백성들은 왕족과 공신들이 서로 죽이고 죽는 일에는 **입은 있으나 말할 필요 없이**[281] 별 관심이 없다. 이 시기에 백성들은 농사일에 힘써 양식이 풍족했으며, 형벌은 관대했고, 사회질서가 잘 유지되었다. 국방에서도 흉노에 대한 우호 정책으로 국경이 안정되었다. 이것은 이후 문제, 경제, 무제로 이어지는 태평성대의 발판이 되었다.

여태후가 죽자 제후들은 기원전 180년 2대 혜제의 동생이며 유방의 넷째 아들 유항을 5대 황제로 세웠다. 이가 곧 검소한 생활과 **책임은 막중한데 갈 길은 멀다는**[282] 자세로 모범을 보이면서 백성들을 편안하게 한 문제(文帝)이다. 문제가 황제가 될 수 있었던 것은 어머니 박희가 보잘 것 없는 집안 출신이었기 때문이다. **오나라 소가 달을 보고 헐떡거리듯**[283] 여태후와 외척세력에 질린 제후들은 여러 후보 중 변변한 외척이 없는 유항을 택한 것이다.

문제는 마치 **미치지 않으면 이루지 못한다는**[284] 듯이 백성들의 생활 안정을 위하여 미친 듯이 일했다. 황제 스스로 밭을 갈고 농업과 누에치기(비단의 재료)를 장려하였다. 철제농구를 보급하고 소를 이용한 농경을 일반화하였다. 세금을 1/30로 감하였으며 부역(노역)도 3년에 1회 1개월로 줄였다. 형벌 중에 신체에 고문을 가하는 육형을 폐지하고 언론의 자유도 보장하였다. 문제의 뒤를 이은 경제(景帝)도 선황의 정책을 그대로 이어받았다. 늘 **이리저리 몸을 뒤척이며 잠을 못 이루며**[285] 백성들의 삶을 보살폈다. 그리하여 문제, 경제 재위 40년간의 안정화 정책으로 사회질서가 유지되고 농촌사회는 생산력을 증가시켜 **나라가 부유해지고 강한 군대를 갖게 되었다.**[재] 이 시대의 사회·경제적 번영을 역사에서는 '문경의 치'라고 칭송한다. 이것은 다음의 무제 시대에 변방의 이민족들과 전쟁을 감행할 수 있는 든든한 재정적 뒷받침이 되었다.

정답: 280.이율배반(적인) 281.유구무언(으로) 282.임중도원(의) 283.오우천월(하듯) 284.불광불급(이라는) 285.전전반측(하며) 재)부국강병(을 이루었다)

6-4. 한무제(武帝)와 흉노, 한4군

기원전 141년 경제가 죽고 황태자 철이 7대 황제로 등극했다. 이 황제가 바로 전한시대 최고의 전성기를 누린 무제이다. 무제는 선왕들이 '문경의 치'로 이룬 부국강병을 바탕으로 더욱 많은 업적을 남겼다.

무제가 가장 심혈을 기울인 일은 중앙 집권의 강화였다. 16세 어린나이에 즉위하였기 때문에 권력은 승상 전분이 독차지하고 있었다. 22세 때에 이를 빼앗아 친정을 시작하였다. 이어서 **범처럼 노려보고 소처럼 걸으며**[286] 천천히 제후들의 권력을 약화시키고 친정을 강화하였다. 경제적으로는 화폐를 통일하고 소금, 철, 술 등을 전매하여 막대한 국가의 부를 축적하였다. 사상적으로는 제자백가 중 유가만을 받아들였다. 동중서의 유가 사상은 한나라 통치의 기본 철학이 되었다.

무제의 가장 큰 업적은 외치에 있었다. 고조 이래 대대로 흉노와는 우호적인 정책을 폈으나 무제는 **열로써 열을 다스리듯**[287] 흉노에 무력으로 대항하는 강경책을 썼다. 이광리, 위청, 곽거병, 장건 등의 장수들이 7차례나 원정길에 올랐다. 무제의 **흔들리지만 움직이지 않는**[288] 일관된 정책으로 마침내 흉노족은 고비사막 서쪽으로 밀려났다. 이로써 한나라의 위엄은 널리 서역까지 떨쳤다. 특히 장건을 통한 흉노 정벌로 역사적으로 유명한 비단길이 개척되었다. 이후 무제는 남월을 평정하여 9군, 서남을 정벌하여 5군을 설치하였다. 그리고 동으로 위만조선을 평정하여 낙랑, 임둔, 현도, 진번의 4군을 설치함으로써 한 제국이 비로소 우리 역사 속으로 들어오게 되었다.

정답: 286.호시우보(하며) 287.이열치열(이듯) 288.요지부동(의)

6-5. 사마천의 사기 –대를 이은 사서 편찬–

사마천은 한무제 때 태사령을 지낸 사마담의 아들로 태어났다. 태사령이란 천문관측, 달력의 제작, 국가적 대사의 기록을 맡는 관리였다. 사마천 또한 젊어서 관리가 된 후 아버지가 죽자 그 뒤를 이어 태사령이 되었다. 그리고 아버지의 유언에 따라 중국 역사서의 집필을 이어받아 몰두했다. 그것은 **자나 깨나 잊지 못하다**[289] 끝내 못 이룬 아버지의 꿈이었다.

그러나 **좋은 일에는 마가 끼듯**[290] 역사서를 완성하기 전에 엄청난 시련이 왔다. 흉노 정벌에서 패한 이릉 장군을 변호하다가 무제의 뜻을 거스른 것이다. 평소 이릉을 못마땅해 했던 무제는 분한 **마음이 하늘을 찔러**[재] 사마천에게 사형을 명했다. 그러나 역사서 집필의 꿈을 버릴 수 없었던 사마천은 **황당하고 터무니없는**[291] 형벌인 생식기를 제거하는 궁형을 선택하였다. 그리고 치욕을 인내하며 역사서의 저술에 더욱 매진했다. 훗날 무제는 화가 누그러지자 그를 다시 불러 중서령이란 벼슬을 주었다. 그러나 자기가 당한 치욕을 잊지 못하여 바로 사직하고 역사서 완성에 몰두했다. 파란만장한 과정을 거쳐 사기는 기원전 90년 세상에 나왔다. 그것은 **화가 변하여 복이 되듯**[292] 중국 최고의 역사가라는 명성을 그에게 가져다주었다.

사기의 주제는 대부분의 역사서처럼 정치나 유명한 위인들만을 다루지 않았다. 상인, 협객을 포함하여 **아주 평범한 남자와 여자**[293]만 아니면 누구나 광범위하게 다루었다. 이후 사기는 중국은 물론 한자 문화권이었던 주변국들의 역사서 편찬에 좋은 본보기가 되었다. 우리나라 고려시대 때 김부식이 지은 삼국사기도 그 영향을 받았다.

정답: 289.오매불망 290.호사다마(이듯) 재)분기충천(하여) 291.황당무계(한)
292.전화위복(이 되어) 293.필부필부(갑남을녀, 선남선녀 등)

6-6. 왕망의 반란과 신(新)나라

기원전 202년 고조에 의하여 통일국가로 출발한 한나라는 서기 8년 외척이었던 왕망에 의하여 잠시 명맥이 끊어진다. 그러나 왕망이 세운 신나라가 건국 15년 만인 서기 23년 멸망하고 다시 유씨의 한나라가 부활하였다. 역사에서는 신나라 이전을 전한, 이후를 후한시대라고 한다.

왕망이 실권을 장악한 시기는 전한 말기 사회의 모든 질서가 무너지기 시작한 때였다. 가장 큰 이유는 11대 원제부터 14대 평제까지 약 50년간 외척들이 날뛰고 귀족들이 차지한 토지가 급격히 늘어났기 때문이다. 이 여파로 농민들은 토지를 잃고 노비로 전락하여 국가 재정이 어려워졌다. 이런 혼란 속에서 왕망은 **이익을 보고 의로움을 생각하는**[294] 마음으로 황실에서 하사받은 토지를 사양하였다. 오히려 자신의 재산으로 어려운 백성들을 구제하여 민심을 얻었다. 또한 유학을 장려하여 태학의 인재들을 1만 명까지 늘리는 등 그의 명성은 날로 높아졌다. **착한 일을 하면 좋은 일이 생기는 것이라**[295] 제후들의 마음이 한나라를 떠나 왕망에게 모였다.

왕망은 서기 5년 평제가 돌연사하자 아직 **콩과 보리도 구분 못하고,**[296] **입에서 젖비린내가 나는**[재] 2살 유영을 황제로 앉히고 섭정을 하였다. 그리고 3년 후 서기 8년 유영으로부터 선위의 형식을 빌려 제위에 오르고 신나라를 세웠다. 신나라는 15년 동안 전한 시대의 멸망의 원인이었던 **쌓인 폐단을 깨끗이 떨어버리기 위한**[297] 급진적인 개혁 정책을 펼쳤다. 그러나 새롭게 펼친 정책은 **넓으나(많으나) 정밀하지 못하고**[298] 현실성이 없어 모두 실패하였다.

신나라는 토지제도를 개혁하여 모든 토지를 국가 소유로 규정하고 매매를 금지시켰다. 그러나 대토지를 소유한 귀족들의 반대로 3년 만에 폐지되었다. 노비제도도 개혁하여 귀족들의 노비소유를 제한했다. 이마저도 신나라 때 노비 수가 많이 늘어난 까닭에 실패했다. 15년간 5번이나 화폐개혁을 하고 소금, 철, 술, 각종 자원을 국가에서 관리하려던 정책도 실패했다. **마치 계란에 뼈가 있듯이 뭘 해도 안 되는 운명**[299]처럼 하는 일마다 실패의 연속이었다. 결국 정책의 실패는 **자신의 줄로 스스로를 묶는**[재] 결과를 초래하였다. 자신을 지지한 제후들 간의 **같은 세력 안에서 일어나는 싸움**[300]으로 신나라는 서기 23년 건국 15년 만에 멸망하였다.

정답: 294.견리사의 295.적선여경(이라) 296.숙맥불변(이고) 재)구상유취(한) 297.적폐청산(의)
298.박이부정(하고) 299.계란유골 재)자승자박(의) 300.자중지란

6-7. 후한 광무제

왕망의 신나라는 급진적인 개혁 실패로 혼란에 빠졌다. **달면 삼키고 쓰면 뱉는 것이**[301] 세상 인심이다. 새 왕조 건국에 우호적이었던 지방의 호족들도 등을 돌렸다. 이때 한 왕조의 핏줄인 유수도 한 왕조의 부흥이라는 **큰 뜻을 명분으로**[재] 군사를 일으켰다. 그는 유현을 한의 황제로 세우고 왕망군을 격파하였다. 이로써 신나라는 건국 15년 만에 멸망하였다. **얼굴이 허연 선비가**[302] 추진한 현실성 없는 개혁의 실패로 **자기가 벌이고 자기가 거둔**[303] 당연한 결과였다. 이후 유수는 독립하여 하북의 반란군들을 평정하고 스스로 제위에 올랐다. 이가 곧 후한의 창업자 광무제이다.

후한시대를 열긴 하였으나 초기 10년은 **내부의 근심과 외부의 환란**[304]으로 아직 혼란기였다. 적미의 난 등 반란군들을 진압해야 했으며 **눈 위에 서리가 내린 격**[재]으로 전한 무제 때 확장한 국경선 인근 이민족들의 침입도 막아내야 했다. 광무제는 이 과정에서 몇몇 호족들의 지원에 크게 의존하였다. 그러나 통치권을 회복한 후에는 그들에 대한 예우가 문제였다. 한고조 유방은 **토끼가 죽으면 사냥개가 삶아지는**[재] 강경책을 폈으나 광무제는 공신들을 회유하는 정반대의 정책을 폈다. 그들에게 공훈에 걸 맞는 상을 내리고 토지를 하사하였다. 각각 봉지로 돌아가 부귀영화를 누리되 조정에 들어와 정치에 참여하는 것을 금했다. 이 같은 정책은 성공

을 거두어 초기 공신과 호족들 간에는 혼란이 없었으며 사회는 안정되었다.

백성들을 위해서는 이전 '문경의 치'로 돌아가는 정책을 펼쳤다. 전한 문제 때 실시했던 세금 1/30 제도를 부활하였다. 군사제도도 소수정예화를 기치로 군사수를 대폭 줄여 생산 활동에 전념토록 하였다. 생활이 어려운 백성들을 구제하는 사업도 적극적으로 펼쳤다. 왕망의 신나라 때 **아침에 영을 내리고 저녁에 고치는**[305] 정책으로 헝클어진 화폐제도도 개혁하였다. 국경 밖 이민족에 대한 대외 정책도 무제 이래로 고수했던 강경책을 버리고 회유 정책을 펼쳤다. 그리하여 국가의 기틀은 다져지고 후한시대는 이후 200년간 유지될 수 있었다.

정답: 301.감탄고토(가) 재)대의명분(으로) 302.백면서생(이) 303.자업자득(의)
304.내우외환 재)설상가상 재)토사구팽(의) 305.조령모개(하는)

6-8. 종이의 발명

중국에서 발명되어 세계 문명 발전에 **하나의 물결이 만개의 물결을 일으키듯**[306] 큰 영향을 끼친 발명품으로 나침반과 화약, 종이가 있다. 이를 중국의 3대 발명품이라 한다. 종이의 발명은 서적 출판을 통하여 인류문화 전반에 큰 기여를 하였다. 지금이야 너무 흔해 별로 중요한 것 같지 않아 **전혀 다른 세대가 된 느낌**[307]이 든다. 만약 종이가 없었다면 우리가 어떤 생활을 하고 있을까 상상해 보라. 그러면 그 가치를 충분히 알 수 있을 것이다.

종이를 발명하기 이전, 사람들은 다양한 도구에 기록을 했다. 상과 주나라에서는 거북 등을 이용했으며, 춘추전국시대에는 대나무로 만든 죽간이나 목판, 비단 등을 이용했다. 종이가 처음 발명된 때는 중국 서안에서 발견된 유물로 확인된 것으로 전한 시대인 기원전 50~40년경이었다. 그러나 이것은 삼베나 모시, 목화솜으로 만들어 질도 떨어지고 가격이 비싸 널리 쓰이지 못했다. 후한시대 채륜은 **개와 말의 노력**[308] 끝에 마 부스러기, 톱밥, 나무껍질 등을 재료로 종이를 발명했다. 서기 105년 채륜은 **모수가 스스로를 천거**[309] 하듯이 이 사실을 당시 황제인 화제에게 아뢰었다. 그리고 자신이 만든 종이를 헌상하였다. 화제는 몹시 기뻐하며 작위를 주고 용정후에 봉했다. 그리하여 사람들은 채륜이 발명한 종이를 채후지(채륜 제후가 발명한 종이)라 불렀다.

채륜이 개발한 종이를 만드는 기술은 6세기 초 우리나라의 고구려, 백제, 신라를 거쳐 7세기 초에는 일본까지 전파되었다. 뿐만 아니라 아라비아 상인들에 의하여 비단길을 거쳐 유럽까지 전해져 인류 문명 발전에 큰 영향을 끼쳤다.

정답: 306.일파만파(로) 307.격세지감 308.견마지로 309.모수자천

6-9. 환관정치와 당고의 화(黨錮之禍)

후한은 서기 25년 건국되어 220년 멸망하기까지 195년간 13명의 황제가 재위할 정도로 단명한 황제가 많았다. 더욱이 4대 황제인 화제 이후부터 **권력은 10년을 못 간다고**[310] 10명의 평균 재위 기간이 11년에 불과하였다. 또 하나의 특징은 10살에 등극한 화제를 포함하여 어린 나이에 등극하는 황제가 많았다는 것이다. 이 때문에 태후가 **어린 왕을 도와 발을 내리고 그**

뒤에서 하는 정치^재를 하면서 외척이 국정을 농단하는 상황으로 이어졌다. 성장한 황제는 이것이 불만이었고 **오랑캐로써 오랑캐를 제압하듯**^재 환관들을 통해 외척을 제거하고자 하였다. 이 과정에서 외척과 환관의 권력 다툼이 **들어갈수록 좋은 경치처럼**[311] 더욱 치열해졌다. 승자는 대부분 환관들이었다. 그들은 황제의 절대적인 신임 하에 **못할 것이 하나도 없는**^재 막강한 권력을 행사하였다. 이를 환관정치라 하며 한나라 멸망의 원인이 되었다.

당고란 어떤 무리의 사람들을 가두고 벌한다는 뜻이다. '당고의 화'란 '평생 벼슬길에 오르지 못하는 형벌'이다. 환관들에 의한 '1차 당고의 화'는 서기 167년 환제 때 환관과 관료세력의 충돌에서 비롯되었다. 황제는 환관들의 편을 들어 200여명의 유생들을 당고하여 평생 벼슬길에 오르는 것을 금지하였다. 도당을 결성하고 **경솔하고 망령된 행동**^재으로 조정을 비방하고 민심을 동요시킨다는 죄목이었다.

2차 당고의 화는 1차 이후 2년 만에 일어났다. 1차 당고의 화가 있던 해에 환제가 죽고 영제가 12세에 즉위하였다. 두태후가 섭정을 하면서 당고되었던 관료들이 대부분 복귀하였다. 그리고 외척인 대장군 두무를 중심으로 환관들을 몰아낼 계획이었다. 그러나 이 계획은 **사마귀가 앞발을 들고 수레를 막아선**[312] 격이었다. 환관들이 재빨리 반격하여 주동자들을 잡아들여 **한 번의 그물질로 모두 쳐 없앴다.**[313] 이 때 **가을바람에 떨어지는 낙엽**[314]처럼 죽임을 당하거나 파면되어 귀양을 가는 등 당고된 사람이 600여명이나 되었다. 이를 2차 '당고의 화'라고 한다.

이 사건으로 환관들은 외척과 관료들을 제압하고 권력 강화에 성공했다. 그러나 **작은 것을 탐하다 오히려 큰 것을 잃듯이**[315] 완전히 민심을 잃었다. 이들은 부정부패를 계속 일삼다가 서기 184년 황건적의 난 때 각지에서 일어난 군웅들에 의하여 도륙을 당했다.

☞**정답**: 310.권불십년(이라고) 재)수렴청정 재2)이이제이(로) 311.점입가경(으로) 재)무소불위(의) 재)경거망동 312.당랑거철 313.일망타진(했다.) 314.추풍낙엽 315.소탐대실(하듯이)

7. 한(漢)제국의 멸망과 삼국시대

7-1. 황건적의 난

후한 말기 환관과 외척의 권력 다툼이 심해졌다. 서로의 세력 확대를 위해 벼슬을 남발하면서 **담비의 꼬리가 모자라 개꼬리로 잇는 일이**[316] 빈발했다. 관료는 부패하여 **관직을 탐하는 더러운 관리**[317]가 많아졌다. **먹물을 가까이 하면 검게 되는 것**[318]이어서 **별로 하는 일없이 시동의 자리에서 공짜 밥을 먹는**[319] 무리들도 많아졌다. 정치는 실종되고 사회는 어지러워졌으며 기근과 역병 등으로 백성들의 삶은 더욱 힘들어졌다. 결국 농민들은 살길을 잃고 **제각기 살아나갈 방도를 꾀하다가**[320] 머리에 노란 두건을 쓰고 반란을 일으켰다. 이것이 184년에 일어난 황건적의 난이다.

황건적의 난을 주도한 인물은 태평도라는 종교의 교주 장각이다. 그가 처음부터 난을 일으키려고 태평도를 창시한 것은 아니었다. **소문은 네 마리 말이 끄는 수레보다 빠른 것**[321]이어서 장각이 구세주라는 소문은 삽시간에 전국으로 퍼졌다. 어지러운 시기에 백성들은 순식간에 태평도에 빠져들었다. 신도 수도 급격히 늘어나 수십만의 세력이 되었다. 힘을 얻은 장각은 난을 계획하고 서기 184년 거병하였다.

초기 황건적의 기세는 **대나무를 쪼개는 기세**^재였다. 각지의 군사들은 황건적에 변변히 대항하지도 못하고 도망치기에 바빴다. 그러나 이러한 기세는 오래가지 못했다. 조정에서 파견한 군대가 점차 이들을 제압하기 시작했다. 조조와 유비 등 각지에서 군사를 모아 참전한 군웅들이 **열 숟가락(밥)으로 한 끼 밥을 만들 듯**³²²⁾힘을 보탰다. 더욱이 이들은 대부분 농민들로 제대로 훈련도 받지 못하여 **까마귀 떼를 모아놓은 듯한 군사**^재들이었다. 사방이 트인 들판에 진영을 세우는 등 전술 또한 허술하였다. 패퇴를 거듭하다 장각이 병사하고 그의 동생 장보가 황보숭에게 패하면서 마침내 그 해 11월 토벌되었다.

정답: 316.구미속초(가) 317.탐관오리 318.근묵자흑 319.시위소찬(하는) 320.각자도생(하다가)
321.사불급설 재)파죽지세 322.십시일반(으로) 재)오합지졸

7-2. 도원결의

후한 말 장각이 태평도 신도들을 거느리고 황건적의 난을 일으켰다. 반란군이 유주를 침범하자 태수 유언이 군사를 모집하는 방을 내걸었다. 탁현이라는 작은 고을에서 짚신을 만들고 자리를 치는 일로 생계를 삼던 유비와 푸줏간을 운영하던 장비, 그리고 포악한 관료의 목을 베고 도망 다니던 관우 세 사람이 만나 의기투합했다. 셋은 즉시 장비의 집 뒤 **복숭아 동산에서 하늘과 땅에 제사를 지내고 의형제를 맺어**³²³⁾ 다음과 같이 결의했다.

"저희 유비, 관우, 장비가 비록 성은 다르오나 의형제를 맺고자 합니다. 한마음으로 힘을 합해 곤란한 사람들을 도와 위로는 **나라에 보답하고 아래로는 백성을 편안케**^재하려 합니다. 비록 한해 한달 한날에 태어나지 않았어도 한 날 한시에 죽기를 원합니다. 황천후토께서는 굽어 살펴 **의리를 저버리고 은혜를 잊는**^재자가 있다면 하늘과 사람이 함께 죽이소서."

맹세를 마치고 유비가 형이 되고, 관우가 둘째, 장비가 셋째가 되었다. 그리고 3백여 명의 군사로 황건적 토벌에 나섰다. **여러 가지로 뒤얽힌 복잡한 상황**³²⁴⁾끝에 유비는 훗날 촉한을 세워 위나라의 조조, 오나라 손권과 함께 천하를 삼분하였다.

☞정답: 323.도원결의(하여) 재)보국안민 재)배은망덕(하는) 324.우여곡절

7-3. 조조와 관도대전

후한 말 황선석의 난 이후 많은 영웅들이 **비 온 뒤의 대나무 순**^재처럼 나타났다. 그 중에서 가장 두각을 나타낸 인물이 조조였다. 흔히 '난세의 간웅'으로 일컬어지는 조조는 원래 성이 하후씨였지만 부친이 환관 조등의 양자가 되면서 조씨가 되었다. 나이 스무 살 때 관직에 들어서고 서른일 때 황건적의 난이 일어났다. 이 때 공을 세워 벼슬이 한껏 높아졌다.

189년 영제가 죽고 황실에는 **아비지옥과 규환지옥 같은 참혹한**³²⁵⁾ 피바람이 불었다. 후계자를 둘러싼 외척과 환관의 대결구도에서 외척의 우군이었던 원소와 동탁이 주인공이었다. 원소는 2000여명의 환관을 주살하여 환관정치를 **바람에 날려 우박이 흩어지듯 만들었다.**³²⁶⁾ 동탁은 유협을 헌제로 옹립하여 전권을 휘둘렀다. 이때부터 동탁을 제거하기 위한 군웅들의 활약이 시작되었다. 원소를 맹주로 하는 동탁 토벌 연합군이 결성되었다. 여기에는 조조도 참여하

였다. 비록 이들은 뜻을 이루지 못했으나 동탁은 192년 부하 여포에게 암살당하여 상황은 종료되었다. 이후 원소는 관동군의 맹주로 추대되어 가장 큰 세력을 형성하였다. 조조 또한 **주위에 의지할 만한 사람이 전혀 없는**[327] 헌제의 후견인을 자청하여 자신의 위치를 굳건히 하였다.

서기 200년 가장 강한 군벌로 쌍벽을 이루던 원소와 조조가 충돌하였다. 조조에게 원소는 천하제패를 위해 꼭 넘어야 할 산이었다. 원소 또한 천자를 모신다는 명분으로 세력이 커지는 조조를 견제할 필요가 있었다. 두 진영의 기세는 **맏형과 버금가는 아우의 형세**[328]였다. 첫 번째 싸움인 백마대전은 **동쪽에서 소리를 지르고 서쪽을 공격하는**[329] 전법을 구사한 조조의 승리였다.

백마 전투에서는 패했지만 아직 원소군은 수적으로 월등히 우세했다. 첫 전투에서 승리한 조조군은 수도인 허도에서 100킬로미터 전방인 관도에 진을 쳤다. 그리고 방어에만 치중하여 전세는 장기전 양상이었다. 이때 원소의 책사 허유가 **아무리 공격해도 떨어지지 않는**[330] 관도 대신 허도를 급습하자는 꾀를 냈다. 그러나 원소는 **말 귀에 부는 동쪽바람**[331]격으로 이를 무시했다. 원소가 **맹인 무리가 코끼리를 만지는 격의 그릇된 판단을 하는**[332] 어리석은 신하들 때문에 머뭇거리는 사이 조조군은 원소군의 군량미 보관창고인 오소를 급습하여 불태웠다. 전세는 갑자기 역전되었다. 조조군은 여세를 몰아 총공세를 펼쳤고 원소의 대군은 **여지없이 패하여 다시 일어설 수 없게 되었다.**[333] 원소가 황하를 건널 때 따르는 군사는 900여기에 불과했다. 2만의 군대로 10만의 적군을 괴멸시킨 완벽한 승리였다. 이를 관도대전이라 한다. 이후 원소는 역사에서 사라졌다.

정답: 재)우후죽순 325.아비규환(의) 326.풍비박산(냈다) 327.사고무친(의) 328.백중지세 329.성동격서
330.난공불락(의) 331.마이동풍 332.군맹무상 333.일패도지(하였다)

7-4. 유비와 제갈량

서주가 근거지였던 유비는 여포에게 서주를 빼앗기고 조조에게 몸을 의탁하였다. 얼마 후 다시 조조를 떠나 원소에게 가는 등 마치 **이집 저집 돌아다니며 빌어먹듯**[334] 천하를 전전하였다. 관도대전에서 원소가 패하자 다시 그의 곁을 떠나 형주로 갔다. 이곳에서 한실의 종친이었던 유표에게 몸을 의탁하여 신야라는 작은 고을을 다스리고 있었다. **하는 일없이 넓적다리살만 찌우는 탄식**[335]의 세월을 보내던 중 새로운 운명의 전기가 될 인재를 얻었다. **그가 사는 초가집을 세 번 찾아간**[336] 끝에 제갈량을 얻은 것이다. 평생 초야에 묻혀 **군자의 세 가지 즐거움**[337]이나 즐길 생각이었던 제갈량이 마침내 세상으로 나왔다. 유비의 나이 47세, 제갈량의 나이 27세 때였다. 참고로 조조는 53세, 손권은 26세, 사마의는 27세였다. 이후 두 사람은 군신관계에 어울리지 않게 **쇠같이 단단하고 난초처럼 향기로운 관계**[338]를 맺고, **허물없이 지내는 매우 가까운 친구**[339]처럼 지냈다. 그리고 제갈량은 유비가 삼고초려해 준 은혜를 평생 **뼈에 새기어 잊지 않고**[340] 충성을 다했다.

첫 만남에서 제갈량은 유비에게 앞으로 취할 전략을 제시하였다. '동쪽의 오나라 손권과 손잡고 서쪽의 형주와 익주를 차지한다. 남쪽 오랑캐들과 화친을 맺고 북쪽 조조에게 대항한다.'는 전략이었다. 이는 그대로 실현되는 듯했으나 관우가 오나라에 죽임을 당하면서 깨어졌다.

제갈량이 **이미 지나간 일**[341]이니 빨리 잊고 오와 전쟁을 해서는 안 된다고 만류했다. 그러나 유비는 끝내 관우의 복수를 위해 군사를 일으켰다. 그리고 패하면서 병을 얻어 죽고 말았다. 어쨌든 유비와 제갈량은 **물과 고기의 관계**[342]로써 혼돈의 시대를 함께 하였다.

7-5. 손권과 적벽대전

204년 원소의 잔당마저 완전히 소탕한 조조는 중원을 안정시키고 천하 통일을 위한 진군을 시작하였다. 마침내 208년 형주를 침략했다. 목표는 유표와 유비였다. 그러나 형주에 도착했을 때 유표는 병사하고 그의 아들 유종이 **마른하늘에 천둥번개가 치는 것**[343]같은 소식에 겁을 먹고 조조에게 투항했다. 유비는 강릉으로 피신하고 이곳까지 조조군이 점령하자 하구에 있는 유표의 큰 아들 유기와 합류하였다.

한편 손권은 이 싸움을 주시하며 **마음속으로 몹시 애를 쓰며 속을 태웠다.**[재] 제갈량은 손권을 만나 오와 형주의 연합을 설득하였다. 형주가 함락되면 조조의 다음 목표는 강동이 될 것이라는 **한 마디 칼로 사람을 죽이는**[재] 논리에 손권도 마음이 움직였다. 주유를 도독으로 임명하고 수군 3만으로 유비와 연합하여 조조군과 싸우도록 했다. 두 진영은 양자강 연안인 적벽에서 맞섰다. 연합군은 남쪽, 조조군은 북쪽에 진을 치고 **조금만 건드려도 폭발할 듯한**[344] 위기 상황에서 대치했다.

조조의 군대는 연합군에 비해 매우 우세했지만 장거리 행군으로 **꿈인 듯 꿈이 아닌 듯**[345] 지쳐 있었다. 그리고 남방의 습한 기후에 적응하지 못하여 풍토병에 걸렸다. 거기에 뱃멀미까지 그들이 겪는 고통은 **몇 겹으로 둘러싸인 산 속**[346]이었다. 이를 해결한 것이 연환계였다. 군선들을 십여 척씩 쇠사슬로 연결한 다음 넓은 나무판을 깔아 연환선을 만들었다. 병사들은 육지에서 다니듯 안정을 찾았지만 치명적인 약점이 있었다. 바로 **나아가고 물러서기가 어려워**[재2] 화공(불화살 공격)을 당했을 때 대책이 없다는 것이다. 이 점을 간파한 주유는 황개로 하여금 거짓으로 투항하게 하였다. 황개의 투항하는 배들이 조조군에 다다랐을 무렵 배에서 불길이 치솟았다. 그리고 마침 불어온 동남풍을 타고 삽시간에 조조 수군의 배로 번지기 시작했다. 조조 수군의 배는 대부분 서로 연결된 연환선이라 순식간에 불바다가 되었다. 군사늘은 **혼백이 사방으로 흩어지듯**[347] 미처 피하지 못하고 타 죽거나 물에 빠져 죽어 **시체가 산을 이루고 피바다**[348]를 이루었다. 가까스로 육지에 오른 군사들도 기다리고 있던 연합군의 공격으로 살아남은 자가 몇 되지 않았다. 조조도 겨우 몸만 빼내어 소로로 도망쳐 허도로 돌아갔다.

이를 적벽대전이라 한다. 조조는 적벽대전에서 패하고 **승리의 여세를 계속 몰아가던**[재] 기세가 꺾여 당분간 강남을 포기했다. 유비는 익주를 차지해 촉한을 세웠다. 손권은 강동과 강남을 장악하여 마침내 위, 촉, 오가 대립하는 삼국시대가 시작되었다.

7-6. 한나라의 멸망과 삼국의 정립(鼎立)

적벽대전 이후 유비는 익주와 한중을 잇달아 차지하면서 급격하게 세력을 키웠다. 이 때 형주는 유비와 손권의 타협으로 둘로 나누어 강릉에는 관우가 육구에는 오의 여몽이 지키고 있었다. 여몽은 젊었을 때 **책을 손에서 놓지 않아**[349] 실력이 **날마다 달마다 늘었다.**[재] 그리하여 어쩌다 만나는 사람은 만날 때마다 달라진 모습에 **눈을 비비고 상대를 자세히 볼**[재2] 정도였다고 한다. 관우는 그런 여몽을 늘 경계했다. 그

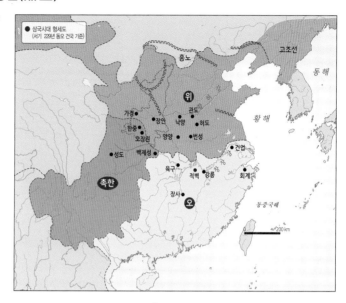

● 삼국시대 형세도
(서기 229년 동오 건국 기준)

러면서도 형주에 만족하지 않고 **호랑이가 먹이를 노려 보듯**[재] 북쪽 조조의 중원도 노렸다. 중원으로 향하는 길목인 번성에는 조인이 지키고 있었다.

서기 219년 관우는 번성을 공격하였다. 이때 조조는 손권과 화친을 맺고 있었다. 관우가 번성을 칠 때 육구의 여몽이 기습적으로 강릉을 공격하여 함락시켰다. **천 번(수없이) 고려했음에도 단 한 번의 실수**[350]로 패배한 관우는 퇴각하다 여몽의 군사에게 사로잡혔다. 관우는 목이 베어졌고 머리는 낙양의 조조에게로 보내졌다. **까마귀 날자 배가 떨어진**[351] 격으로 조조도 다음 해 66세로 세상을 떠났다. 관우와 조조의 죽음은 이후 천하 정세에 큰 영향을 미쳤다.

조조가 죽자 맏아들 조비가 위왕이 되었다. 이에 그치지 않고 신하들은 제위를 위왕에게 물려주도록 헌제를 협박했다. 더 이상 버티지 못한 헌제가 양위를 하자 제국의 이름을 위(魏)로 고치고 낙양을 수도로 하는 새로운 국가가 세워졌다. 서기 220년의 일이다. 이로써 명맥만 유지해 오던 한나라는 완전히 막을 내렸다.

이 소식을 접한 유비도 221년에 한나라를 잇는다는 뜻으로 익주의 성도를 도읍으로 하는 촉한을 개국하여 황제에 올랐다. 그러나 그 해 관우의 복수를 명분으로 오나라와 전쟁을 벌여 육손에게 패했다. 이후 백제성으로 도망쳐 실의의 나날을 보내다 병을 얻어 일 년 후 63세로 일생을 마쳤다. 아들 유선이 17세의 나이로 2대 황제에 올랐다. 손권 또한 229년 여러 신하들의 권고로 오나라를 창업하고 황제에 오르니 이때부터 비로소 위, 촉, 오 삼국정립의 시대가 열렸다.

정답: 349.수불석권(하여) 재)일취월장(하였다) 재2)괄목상대(할) 재)호시탐탐 350.천려일실 351.오비이락

7-7. 제갈량의 북벌과 죽음

제갈량은 촉한 건국 전부터 오나라와 협력하고 위나라에 대항한다는 것이 기본 신념이었다.

촉한 건국 후 유비가 관우의 원수를 갚고자 오를 정벌할 때도 반대했었다. 유비가 죽자 오나라와 화친을 맺고 천하통일을 위한 북벌을 5차례 단행하였다. 이는 젊은 시절 **바람을 읊고 달을 즐기며,**[352] **강과 호수(자연) 속에 사는 즐거움**[353]에 빠져 있을 때 삼고초려해준 유비에 대하여 **풀을 묶어서라도 은혜를 갚고자**[354] 하는 심정에서 비롯된 것이었다. 비록 모두 실패하였으나 운명에 맞서 **외로운 군대로 분연히 싸우는**[355] 비장함에 숙연한 마음이 들 정도였다.

제갈량의 제1차 북벌은 228년에 이루어졌다. 조자룡을 선봉으로 삼아 30만 대군으로 기산을 공략했다. 기산에 이어 안정과 남안, 천수를 함락시켰다. 낙양을 공격하던 맹달이 죽자 가정을 마속에게 지키게 하고 자신이 직접 나섰다. 그러나 마속은 반드시 산 밑에 진을 치라는 제갈량의 명을 어기고 산 위에 진을 쳤다가 물길을 차단당해 대패했다. 제갈양은 군기 위반의 책임을 물어 **울면서 (아끼는 장수) 마속의 목을 베고**[356] 회군하였다. 2차 정벌도 228년에 있었다. 그러나 이번에도 출사표를 올리고 진창으로 진군했지만 조자룡이 이미 죽은 터라 변변한 장수가 없었고 군량미마저 바닥이나 이내 철수했다. 229년의 3차, 231년의 4차 정벌 역시 사마의의 일관된 수비 작전을 뚫지 못하고 군량미가 떨어져 회군할 수밖에 없었다.

234년 제갈량은 10만 대군으로 5차 북벌을 감행하였다. 오장원에 진을 치고 그 동안 북벌 실패의 원인이었던 군량 문제를 해결하고자 둔전을 만들었다. 사마의는 성문을 굳게 걸어 잠그고 응하지 않았다. **적을 공격할 때는 나를 돌아본다는**[357] 적절한 전략이었다. 제갈량은 속수무책으로 시간만 보냈다. 둔전에서 거둔 식량도 감당하기 어려울 즈음 병을 얻었다. 결국 그 해에 군중에서 사망하고 마지막 북벌 또한 실패로 돌아갔다. **사람 목숨은 하늘에 달린 것이라**[358] 천하의 제갈량도 운명을 거스를 수 없어 **떨어지는 꽃과 흐르는 물**[359]처럼 사라진 것이다. 3국 중 가장 약하고 지리적으로 불리한 촉한이 천하를 통일하기 위해서는 북벌이 필요하다는 제갈량의 신념은 이로써 무너져 내렸다. 또한 7년간 5차례에 이르는 무리한 북벌은 국력의 약화로 이어졌다. 결국 촉한은 2대 황제 유선이 제위에 오른 지 43년만인 263년, 위의 장수 등애에게 항복함으로써 멸망하였다.

정답: 352.음풍농월(하며) 353.강호지락 354.결초보은 355.고군분투(하는)
356.읍참마속(하고) 357.공피고아(의) 358.인명재천(이라) 359.낙화유수

8. 진(晉)의 천하통일과 위진남북조시대

8-1. 위진남북조시대의 구분

위진남북조라는 용어에는 위, 진, 남조와 북조라는 3시대의 개념이 들어 있다. 또한 위나라가 220년에 건국된 이후 촉한(221~263), 동오(229~280)가 건국되어 이루어진 삼국시대도 이 시기에 포함된다. 이때 북조에는 변방의 5개 이민족이 16개국을 만들어 다투던 5호16국시대도 있다. 이 시대에는 **약한 나라가 강한 나라의 먹이가 되는**[재] 치열한 각축 속에 판세는 늘 **오리 앞까지 안개가 자욱한 듯했다.**[360] **적응한 자만이 살아 남는**[재] 경쟁은 수나라에 의해 통일될 때까지 계속되었다.

사마의의 손자인 사마염이 265년 조조의 아들 조비가 세운 위나라를 대신하여 진(晉)나라를 세웠다. 진은 280년 동오의 항복을 받아 천하를 통일했다. 그러나 천하통일 36년만인 316년에 흉노의 침입을 받아 멸망하였다.

진이 멸망한 이듬해 진 황실의 후손인 사마예가 남쪽으로 퇴각하여 건업(남경)을 수도로 하는 동진을 세웠다. 이를 기점으로 동진으로부터 시작되는 남조와 흉노, 선비, 저, 강, 갈 등 5개의 이민족이 세운 16개국으로부터 시작되는 북조시대가 열렸다. 역사에서는 이를 구분하여 위의 건국 후 진의 멸망까지를 위진시대, 남쪽의 동진과 북쪽의 5호16국으로부터 시작되는 시대를 남북조 시대라 일컫는다. 특히 위진시대의 진나라를 동진과 구별하여 서진시대라 한다. 남북조시대는 5호16국이 시작되었다고 여겨지는 서기 303년부터 수나라에 의해 천하통일이 이루어지는 589년까지 286년간 이어졌다.

정답: 재)약육강식(의) 360.오리무중(이었다) 재)적자생존(의)

8-2. 진(晉)의 건국과 천하통일

서기 251년 위나라 승상 사마의가 71세로 사망했다. 젊은 시절 제갈량과 천하를 건 싸움에서 승리한 영웅이었지만 말년에 조조의 후손들인 조씨 일파의 견제로 권력을 잃었다. 사망하기 2년 전 **고목나무에 꽃이 피듯**[361] 고평릉 정변을 통하여 기적처럼 **거의 죽었다가 다시 살아났다.**[재] **맨손과 빈주먹**[362]으로 끝날 듯했던 그의 인생이 다시 꽃피었다. 사망 당시 그가 가지고 있던 모든 권력은 두 아들 사마사와 사마소에게 넘겨졌다. 3대 황제 소제로부터 대장군에 임명된 사마사의 권력은 황제 이상으로 막강했다. 그러나 조씨 세력의 견제도 만만치 않았다. 사마사를 어떻게 제거할까를 두고 **고양이 목에 방울달기**[363]의 모의가 진행되었다. 그러나 모의는 사전에 발각되어 오히려 그들이 도륙을 당했다. 사마사는 소제를 폐하고 14살의 조모를 황제로 옹립했다. 255년 사마사가 죽자 정권은 동생인 사마소에게 이어졌다. 260년 조모 또한 사마소를 제거하려다 실패하고 살해 되었다. 사마소는 조환을 **이름만 있고 실속이 없는**[재] 5대 황제로 옹립하고 전권을 휘둘렀다. 위나라는 이미 운명을 다했지만 사마소는 황제를 살해했다는 오명으로 차마 황위를 찬탈할 수는 없었다.

263년 사마소는 등애를 대장군으로 촉한을 정벌했다. 황제 유선이 항복함으로써 촉한은 멸망하였다. 265년 사마소도 병으로 사망했다. 그의 뒤를 이어 맏아들인 사마염이 정권을 장악했다. 위의 황실이 유명무실해진 가운데 사마염은 정권 찬탈에 욕심을 냈다. 조정에는 사마씨 권력에 **배운 학문을 굽혀 아부**[364]하는 무리들, **우레 소리에 맞춰 행동**[365]하는 무리들뿐이었다. **목마른 사람이 우물을 파는 것**[366]이기에 사마염은 황제 조환을 압박하여 양위를 받았다. 국호를 진(晉)으로 바꾸고 스스로 무제라 칭했다. 이로써 위나라는 46년(220~265)의 역사를 마감했다.

280년 진 무제는 동오의 마지막 황제 손호의 폭정을 빌미 삼아 공격하여 항복을 받아냈다. 마침내 한나라 말기 황건적의 난 이후 100여 년간 분열되었던 천하가 통일되었다.

정답: 361.고목생화(하듯) 재)기사회생(하였다) 362.적수공권 363.묘향현령
재)유명무실 364.곡학아세 365.부화뇌동 366.갈이천정

8-3. 서진의 멸망과 5호16국

서진의 사마염(무제)은 황족뿐만 아니라 성씨가 다른 공신들을 우대하는 정책을 폈다. 먼저 27명의 사마씨 일족을 군과 현 단위의 왕으로 봉했다. 공신들에게도 작위를 수여하고 토지와 군대를 하사했다. **풀색과 녹색은 같은 색**[367]이니 제후국들이 황실을 보호할 것으로 여겼다. 그러나 이것은 **자신의 말과 행동이 앞뒤가 안 맞고 모순된 것**[368]이었다. 지방 권력이 강해지면 중앙 권력이 약화된다는 역사의 교훈에 **무지하고 아둔**[369]

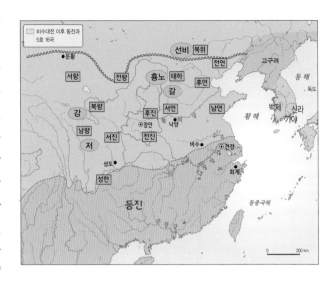

했다. 이는 이른 시기에 진나라가 혼란에 빠진 원인이 되었다.

290년 무제가 죽고 사마충이 혜제로 즉위하자 황태후와 황후의 외척 사이에 **진흙 밭의 개 싸움**[370] 같은 권력 투쟁이 시작되었다. 먼저 정권을 잡은 것은 혜제의 어머니 양태후와 그녀의 아버지 양준이었다. 그러나 혜제의 부인인 가황후가 곧 반격에 나서서 양준 일당을 몰아내고 10년간이나 권력을 휘둘렀다. 가황후 또한 그녀의 전횡을 참다못한 조왕 사마륜과 제왕 사마경에 의해 제거되었다.

301년 가황후를 척결한 조왕 사마륜이 혜제를 태상황으로 올리고 제위에 올랐다. 이때부터 사마씨 여러 제왕들 간에 **혈족간의 싸움**[371]이 시작되었다. 이를 8왕의 난이라고 한다. 이 처절한 싸움은 이미 **호랑이 등에 올라탄 기세**[372]여서 도중에 중단이 불가능했다. 난을 일으킨 여덟 명중 일곱 명이 희생되었다. 8왕의 난은 306년 동해왕 사마월이 권력을 차지하고 회제를 옹립하면서 막을 내렸다. 그러나 이 과정에서 여러 제후 왕들이 북방 유목민들을 전쟁에 끌어들여 5호16국시대가 시작되는 계기가 되었다. **뿔을 바로 잡으려다 소를 죽이는**[373] 격으로 진은 5호에 의해 멸망하였다.

304년 팔왕의 난과 대기근으로 민심이 흉흉해지던 시기에 산서지역 흉노족 유연이 한(漢)을 세웠다. 상당 등 4개군을 함락시키고 308년 스스로 황제를 칭했다. 2년 후 병사하고 그의 뒤를 이어 아들 유총이 등극하였다. 그는 등극하자마자 인근 4개 세력들과 힘을 합쳐 낙양을 침공했다. 마침내 311년 낙양성이 함락되고 회제는 살해되었다. 이를 영가의 난이라 한다. 회제가 죽자 장안에 있었던 사마업이 황제로 추대되었다. 그러나 316년에 장안마저 함락되어 서진은 결국 건국 52년 만에 멸망하였다. 서진을 멸망시킨 흉노족 한의 유총은 이민족 최초로 중원을 차지한 패자가 되었으며 이로써 북방에는 5호16국시대가 본격적으로 개막되었다.

정답: 367.초록동색 368.자가당착 369.무지몽매 370.이전투구(의) 371.골육상쟁 372.기호지세 373.교각살우

8-4. 동진에서 송으로 (남조)

316년 흉노의 유연이 세운 한나라에 의하여 서진이 멸망하였다. 그 과정에서 팔왕의 난과 영가의 난으로 **같은 병을 앓아 서로 가엾게 여기던**[374] 많은 황족과 권력가들이 강남에 피신하고 있었다. 317년 황족인 사마예가 **기회에 임하여(기회를 맞이하여) 알맞게 대처하듯**[375] 강남에 피신하고 있던 호족들의 지지를 업고 건업(남경)을 수도로 동진을 건국하였다.

383년 동진은 큰 위기를 맞이했다. 북조 전진의 부견이 천하통일의 야심을 품고 90만의 대군을 몰아 침공하였다. 동진은 **바람 앞의 등불**[재] 같은 위기에서 천신만고 끝에 초반 불리했던 전세를 뒤집고 비수 강에서 승리를 거두었다. 이를 비수대전이라 한다. 이때 동진군은 불과 8만여 명이었다. 10분의 1도 안 되는 군사로 **학의 목처럼 목을 길게 빼고 기다리던**[재] 승리를 거머쥔 것이다. 비수대전은 삼국시대 관도대전, 적벽대전과 함께 적은 군사로 승리한 3대 대전으로 기록되었다.

그러나 동진은 오래지 않아 국호가 중단되는 큰 변란이 생겼다. 399년 오두미교의 교주인 손은이 토지를 잃고 몰락한 농민들을 규합하여 난을 일으켰다. 손은의 난을 평정하는 과정에서 환현이 정권을 장악하였고 마침내 403년 안제를 폐위하고 새로운 나라인 초(楚)를 세웠다. 그러나 환현 또한 사치와 부패의 늪에서 벗어나지 못하여 건국 3개월을 넘기지 못하고 토벌되었다. 토벌군 중 가장 두각을 나타낸 인물이 유유이다. 405년 유유는 환현을 죽인 후 심양에 유폐되었던 안제를 다시 황제로 옹립했다. 이후 모든 중앙의 권력은 유유에게 집중되었다.

좋은 물건을 보면 갖고 싶은 욕심이 생기는 것[376]이 인간의 보통 감정[377]이다. 유유 또한 황제가 될 야심이 없지는 않았다. 그러나 그는 환현을 **본이 되지 않는 행동을 보여준 스승으로**[378] 삼았다. 황위에는 관심이 없는 척 **허점을 보여 실리를 챙기는**[379] 계략으로 일단 천하의 민심을 얻기 위해 북벌을 단행했다. 강남으로 쫓겨난 한족에게 북쪽의 영토를 되찾는 것은 오랜 염원이었기 때문이다. 그는 410년 시작된 북벌로 남연(南燕)과 서촉, 후진(後秦)을 차례로 멸망시키고 장안과 낙양을 손에 넣었다. 큰 공을 세운 유유 앞에 동진의 운명은 **모든 것이 끝장난 것이었다.**[380] 418년 유유는 안제를 폐위하고 그의 동생을 공제로 옹립했다. 마침내 420년 **매듭은 만든 자가 풀듯이**[381] 공제로부터 양위를 받아 황제가 되어 국호를 송(宋)이라 하였다. 동진시대가 막을 내리고 송으로부터 단명 국가로 이어지는 남조시대가 열린 것이다.

정답: 374.동병상련(의) 375.임기응변(으로) 재)풍전등화 재)학수고대(하던) 376.견물생심 377.인지상정 378.반면교사(로) 379.허허실실 380.만사휴의(였다) 381.결자해지(하듯이)

8-5. 5호16국에서 북위로 (북조)

서진 멸망 후 화북지역은 **이제야 처음으로 듣는**[382] 상황이 전개되었다. 한족과 5호 즉 흉노, 선비, 저, 갈, 강의 이민족이 130여 년간 16개국을 세웠다. 이들 나라들은 짧게는 10년 길게는 100여 년간 존속하며 **떠나고 합쳐지고 흩어졌다 모이며**[재] 통일과 분열, 남조 정권과의 대립을 거듭했다. 329년 잠시 갈족의 후조가 이룬 화북의 통일은 351년 후조의 멸망으로 다시 분열되고, 선비족의 전연과 저족의 전진이 두각을 나타냈다. 370년 전진의 부견이 전연을 멸망시켜 화북의 통일을 이루었다. 그러나 **빠르게 서두르면 이루지 못하듯**[383] 성급하게 동진을 정벌하려다 비수대전에서 패해 전진도 멸망했다. 화북의 분열은 더욱 심해졌다. 모든 세력이 **내 코가 석자**[384]인 상황에서 마침내 선비족 탁발부의 북위가 이를 평정하고 5호16국 시대는 막을 내렸다. 이후 북위는 남조의 동진과 강남과 화북을 차지한 양대 세력이 되었다.

북위는 386년 선비족 탁발규가 산서성을 점령하고 건국하였다. 이들은 **많으면 많을수록 좋다는 듯이**[385] 계속 영토를 확장하여 하북성과 하남성으로 세력을 넓히고 만주까지 진출했다. 북방 유목민들의 침입도 막아내는 등 황하강 일대의 화북지방을 완전히 통일했다. 495년 낙양으로 도읍을 옮기고 선비족의 전통적인 언어와 복장을 금지할 정도로 중국화 정책을 폈다.

이러한 중국화 정책은 **순서나 이치가(본과 말이) 거꾸로 된**[386] 것으로 많은 문제를 초래하여 결국 제국의 붕괴로 이어졌다. 한족의 생활방식에 동화된 상류층과 아직 유목생활을 하는 하류층의 사이가 점점 **하늘과 땅 차이**[재]로 벌어졌다. 지배층은 백성의 지지를 받았지만 제국의 기초를 쌓은 군대는 그들이 정복한 한족에게 거꾸로 지배당한다는 생각이 강했다. **등잔 밑이 어두워**[387] 황실은 이를 간과 했고 군대의 불만은 마침내 폭발했다. 524년 호태후가 불교 사찰건축에 지나친 비용을 지불하자 군대가 반란을 일으켰다. 곧 진압되었지만 이후 내란이 10여 년간이나 지속되었다. 528년 호태후는 황제를 독살하고 3살의 어린 아들을 즉위시켜 수렴청정을 하였다. 또 다시 군대가 반발하여 호태후와 어린 황제를 잡아 죽이고 2000여 명의 조정 신하들도 살해하였다. 이 과정에서 군대는 2개의 파벌로 분열하였다. 그리고 그들이 북위를 대신하여 534년 동위, 535년 서위를 건국하였다.

정답: 382.금시초문(의) 재)이합집산(하며) 383.욕속부달(이듯) 384.오비삼척 385.다다익선(으로)
386.본말전도(된) 재)천양지차 387.등하불명(으로)

8-6. 남조시대

강남에 동진에 이어 유유의 송나라가 들어섰으나 60년으로 단명하고 제, 양, 진나라가 차례로 이어졌다. 그러나 그 나라들 또한 24, 56, 33년의 단명이었다. 빈번한 왕조 교체로 정치는 혼란하고 사회는 어지러워졌다.

420년 송을 건국한 유유 무제는 귀족이 아닌 평민 출신의 무장이었다. **살결이 옥처럼 곱고 신선 같은 풍모**[388]에 풍채가 당당하고 **의젓한 사내**[389]였으나 교육을 제대로 못 받은 탓에 나라를 통치힐 능력이 부족했다. 비록 북벌에서 공을 세워 **주인 없이 비어 있는 산**[390]이 된 동진을 무너뜨렸으나 나라를 다스릴 철학이 부족했다. 그는 조정에 귀족 대신 한족을 중용하고 군권은 친족 중심으로 분배했다. 즉위 3년 만에 무제가 죽자 황손들 간에 치열한 **혈족끼리의 다툼**[재]이 벌어졌다. 422년부터 477년까지 55년간 6명의 황제가 아들이나 동생에게 죽임을 당했다. 그들은 **마치 술잔 속에 뱀 그림자를 보는 듯**[391] 환영에 시달리며 서로를 믿지 못했다. 비록 424년 즉위한 문제 때에 '원가의 치'라는 정치 안정과 문화발전의 시기가 있기는 하였지만 **언 발에 오줌 누기**[392]에 불과하였다. 이런 상황에서 송 왕조를 배반하는 신하가 나오는 것은 당연했다. 477년 친위대장인 소도성이 후폐제를 살해하고 어린 유준을 순제로 옹립했다. 2년 후 소도성은 **지나친 공손은 예의가 아니라는**[393] 듯이 순제를 협박하여 양위를 받고 제나라를 건국하였다.

제의 창업자 소도성은 4년의 짧은 재위 기간에 별 성과를 내지 못하고 죽었다. 2대 무제가 일시적으로 나라를 안정시켜 '영명의 치'라는 평가를 받았으나 이는 오래가지 못했다. 3대 명제 때에 황태자를 보호한다는 **무지하고 아둔한**^{재)} 명분으로 황족 27명을 살해하면서 송과 마찬가지로 치열한 골육상쟁이 시작되었다. 제나라 통치기간인 24년간 7명의 황제가 즉위하였으니 정치가 안정될 틈은 없었다. 500년 황족인 옹주자사 소연이 형이 사약을 받아 죽은 것을 빌미로 거병했다. **원인과 결과를 가려 선에는 선, 악에는 악으로 갚듯이**³⁹⁴⁾ 황제 소보권을 죽이고 동생 소보융을 화제로 옹립했다. 2년 후 502년 화제로터 양위를 받아 양나라를 건국했다.

양의 무제 소연은 남조 역사상 가장 긴 기간인 46년간 재위하였다. 그는 이전 왕조들의 멸망 원인을 **다른 산의 돌과 같은 교훈**³⁹⁵⁾으로 삼았다. 몸소 근검절약하면서 백성들에게 **덕이 있는 일을 서로 권하는**³⁹⁶⁾ 정치를 했다. 주사와 주면 같은 훌륭한 인재를 등용하였으며 그 자신의 문학적 소양도 대단했다. 그러나 **처음에 세운 뜻을 끝까지 밀고 나가지**³⁹⁷⁾ 못했다. 말년에 불교에 심취한 나머지 정사를 돌보지 않았다. 결국 **고니를 그리려다 오리를 그린**³⁹⁸⁾격으로 스스로 나라를 위기에 빠뜨렸다. 548년 후경이 반란을 일으켜 무제를 죽이고 간문제를 옹립했으나 얼마 후 간문제마저 죽이고 한(漢)을 세웠다. 그러나 바로 진패선이 반란을 일으켜 후경을 죽이고 경제를 추대하여 양 황실을 부활시켰다. 지금까지의 남조 정권이 그러했듯이 진패선 또한 얼마 후 경제로부터 양위를 받아 진(陳)을 건국하였다.

정답: 388.옥골선풍 389.헌헌장부 390.무주공산 재)골육상쟁 391.배중사영(의) 392.동족방뇨 393.과공비례(라는) 재)무지몽매(한)
394.인과응보(이듯) 395.타산지석 396.덕업상권(의) 397.초지일관(하지) 398.각곡유목

8-7. 북조시대

북위에서 525년 육진의 군사들이 반란을 일으켰다. **잎사귀 하나로 가을이 왔음을 알 듯**³⁹⁹⁾ 북위의 운명은 다한듯했다. 선비족 갈영이 반란군을 무력 진압한 후 이들과 합세하여 낙양을 위협했다. 낙양은 **달걀을 쌓아 높은 듯한**^{재)} 위기를 맞았다. 북위 조정은 원용과 원연에게 토벌하도록 했으나 원용은 전사하고 원연은 포로로 잡혔다. 갈영의 반란군을 진압한 것은 뜻밖에도 산서성을 근거지로 한 계호족 추장 이주영이었다. 그는 7천의 기병으로 반란군을 대파하고 갈영을 포로로 잡아 낙양으로 압송하여 참수시켰다. 이로써 조정은 평화와 안정을 기대했으나 **감히 바랄 수도 없는 일로**^{재)} 기다리고 있던 것은 북위 왕조의 붕괴였다.

이주영은 반란 진압의 공을 내세워 **양의 머리를 내걸고 개고기를 파는**⁴⁰⁰⁾ 격으로 내정까지 간섭했다. 당시 황제인 효명제는 장성했음에도 호태후가 섭정을 계속하자 이주영의 군대를 이용하여 정권을 찾아오려고 했다. 그러나 이것은 **우물 안에서 하늘을 보는**⁴⁰¹⁾ 어리석은 생각이었다. 이를 눈치 챈 호태후가 **도적이 도리어 몽둥이를 들듯이**⁴⁰²⁾ 선수를 쳐서 황제를 독살하였다. 이주영은 이를 빌미로 군사를 일으켜 **번갯불과 부싯돌 불**^{재)}처럼 호태후와 2000여명의 관료들을 살해하고 효장제를 옹립하였다. 그러나 그도 얼마 후 허수아비 황제가 되기 싫어 **같은 침상에서 서로 다른 꿈**⁴⁰³⁾을 꾼 효장제에 의하여 살해당하고 말았다.

이주영이 죽자 그의 조카 이주조가 군사를 이끌고 낙양으로 진격하였다. 효장제는 도망치다 잡혀 살해당했다. 이주조는 절민제를 새로운 황제로 내세웠다. 이주조 일족이 정권을 장악

했지만 내부에서 **같은 편끼리 하는 싸움**^{재)}이 일어나 북위가 둘로 나뉘는 사건이 발생했다. 이 주영 군대의 부장이었던 고환과 우문태가 각각 독립한 것이다. 정세는 고환의 관동 세력과 우문태의 관서 세력으로 양분되었다. 532년 고환은 이주조의 군대를 **여지없이 패하여 다시 일어설 수 없도록 만들고**^{재)} 낙양에 입성하였다. 그리고 절민제를 죽이고 효무제를 옹립했다. 고환의 전횡이 심해지자 효무제는 도망쳐 관중의 우문태에게로 갔다. 고환은 즉시 수도를 낙양에서 동쪽의 업성으로 옮기고 11세의 효정제를 새 황제로 세워 동위라 하였다. **어둠 속에서 물건을 찾듯**^{재)} 권력 키우기에 고심하던 우문태 또한 효무제를 독살하고 문제를 옹립하였다. 이로써 북위는 황실이 바뀌지 않은 채 업성의 동위(534년)와 장안(관중)의 서위(535년)로 갈라졌다.

각각 동위와 서위의 전권을 장악한 고환과 우문태는 곧 새로운 나라를 열었다. 고환은 550년 동위에서 양위를 받아 북제, 그리고 우문태 사후 그의 아들 우문각이 557년 서위를 멸망시키고 북주를 건국하였다. 이 나라들 또한 30여 년간 명맥을 잇다 수나라에 의해 멸망하였다.

정답: 399.일엽지추(이듯) 재)누란지세(의) 재)언감생심(으로) 400.양두구육 401.좌정관천(의) 402.적반하장
403.동상이몽 재)자중지란 재)일패도지(시키고) 재)암중모색(하며)

※ 위진남북조시대의 연표

위진시대 (삼국시대)	남북조시대		수(隋)의 천하통일
촉한(221~263) 동오(229~280)	남조	동진(317~420), 송(~479), 제(~502) 양(~557), 진(陳, ~589)	건국-581 통일-589 멸망-618
위(220~265), 서진(~316)	북조	5호16국(303~439), 북위(386~534) *동위(534~550) → 북제(~578) *서위(535~557) → 북주(~581)	

9. 수(隋)와 당(唐)

9-1. 수의 천하통일

서기 280년 서진에 의하여 동오가 멸망하자 분열되었던 천하가 통일되었다. 그러나 **완전히 다른 세대가 된 느낌**^{재)}도 잠시 서진 또한 이른 시기에 정치적 혼란이 왔다. 결국 316년 천하를 통일한지 36년 만에 흉노족 유연이 세운 한(漢)나라에 멸망하였다. 천하는 다시 분열되고 **여러 영웅들이 각 지역을 차지하고 세력을 다투는**^{재2)} 시대가 되었다. 이러한 상황은 589년 수나라에 의해 통일 될 때까지 계속되었다. 즉 후한이 멸망한 220년부터 수의 통일 589년까지 천하는 약 370여 년간 분열의 시대였다. 수의 천하통일을 이룬 인물이 수 문제 양견이다.

양견은 541년 서위의 실권자 우문태의 측근인 양충의 아들로 태어났다. 양충은 우문태가 죽고 그의 아들 우문각이 북주를 세울 때 공을 세워 대장군이 되었다. 양견도 부친의 후광을 입어 15살에 벼슬길에 오르고 스무 살에 대장군이 되었다. 이른 나이에 출세한 그는 **겉으로는 강하나 속은 부드러운**⁴⁰⁴⁾ 인간이었다. 정권을 차지하는 과정에서 **입은 재앙을 불러오는 문임**⁴⁰⁵⁾

을 잘 알아 늘 말조심했다. 일을 할 때는 **깊이 있게 생각하고 멀리까지 내다보며**[406] 추진했다. 578년 무제가 죽고 태자 우문윤이 등극하여 선제가 되었다. 양견은 큰 딸을 선제에게 시집보내 황제의 장인이 되었다. 권력에 한층 더 다가갔지만 **호랑이의 위세를 빌린 여우처럼 행동**[407]하지 않았다. 이듬해 선제가 죽자 8살의 정제가 황위를 잇고 양견은 섭정이 되었다. 조정의 전권을 장악하자 반대파들을 차례로 제거하고 승상이 되었다. 마침내 **스스로 못 할 일이 전혀 없는**[재2] 권력을 쥐게 되자 이제까지와 달리 본색을 드러냈다. 581년 정제로부터 양위를 받아 황위에 오르고 국호를 대수(大隋)라 하였다.

문제는 황위에 오르자 천하 통일 작업에 몰두했다. 582년 국경을 침범한 돌궐을 제압하고 우호관계를 맺어 북쪽 국경을 안정시켰다. 587년 후량을 병합하고 589년 남조의 진(陳)나라를 멸망시켰다. 마침내 **마지막으로 용의 눈동자를 그려 넣듯**[재] 370여 년간 분열되었던 천하를 통일하였다.

정답: 재)격세지감 재2)군웅할거 404.내유외강(의) 405.구화지문 406.심모원려(하며)
407.호가호위 재2)무소불위(의) 재)화룡점정(하듯)

9-2. 수 문제

수 문제 양견은 그릇이 큰 인물이었다. 어렸을 때부터 영특하여 **주머니 속 송곳**[408]처럼 눈에 띄었다. **허벅지를 송곳으로 찌르고 머리를 들보에 매달며**[409] 학문에 힘썼다. 인격 수양을 위하여 **자르고 쪼고 갈고 닦는**[410] 노력도 게을리 하지 않았다. 사람들과도 화합하지만 줏대 없이 늘 함께 하지는 않았다.[411] 벼슬길에 들어서는 **높은 곳에 오르기 위해 낮은 곳에서 시작하고, 자신을 낮출**[재] 줄도 알았다. 수나라는 비록 단명으로 끝났으나 그가 통치하면서 쌓은 업적은 당나라로 이어졌다. 중국역사상 최고의 문화를 꽃피운 당나라 시대의 기초를 그가 만든 것이나 다름없었다.

천하통일을 이룬 문제가 가장 먼저 한 일은 중앙집권제 강화였다. 한나라와 위나라를 본떠 관직 제도를 개혁하였다. 중앙에 삼공(세 명의 재상)과 상서, 문하, 내사, 비서, 내시성의 5성을 두고, 상서성 아래에 6조와 12부를 두었다. 지방기구도 개편하여 모든 군을 폐하고 주에서 현을 통솔하게 하였다. 지방관을 임명할 때도 **부패를 막고 정의를 드높일**[412] 목적으로 가급적 현지인은 배제했다. 다음으로 법제를 개혁했다. 죄명을 대폭 줄이고 가혹한 형벌을 없애는 등 **불을 보듯이 명확**[재]하게 형법을 간소화시켰다. 토지개혁으로는 모든 농민들에게 농지를 일정하게 나누어 주는 균전제를 실시하여 농업생산량을 증대시켰다. 장안성 남동쪽에 대흥성이라는 궁궐을 새로 건설하고 황하와 양자강을 연결하는 대운하 공사도 시작하였다. 모든 일이 **잘 드는 칼로 얽힌 삼 가닥을 자르는 것**[413]처럼 일사천리로 진행되었다.

머리와 꼬리를 다 자르고[414] **단칼에 곧장 들어가듯이**[재] 말하면 문제의 가장 큰 업적은 과거제도의 실시이다. 이전까지는 귀족의 자제나 그들을 통한 사적인 통로로 관리를 선발하고 임용하였다. 누구에게나 공평한 시험 방식의 과거제도는 우수한 인재들이 능력을 발휘할 기회를 제공하였다. **뼈를 바꾸고 탯줄을 뺏은 듯한**[415] 새로운 관리 임용 방식은 수나라 멸망 이후에도 계속 이어져 후세에 큰 영향을 끼쳤다. 우리나라도 고려 광종 때 도입되어 조선시대까지 발전을 거듭하며 이어졌다.

그러나 이 같은 업적에도 불구하고 말년의 문제는 정신이 혼탁해져 **처음의 뜻을 끝까지 밀고 나가지**[재] 못하였다. 특히 황제의 자질이 부족했던 둘째 아들 양광에게 속아 태자를 폐한 것이 치명적 실수였다. **겉과 속이 다른**[416] 양광이 변신하여 현명한 군주가 되기를 바라는 것은 **황하물이 맑아지기를 기다리는 것처럼 어려운 일**[417]이었다. 604년 문제가 죽자 양광이 황제(양제)가 되어 폭정을 일삼다가 수나라는 단명하고 말았다.

9-3. 수 양제

수양제는 중국역사상 폭군으로 잘 알려진 대로 **재주는 있으나 덕이 없는**[418] 군주였다. 재위 기간 중 자신의 능력을 과신한 나머지 **지나치게 크고 망령된 생각**[재]으로 토목공사를 남발했다. 만리장성과 아방궁, 자신의 능묘를 건축한 진시황과 **누가 형이고 아우인지 모를 정도**[재2]였다. 3차에 걸친 고구려 정벌은 무리한 군사와 군량미의 징발로 **누워서 하늘보고 침 뱉기**[419]처럼 민심의 이반을 불렀다. 그럼

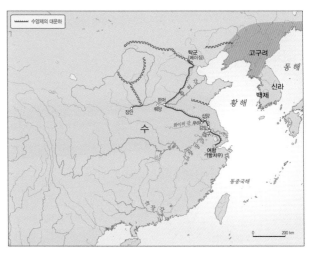

에도 신하들의 간언을 **말 귀에 부는 동쪽 바람**[재]이나 **소귀에 경 읽기**[420]로 무시하자 전국 각지에서 반란이 잇달았다. 이는 곧 수의 멸망으로 이어졌다.

양제의 첫 번째 토목사업은 동도(東都, 동쪽 도읍지) 건설이다. 그는 즉위 후 낙양에 둘레가 20킬로미터에 달하는 새로운 황궁을 지었다. 이것을 동경이라 하고 아버지 문제가 건설했던 장안의 대흥성을 서경으로 하여 2개의 수도를 만들었다. 장안이 서쪽에 치우쳐 제국의 수도로 적절치 않다는 이유였다. 그러나 아버지를 시해하고 즉위했다는 **스스로 부딪히는(부끄러워하는) 마음**[421]으로 **세상을 현혹시키고 백성을 깔보는**[422]것 이었다. 사업은 605년에 시작해서 606년에 완공하였다. 완성하는데 불과 1년 남짓 걸린 것이다. 매달 200여만 명이 동원되어 밤낮을 가리지 않았다니 백성들의 희생이 얼마나 컸을지 짐작이 된다. 그러나 이것은 그가 벌인 사업 중 **얼음산에서 드러난 한 조각**[423]일 뿐이다.

두 번째 사업은 남북을 연결하는 대운하 공사였다. 대운하는 양제 이전에도 건설된 적이 있다. 춘추시대 오왕 부차와 진(秦), 한(漢), 남북조시대, 그리고 선황인 문제 때에도 군사적 목적으로 운하를 만들었다. 그러나 모두 길이가 짧은 부분적인 공사였다. **명성이 헛되이 퍼진 것이 아닌**[재] 대운하는 양제 때의 일이다. 이때에 이르러 양자강 이남에서 서쪽의 장안성과 황하

강 이북까지 완전하게 남과 북이 연결되었다. 총 길이 2500km에 달하는 대운하는 동도를 건설 중인 605년에 시작하여 불과 6년 만에 완공되었다. 무려 300여만 명이 투입되고 죽은 자가 부지기수인 무리한 공사로 백성들은 **원망하고 또 원망하며 즐거워하지 않았다.**[재]

양제는 612년부터 3년간 3차례에 걸쳐 고구려와 전쟁을 벌였다. 그러나 민심이 이반된 가운데서 치른 전쟁이라 승리는 **나무에서 물고기를 구하는 것과 다름없었다.**[424] 문제 때에 돌궐, 거란, 말갈, 백제, 신라 등 주변국들은 수나라와 서로 돕고 돕는[425] 우호적 관계를 원했다. 그러나 고구려는 아니었다. 이를 징벌하고자 군사를 일으켰지만 뜻을 이루지 못했다. 결국 수나라는 **집안을 몰락시키고 몸도 망치듯**[426] 패망의 길을 걷게 되었다.

정답: 418.재승박덕(의) 재)과대망상 재2)난형난제 419.양천이타 재)마이동풍 420.우이독경
421.자격지심 422.혹세무민(하는) 423.빙산일각 재)명불허전(의) 재)앙앙불락(하였다)
424.연목구어(였다) 425.상부상조(하는) 426.패가망신(하듯)

9-4. 수의 멸망과 당 고조 이연

수나라가 멸망한 것은 618년이었다. 그러나 그 이전 10여 년간 수나라는 수많은 반란에 시달렸다. 동도 건설과 대운하 건설, 무리한 고구려 원정 등으로 부역과 군역, **가혹하고 억지로 거두어들이는 세금**[427]에 시달리던 백성들의 불만이 커진 때문이다. 왕박은 고구려 원정 준비가 한창이던 611년 고구려 침공의 전초 기지인 산동지역에서 농민 봉기를 일으켰다. **눈 위에 서리가 내린 격**[재2]으로 양현감은 양제가 2차로 고구려 원정 중인 613년 반란을 일으켰다. 양제는 급히 회군하여 진압했으나 이미 **양을 잃고 우리를 고친 격**[428]이었다. 이를 기점으로 반란은 전국으로 확대되었다. 그리고 규모도 커져 군웅할거 양상을 띠게 되었다. 이들 중 가장 두각을 나타낸 인물이 당 고조 이연이다.

이연은 명문가 출신이었다. 어머니가 수문제의 독고황후와 자매지간으로 수양제와는 이종사촌이었다. 613년 양제에 의해 13개 군의 병력을 통솔하는 자리에 올랐으며 616년 돌궐 방어를 위한 태원 유수가 되었다. 그러나 그해 돌궐이 국경을 넘어 침공했는데 이를 적절하게 막지 못했다. 양제는 죄를 묻고자 소환하였다. 그러나 **도적이 도리어 몽둥이를 드는 격**[재]으로 이에 응하지 않고 3만의 병력으로 거병하였다. 이후 천하통일을 위한 **온갖 방식으로 큰 뜻을 이루는**[429] 길을 걸었다.

이연의 첫 번째 목표는 서경인 장안 함락이었다. 먼저 배후의 돌궐과 우호관계를 맺어 **앞에는 호랑이 뒤에는 이리**[재]의 위험을 제거하였다. 오히려 지원군까지 받아 연합하여 장안을 침공했다. 마침 이밀의 반란군이 낙양성 공격에 집중하였기에 **민물조개와 도요새의 싸움에서 어부가 횡재**[430]하듯, **사냥개와 토끼의 싸움에서 농부가 이익을 취하듯**[431] 쉽게 장안성을 함락시킬 수 있었다. 장안에 입성한 이연은 양제의 손자 양유를 새 황제(공제)로 옹립하였다. 자신도 모르는 사이에 태상황이 된 양제는 아끼던 신하인 우문화급에게 살해당했다. **얼굴에 소가죽을 씌운 듯**[432]하고 **얼굴이 두꺼워 부끄러움을 모르던**[433] 폭군도 **뜨거워졌다 차갑게 식는 세상인심**[434]에는 속수무책이었다. 이 소식을 들은 이연은 지체 없이 공제에게 양위를 받고 618년 제위에 올랐다. 그리고 국호를 당이라 하고 장안을 수도로 삼았다.

비록 당 제국은 건국되었으나 아직 각지의 반란은 끝나지 않았다. 반란군 토벌전은 이후 10년 가까이 계속되다 양사도를 마지막으로 마침내 천하는 통일되었다.

9-5. 당태종과 정관의 치(治)

당태종 이세민은 당나라 건국의 일등공신이다. 아버지 이연이 거병을 망설일 때 적극 설득하였고, 건국 후 10여 년간 각지의 반란군들을 토벌할 때도 가장 큰 공을 세웠다. 능력 면에서도 **마음에 차 있는 넓고 큰 기운이**[435] 있고 아버지 이연이 **후세의 사람으로 두려워할**[436] 만한 인물이었다. 그러나 불행히도 장자가 아닌 둘째 아들이었다. 이 때문에 황위에 오르는 과정이 무척 험난할 수밖에 없었다.

반란군 토벌이 한창일 때 황태자 건성이 자신의 지위에 불안을 느끼고 동생과 함께 그를 암살하려고 했다. 그러나 이것을 **사실대로 직접 보고한**[437] 사람이 있었다. **파란이 만 길이나 되는**[재] 전쟁터에서 **산과 강에서의 전투를**[438] 다 겪은 이세민이 미리 심어둔 첩자였다. 그들이 **쥐가 구멍에서 머리를 내밀고 이쪽저쪽 보며 망설이고**[439] **너무 약하여 결단을 못 내릴**[440] 때 이세민이 선수를 쳤다. 황제의 명을 가장하여 현무문을 통해 궁중으로 들어오던 두 사람을 활로 쏘아 죽였다. 그리고 그 길로 황제를 협박하여 황태자가 되었다. 이를 '현무문의 변'이라고 한다. 석 달 후 그는 고조로부터 양위를 받아 2대 황제로 등극했다. 이가 곧 태종이다. 이 과정은 우리나라 조선시대 태종 이방원이 왕권을 잡는 과정과 흡사하다. 다른 점은 고종이 이를 순순히 받아들이고 이성계처럼 **함흥으로 보낸 사신(돌아오지 않는 심부름꾼)**[441]을 만들지 않았다는 것이다. 또 고종은 **언덕에 머리를 두는 처음의 마음**[442]으로 돌아가 모든 걸 내려놓고 조용히 여생을 보냈다.

태종은 비록 **혈족간의 싸움**[재2] 끝에 제위에 올랐지만 **백번이나 전투에 참여한 늙은 장수**[443]처럼 정치는 잘했다. 형제들을 죽인 것이 **대의를 위해 친족을 멸한 일**[444]이었다고 변명할 만했다. 그는 **세상을 덮을 만한 재주**[재]를 타고났다. 그러나 **한 손바닥으로는 소리가 나지 않는 것**[445]처럼 혼자만 한 것은 아니다. 위징이나 방현령 등 명재상들을 중용하고 끝까지 신임하면서 그들을 통하여 국정을 펼친 덕분이다.

먼저 그는 중앙에 3성 6부의 관직 제도를 시행하고 전국을 10도로 나누어 직접 통치했다. 수문제가 시행한 과거제도를 이어받아 출신에 상관없이 인재를 등용했다. 학문을 숭상하고 학자들을 우대하여 서적 편찬도 독려했다. 그 자신도 **한번 붓을 들면 거침없이 휘두르고**[446] 한 번 썼다 하면 **용과 뱀이 날아 올라가는 듯한**[447] 서예가이기도 했다. 이 시기 당나라 문화는 서방세계에도 명성을 떨칠 정도로 발전했다. 이로 인하여 훗날 **꿰맨 자국이 없는 하늘나라의 옷 같은**[재] 완벽한 글 솜씨를 자랑한 이백과 두보 같은 문인도 배출되었다. 민생 안전을 위하여 백성들의 부역과 군역(군대 복무), 세금 부담도 가볍게 하였다. 모든 농민에게 토지를 나누어주는 균전법도 시행했다. 당태종의 이러한 업적을 '정관의 치'라고 한다.

당태종은 많은 업적에도 불구하고 고구려 원정에 실패하여 오점을 남겼다. 644년 영토를 확장하고자 30만 대군을 이끌고 고구려를 침공하였으나 안시성 싸움에서 양만춘에게 패퇴하였다. **애는 썼으나 공이 없는**[448] 허망한 결말이었다. 649년 고구려 원정 때 앓았던 이질로 사망하자 아홉 번째 아들인 황태자 이치가 3대 황제로 등극하였다.

정답: 435.호연지기(가) 436.후생과외(할) 437.이실직고(한) 재)파란만장(한) 438.산전수전 439.수서양단(하고) 440.우유부단(할) 441.함흥차사 442.수구초심 재2)골육상쟁 443.백전노장 444.대의멸친 재)개세지재 445.고장난명 446.일필휘지(하고) 447.용사비등(하는) 재)천의무봉(의) 448.노이무공(의)

9-6. 측천무후와 무주혁명

측천무후 무조는 중국역사상 **오직 하나이고 둘도 없이**[재] 여자로서 황제에 오른 인물이다. 또한 악녀이면서 재위기간이 **나라가 혼란 없이 백성들이 편안한 시대**[재]로 평가받는 등 불가사의한 행적을 보였다. 태종의 후궁이 되어 당을 멸하고 주(周)를 개창하기까지 그녀의 삶은 권력의 화신다웠다. 비유가 적절치 않지만 **크게 될 사람은 늦게 이루어지듯**[449] 그녀는 66세에 황제가 되어 82세까지 재위하였다.

그녀의 나이 스물다섯일 때 태종이 사망했다. 죽은 황제의 후궁은 비구니가 되어야 한다는 관례대로 사찰로 들어갔다. 그러나 황태자 때부터 고종 이치와 깊은 관계였기에 곧 궁으로 다시 들어갔다. 이때부터 **사람의 얼굴에 짐승의 마음인**[재] 악녀의 기질을 마음껏 드러냈다. 황후가 되기 위하여 자신의 딸을 죽이는 **천 사람이 함께 분노**[재]할 만행을 저질렀다. 이를 황후에게 뒤집어 씌워 폐위시키고 자신이 황후가 되었다. 병약한 고종을 대신하여 권력을 장악하고 맏아들 홍을 태자로 책봉하였다. 이 때 반대했던 대신들은 물론 폐위된 황후도 무참히 살육했다. 고종은 건강이 안 좋아지자 태자 홍에게 선위하려고 하였다. 그러나 무조는 태자가 자신에게 반기를 들었다며 독살하고 이어서 책봉된 둘째 아들 현마저 폐하고 살해하였다. **뿔이 있는 짐승은 날카로운 이가 없는 법**[450]이나 무조는 이 둘을 다 가진 듯했다. 고종이 사망하자 넷째 아들 예종을 즉위켜 **늙은 말의 지혜**[451]로 권력을 마음껏 휘둘렀다. 결국 690년, 66세에 예종에게서 양위를 받아 황제가 되어 국호를 주(周)로 바꾸었다.

측천무후는 황위에 오르기까지 많은 황족과 정적들을 제거하면서 악녀의 본성을 마음껏 발휘하였다. 그러나 재위하는 동안에는 민생을 안정시켜 백성들의 지지를 받는 **겉과 속이 다른**[재] 면도 보여 주었다. 신하들에게도 **그럴듯하게 꾸민 듣기 좋은 말**[재]과 이따금씩 **얼굴이 망가질 정도로 크게 웃으며**[452] 가까이 지내기도 했다. 태행산에 올라 **구름을 바라보고 고향의 부모님 생각**[453]을 읊조리며, 부모님 가까이서 **까마귀 새끼가 어미에게 먹이를 물어다 주는 효도**[454]를 못하는 슬픔을 노래한 적인걸도 이때의 사람이다. 그러나 말년에 이르러서는 **충성스런 말이 귀에 거슬렸는지**[재] 충신들의 충간을 무시하여 정국이 불안해졌다. 705년 신료들이 난을 일으켜 측천무후를 폐하고 중종을 복위시켰다. 그녀의 나이 82세, 재위 15년 만에 주나라는 막을 내렸다.

정답: 재)유일무이(하게) 재)태평성대 449.대기만성(이듯) 재)인면수심 재)천인공노 450.각자무치 451.노마지지 재)표리부동(한) 재)교언영색 452.파안대소(하며) 453.망운지정 454.반포지효 재)충언역이(로)

9-7. 개원의 치와 양귀비

당의 6대 황제 현종은 44년의 재위기간 동안 **용의 머리에 뱀 꼬리**[재)]의 정치를 한 황제로 평가받는다. 전반기 30여 년은 태종 때의 '정관의 치'와 **대개는 같고 차이가 작은**[재2)] 치적을 쌓았다. 그러나 후반기는 서른네 살이나 어린 양귀비에 빠져 정사를 등한히 함으로써 나라를 도탄에 빠뜨렸다.

713년 우여곡절 끝에 현종이 즉위하였다. 그리고 요숭과 송경 등 뛰어난 재상들과 개혁정치를 단행하였다. 왕족과 외척의 병권을 빼앗아 권력을 장악하고 관료 제도를 간소화하였다. 감찰기구를 두어 관료의 부패를 예방하고 과거제를 개선하여 유능한 인재를 선발하였다. 군사제도는 토지를 지급받은 백성이 군역을 담당하는 부병제와 주둔한 군대가 농사일을 하여 군량미를 조달하는 둔전제를 실시하였다. 국법을 바로 세워 **착한 일은 권하되 악한 일은 벌하여**[455)] 사회기강도 바로 잡았다. 농업을 장려하고 생산량 증대를 위해 저수지 등을 만들었다. 당나라는 건국 이후 최고의 전성기를 누렸다. **착한 남자와 착한 여자,**[456)] **땔나무 하는 아이와 물 긷는 아낙네**[457)]에 이르기까지 모두가 평화로웠다. 한무제 때 개척한 비단길을 통하여 서양과도 무역을 하여 장안은 국제도시로도 명성을 떨쳤다. 이를 '개원의 치'라 한다.

그러나 736년 **아름다운 사람은 일찍 죽는다고**[458)] 총애하던 황후 무혜비가 세상을 떠났다. **정숙하고 기품 있는 여자**[459)]였던 짝을 잃고 현종은 정치에 열정과 흥미를 잃었다. 충신을 멀리하고 간신 이임보의 **달콤하고 듣기 좋은 말**[460)]에 현혹되어 실정을 거듭했다. **붉은 입술과 하얀 이를 가진**[461)] 미인 양옥환을 귀비로 책봉한 이후 **팔장을 끼고 보고만 있듯**[462)] 정치에 더욱 무관심해졌다. 양귀비의 사촌오빠로 무능하고 표리부동한 인물인 양국충을 중용하여 조정의 권위는 완전히 땅에 떨어졌다. **물고기 한 마리가 물을 흐리듯**[463)] 양국충은 황실을 매우 위태롭게 했다. 결국 755년 이를 빌미로 안록산의 난이 일어났다. 난을 피하여 촉 땅으로 떠난 몽진 길에서 병사들도 반란을 일으켰다. 양귀비는 자살하고 태자 이형에게 양위를 하였다. **누구를 원망하고 누구를 탓하겠는가,**[464)] **때가 늦었음을 한탄하나**[재)] 스스로 자초한 재앙이었다. 현종은 안록산의 난이 평정된 후 장안으로 돌아와 762년에 생을 마감하였다. 그의 인생은 마치 **취중에 살고 꿈속에 죽는**[465)] 듯했다.

정답: 재)용두사미 재2)대동소이(한) 455.권선징악(으로) 456.선남선녀 457.초동급부 458.가인박명(이라고) 459.요조숙녀 460.감언이설 461.단순호치(의) 462.수수방관(하듯) 463.일어탁수(이듯) 464.수원수구(하리오) 재)만시지탄(이나) 465.취생몽사(하는)

9-8. 절도사 제도와 안사의 난

당 현종 말기 북방 이민족의 침입에 토지를 지급받은 백성이 군역(군인 복무)을 담당하는 부병제가 기능을 못하자 절도사 제도를 두었다. 이민족과 대치하는 국경 지역에 번진을 설치하고 지휘관으로 절도사를 파견한 것이다. 이것은 **뿔을 바로 잡으려다 소를 죽인 격**[재)]이고 **굽은 것을 바로 잡으려다 지나치게 곧게 펴는**[466)] 결과를 초래하였다. 일반 지방 행정기관은 행정과 재정 군사권이 분리되어 있었다. 그러나 국경지대에는 외적 침입에 신속한 대응을 위하여 우두머리에게 권한 집중이 필요했다. 이로 인해 삼권을 장악한 절도사는 무소불위의 권력을 갖게 되었다.

755년 절도사 안록산이 15만 대군으로 반란을 일으켰다. 현종의 부패 척결과 정권을 농단하는 양국충 토벌이 **큰 뜻의 명분**[재2)]이었다. 반란군은 거병 33일 만에 낙양을 점령하였다. 안록산은 스스로 황제를 칭하여 국호를 대연이라고 하였다. 그리고 여세를 몰아 장안으로 진격했다. 그 때도 양귀비에 빠져 '나는 전혀 상관하지 않는다는 태도로,'[467] 정치에 무관심했던 현종은 장안을 버리고 촉 땅으로 몽진을 갔다. 후회막급이었지만 **이미 지나간 일**[재]이었다. 몽진 길에서 현종을 호위하던 병사들이 반란을 일으켜 양국충을 죽였다. 그리고 양귀비마저 내어달라고 협박했다. 결국 양귀비는 자결하고 현종은 제위를 아들인 숙종에게 양위하였다. 한편 757년 안록산은 아들 안경서에 의해 살해당했다. 반란군 내부는 **같은 편 안에서 벌어지는 혼란**[재2]에 휩싸였다. 숙종은 이 틈을 이용하여 반란군을 진압하고 장안을 수복하였다.

반란이 진압된 이듬해 안록산의 부하 사사명이 또 반란을 일으켰다. 그리고 안록산의 뒤를 잇는다는 의미로 스스로 대연 황제를 칭했다. 3년 후 사사명은 아들 사조의에게 피살되었다. 반란군 내부는 각종 **근거 없이 떠도는 소문이**[468] 난무하면서 분열되었다. 마침내 763년 당나라를 돕던 위구르군과 범양절도사 이회선의 연합 공격으로 반군은 패배하고 사조의는 자결하였다. 이로서 안록산, 사사명, 사조의로 이어진 반란은 9년 만에 종료되었다. 이를 안사의 난이라고 한다. 도탄에 빠진 백성을 구한다는 원대한 꿈으로 시작했지만 **노생의 꿈**[469]처럼 허무한 종말이었다.

세 차례에 걸친 안사의 난은 당나라가 번영에서 퇴락의 길을 걷게 되는 계기가 되었다. 재정 악화는 백성들에 대한 **가혹하게 거두고 죽일 듯이 빼앗는 상황**[재]으로 이어져 민생은 더욱 도탄에 빠졌다.

정답: 재)교각살우 466.교왕과직(의) 재2)대의명분 467.오불관언(으로) 재)기왕지사 재2)자중지란
468.유언비어(가) 469.노생지몽 재)가렴주구

9-9. 황소의 난과 당나라의 멸망

안사의 난은 이후 정치, 사회적으로 많은 변화를 가져왔다. 난을 진압하는 과정에서 국경지역에만 두었던 번진을 각 지역으로 확대했다. 이때 설치된 번진은 40여개에 이르렀다. 번진에 파견된 절도사들은 난을 진압하는 데는 기여했으나 이후 중앙의 통제에서 벗어나 독립하려는 경향을 보였다. 마치 **신발을 신고 가려운 발을 긁는**[470] 격으로 중앙의 통제는 효과가 없었다. 황실은 그들의 세력이 더 이상 팽창하는 것을 억제하기 위해 중앙군을 확대해야만 했다. 이를 위해 세금은 늘어날 수밖에 없었고 이는 민생의 파탄으로 이어졌다. 말기에 이르러서는 한나라와 마찬가지로 환관들이 황제의 위임을 받아 **호랑이의 위세를 여우가 빌리듯**[재] 권력을 장악했다. 그리고 귀족들, 신흥 관료들과 뒤엉켜 **진흙 밭 개 싸움**[재]의 권력다툼을 벌였다. 정치는 더욱 혼란에 빠지고 사회질서는 급속도로 무너져 갔다. 이 과정에서 **결국 모든 일은 정해진 이치대로 가는 것**[471]으로 각지에서 반란이 일어났다.

사회 혼란을 더욱 부추긴 것은 758년 실시된 소금의 전매제도였다. 전매 초기 1두당 10문이었던 소금 가격은 계속 늘어나 30배인 300문에 이르렀다. **말길이 끊어지는(말문이 막히는)**[472] 상황에서 필연적으로 소금 밀매업자가 생겨났다. 국가는 이들을 염적이라고 하여 엄벌했다. 염적이 많아질수록 더욱 가혹한 법을 만들어 **이전의 죄까지도 모두 거슬러서 적용**[473]하여 처벌하였다. 결국 강력한 토벌은 반란으로 이어져 그들은 무장을 하고 대항하였다.

874년 소금밀매업자인 왕선지가 하남에서 군사를 일으켰다. 얼마 후 황소도 산동에서 호응하였다. 황실은 인근 지역 절도사들에게 진압을 명령하였으나 그들은 소극적이었다. 더욱 **기**

세가 만 길이나 높아진^{재)} 반란군은 산동, 하남, 호북지역까지 세력을 떨쳤다. 그러나 878년 왕선지가 황매에서 정부군에 대패하고 전사하였다. 10만 반란군은 황소에게 흡수되고 그는 충천대장군으로 추대되었다. 반란군은 광주를 점령하고 880년에는 60만 대군을 몰아 낙양을 점령하였다. 이어서 **아침해가 떠올라 하늘로 치솟는**^{재)} 기세로 수도 장안을 공격하였다. 급박한 위기에 크게 놀라 **얼굴빛이 하얗게 질린**^{재)} 황제는 사천으로 피신하고 남은 신료들은 항복하였다.

장안을 점령한 황소는 황제 자리에 오르고 국호를 대제라 하였다. 그러나 반란군은 **황당하고 믿을 수 없는**^{재)}실수를 저질렀다. 사천으로 피신한 희종을 추격하지 않았고, 점령 지역에 군대를 주둔시키지 않은 것이다. 이것은 **자기 줄로 자기를 묶는**^{재2)} 실책이었다. 884년 관군이 반군을 토벌하고 황소가 자결함으로써 10여 년간 이어진 반란은 평정되었다.

황소의 난은 실패로 끝났지만 가뜩이나 쇠약해진 당나라에 **몸도 목숨도 다 끊어질**^{재)} 타격을 주었다. 결국 당나라는 907년 주전충에게 나라를 빼앗겼다. 주전충은 황소를 배신하고 정부군에 투항하여 반란을 진압한 공으로 절도사가 된 인물이다. 그렇기에 당 황실의 입장에서는 **은혜를 배반하고 베푼 덕을 잊었다고**^{재2)}할 수 있겠지만 이미 당의 운명은 다하고 있었던 것이다. 주전충은 마지막 황제인 애제로부터 양위를 받아 황제가 되고 국호를 후량이라 하였다. 그러나 이후 전국 각지의 절도사들이 들고 일어나 천하는 다시 분열되었다. 이어서 5개의 큰 나라와 10개의 작은 나라가 각축을 벌인 5대10국시대가 열렸다. 그리고 이 상황은 960년 후주의 절도사 조광윤이 세운 송나라에 의하여 천하통일이 이루어짐으로써 종료되었다.

정답: 470.격화소양 재)호가호위(하듯) 재)이전투구 471.사필귀정 472.언어도단(의) 473.소급적용 재)기고만장(한) 재)욱일승천(의) 재)대경실색(한) 재)황당무계(한) 재2)자승자박(의) 재)절체절명(의) 재2)배은망덕(하다고)

10. 동북공정, 중국의 역사왜곡

10-1. 동북공정(東北工程)이란 무엇인가?

2000년대 들어 중국은 우리나라 고대사를 중국역사에 편입시키는 연구를 **사리의 옳고 그름(굽었는지 곧은지)을 묻지 않고**^{재)} 진행하고 있다. 이를 동북공정이라고 한다. 공정(工程)의 사전적 의미는 '어떤 결과를 얻기 위한 일련의 단계', '어떤 작업이나 제조 과정'이라는 뜻이다. 즉 동북공정이란 중국이 어떤 목적을 깊고 진행하는 만주와 한반도 등 동북지역의 역사 연구이다. 최근에는 역사뿐만 아니라 심지어 김치도 중국음식, 한복도 중국식 복장이라고 하는 등 **이제야 처음 듣는**^{재)} 문화공정도 서슴지 않는다. 2017년에는 고구려 전통무예 수박을 중국의 무형문화재로 지정하기도 했다. 2001년 북한이 고구려의 고분군을 세계문화유산으로 유네스코에 등록 신청했다. 그러자 중국도 **도둑이 오히려 몽둥이를 드는**^{재2)} 격으로 2003년 고구려 수도 국내성이 위치했던 집안 주변 고구려 고분군을 세계문화유산으로 등록 신청했다.

중국이 이처럼 동북공정에 열을 올리는 까닭은 무엇일까?

중국은 1980년대 덩샤오핑이 **검은 고양이든 흰 고양이든 쥐만 잘 잡으면 된다는**⁴⁷⁴⁾ 이론으로 자본주의 시장경제를 도입하였다. 그리고 오늘날 일본과 독일을 제치고 세계2위의 경제대국으로 도약했다. 이 과정에서 지속적으로 **빛을 감추고 어둠 속에서 힘을 기르는**⁴⁷⁵⁾ 전략을 유지했다. 그런데 2002년 주석으로 취임한 후진타오가 '군사력이 아닌 평화로 우뚝 선다.'는 화평굴기를 주장했다. 2012년 취임한 시진핑 주석도 중국과 중앙아시아, 유럽을 연결하는 일대일로(一帶一路) 정책을 추진하면서 중화패권주의의 야욕을 드러냈다. **까마귀 날자 배 떨어지는**^{재)} 격으로 중국의 동북공정이 이 시기와 겹친다. 그리고 중국정부의 **눈 아래에 사람이 없다는 듯한**^{재)} 태도를 보면서 우리 국민들은 동북공정이 중화패권주의 차원이라고 생각한다.

그러나 이와 같은 가정은 무리가 있다. 현재 중국은 미국과 **용과 범이 싸우는 듯한**^{재)} 치열한 패권 다툼을 벌이고 있다. 이 상황에서 중화패권주의에 기반한 동북공정은 **타당한 두 명제가 서로 모순인 것**^{재)}으로 중국의 이익에 맞지 않는다. 그보다는 **땅(처지)을 바꾸어 생각하여**⁴⁷⁶⁾ 중국의 입장에서 그 의도를 파악하는 것이 옳다. 즉 중국은 한족과 55개에 이르는 소수민족으로 이루어진 다민족국가라는 사실이다.

정답: 재)불문곡직(하고) 재)금시초문(의) 재)적반하장 474.흑묘백묘 475.도광양회 재)오비이락
재)안하무인(의) 재)용호상박(의) 재)이율배반 476.역지사지(로)

10-2. 중국 속의 이민족 역사

중국은 주변 국가 중 우리나라에 대한 동북공정만 펼치는 것은 아니다. 몽골에 대해서는 **머리와 꼬리를 다 자르고**^{재)} 본래 자국의 영토라고 주장한다. 베트남도 중국 남방의 영토를 무단으로 사용하는 지방 정권이라는 것이다. 현재 분리 독립하려는 티베트와 신장 위구르 자치구에 대한 서북공정, 서남공정도 함께 이루어지고 있다. 티베트에 대하여는 **낯이 두꺼워 부끄러움을 모르는지**^{재)} 처음부터 중국의 일부분이었다고 한다. 신장 위구르 자치구도 한나라 이래로 한족과 강족, 흉노가 뒤섞여 살던 지역이므로 원래 중국 영토라는 **얼굴에 소가죽을 씌운 듯한**^{재)} 주장이다. 이런 **말문이 막히는**^{재)} 주장의 근거는 무엇일까? **말 중에 뼈가 있다**⁴⁷⁷⁾던데 그 속에 어떤 뼈가 있는 것일까? 이는 중국 역사에서 한족과 이민족의 관계로 생각해볼 수 있다.

진(秦)나라 이후 중국역사는 한족과 이민족간의 **한번 나아가고 한번 물러나는**^{재)} 대립의 역사라고 해도 과언이 아니다. 진시황은 **준비를 하여 근심을 없애는**^{재)} 전략으로 만리장성을 쌓아 이민족의 침입에 대비하였다. 한나라 무제는 적극적인 이민족 정벌을 통하여 흉노족을 고비사막 서쪽으로 밀어냈다. 그리고 서남과 남월을 정벌하여 13군, 위만조선을 멸망시키고 만주와 한반도에 한4군을 설치하였다. 이민족이 본격적으로 중국 대륙을 차지한 것은 서진(西晉)이 멸망한 이후이다. 남북조시대 흉노, 선비, 저, 갈, 강의 이민족이 **비온 뒤의 대나무 죽순**^{재2)}처럼 발호하여 5호16국을 세웠다. 이후 당나라와 5대10국 시대를 거쳐 송나라 등 한족이 잇달아 중원을 제패하였다. 그러나 이후 거란족의 요나라, 여진족의 금나라, 몽고족의 원나라 등 이민족이 차례로 중원을 차지하였다. 원나라는 **이를 갈고 속을 썩이며**^{재)} 한족 부흥의 기치를 내건 명나라에 의하여 멸망하였으나 다시 만주족인 청나라가 명나라를 멸망시키고 중국을 차지하였다. 근대에 이르러 1911년 신해혁명으로 한족이 **흙먼지를 일으키며 땅을 말아(힘을 길러) 다시 와서**^{재)} 청나라를 무너뜨리고 중화민국을 세웠다. 그리고 2차 세계대전 후 중국 공산당의 중화인민공화국이 이어받아 오늘에 이르렀다.

정답: 재)거두절미(하고) 재)후안무치(하게도) 재)면장우피(의) 재)언어도단(의) 477.언중유골(이라)
재)일진일퇴(의) 재)유비무환(의) 재2)우후죽순 재)절치부심(하며) 재)권토중래(하여)

10-3. 동북공정의 배경

한족과 이민족의 대립 구도 속에서 나타난 특징은 중국이 이민족에게 정복당했을 때 영토가 훨씬 넓었다는 것이다. 이것은 정권을 잡은 이민족 자신의 지역에 한족의 지역을 더한 때문이다. 그러나 **싸움에 임하면 물러서지 않는**[478] 기질을 타고난 그들이 그것에 **자기 분수를 지키며 만족**[479]하지 않고 **동에 번쩍 서에 번쩍**[재]하며 변방의 다른 이민족들을 병합한 것이 더 큰 요인이다. 오늘날 중국의 영토는 역사상 가장 넓다. 특히 한족이 세운 통일국가인 송나라나 명나라보다 2배는 넓다. 이것은 만주족 청나라가 역사상 가장 큰 영토를 차지하고, **하늘과 신령이 도와**[480] 이를 그대로 물려받았기 때문이다. 청나라는 건국 직후 **달리는 말에 채찍을 가하듯**[481] 영토 확장을 계속하였다. 그리하여 4대 강희제 때에 러시아, 몽골과의 전쟁을 마지막으로 아래 그림과 같이 가장 큰 영토가 확정되었다. 한족 입장에서는 만주족에 잠깐 나라를 빼앗긴 것이 마치 **양을 잃고 소를 얻은**[482] 격이다. 오늘날 중국이 한족과 조선족을 포함하여 장족, 만주족 등 55개 소수민족으로 이루어진 다민족국가가 된 것은 그 때문이다.

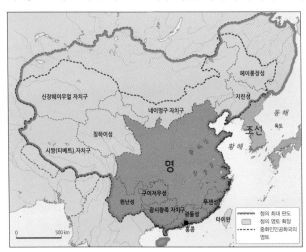

이러한 상황에서 중국정부가 **마음 속으로 애를 쓰며 속을 태우는**[재2] 것이 있다. 바로 강력한 통일국가라 하더라도 때가 되면 분열하고 다시 통일되는 과정을 반복했던 역사의 교훈이다. 현재 서쪽의 티베트와 신장 자치구는 **자나 깨나 잊지 않고**[재] 분리 독립을 간절히 염원하고 있다. 우리나라 또한 간도영유권 주장과 옛 고구려 영토였던 만주에 대한 수복 의지를 가끔 드러낸다. 중국은 이처럼 주변국들이 자신들의 의도와 다르게 **한 침상에서 서로 다른 꿈**[재]을 꾸는 것에 예민하게 반응한다. 여기에 더하여 2001년 우리나라 국회에서 중국 내 조선족의 법적 지위에 관한 특별법을 상정하고 북한이 고구려 고분군을 유네스코에 세계문화유산으로 등록 신청하자 중국이 움직이기 시작했다. 2002년 동북공정 전문가 1차 회의를 시작으로 2007년까지 5년간의 일정을 마쳤다. 이때부터 추진된 동북공정이 우리 입장에서는 **제논에 물대기**[483]나 **강하게 끌어다 붙인 억지 논리**[484]처럼 보일지 모른다. 그러나 중국 입장에서는 남북통일 이후 있을지도 모를 우리나라와의 영토 분쟁의 **원인을 찾아 뿌리째 뽑아버리겠다는**[485] 의지의 표현일 수 있다.

정답: 478.임전무퇴(의) 479.안분지족 재)동분서주 480.천우신조(로) 481.주마가편(으로) 482.망양득우(한) 재2)노심초사(하는) 재)오매불망 재)동상이몽 483.아전인수 484.견강부회 485.발본색원(하겠다는)

10-4. 동북공정의 목적

동북공정의 주요 논리는 속지주의 역사관에 있다. 현재 중화인민공화국 영토 내에 있는 모든 역사는 처음부터 중국에 있었다는 것이다. 자신의 영토에 편입된 이후를 자국 역사로 인식하는 속지주의 역사관은 문제가 없다. 오늘날 대부분의 국가들 또한 이를 채택하고 있다. 그러나 중국 영토가 되기 이전에 존재했던 모든 왕조들을 중국 역사에 포함시키려는 것은 명약관화한 역사 왜곡이다. 고구려와 발해는 우리 민족이 세운 나라이다. 중국이 고구려와 발해가 차지하고 있던 만주를 자국 역사로 주장할 수 있는 것은 발해 멸망 이후이다. 그럼에도 현재 중국 영토에서 이루어졌기 때문에 고구려사와 발해사 모두 중국사라는 것은 **책상에서 하는 현실성 없는 헛된 이론**^{재)}일 뿐이다.

그러나 중국이 동북공정을 추진하는 근본 이유는 이런 비약적인 논리가 아니라 중화민족주의의 관점에서 접근하는 것이 옳다. 중화민족주의는 현재 중국 사회를 구성하는 55개 소수민족을 하나의 중화민족으로 묶는 것이다. 그리고 현재는 물론 차후 제기될 수 있는 소수민족 분쟁의 단초를 제거하는 것이 동북공정의 의도인 것이다. 그런 이유라면 적어도 **아무 소용이 없는 헛된 이론**^{재)}은 아니다. 이와 같은 관점에서 동북공정을 추진하는 목적을 추론해 본다면 두 가지로 요약할 수 있다.

첫째는 한반도 통일 이후 발생할 수 있는 만주 지역에 대한 한국과의 영토 분쟁을 미연에 방지하겠다는 정치적 목적이다. 둘째는 현재 벌어지고 있거나 추후 발생할 수 있는 중국 내 소수민족들의 분리 독립운동 자체를 막겠다는 의도이다. 이것은 **겁먹은 사람이 바람 소리와 학의 울음소리에 놀라듯**[486) 현재의 중국이 분열될 것을 우려한 때문이다. 또한 당장은 주변국과 불편한 관계가 되더라도 이런 주장을 **우공이 산을 옮기듯**[487) 계속 하는 것이 궁극적인 효과가 있을 것이라고 보는 것이다.

정답: 재)탁상공론 재)공리공론 486.풍성학려(처럼) 487.우공이산(처럼)

10-5. 동북공정의 주요내용과 반론

중국에서 주장하는 동북공정의 내용은 크게 두 가지로 분류할 수 있다. 첫째는 속지주의 역사관의 관점에서 우리나라의 고대사 중 현재 중국 영토인 만주지역을 무대로 펼쳐졌던 일체의 역사는 중국역사라는 것이다. 여기에는 고조선과 위만조선, 한사군과 고구려, 발해의 역사를 포함한다. 둘째는 현재 북한의 영토는 우리 민족이 세운 조선의 영토이기에 앞서 고구려가 남하하여 차지하였기 때문에 이 또한 중국역사에 포함되어야 한다는 것이다. 이러한 주장들의 좀 더 구체적인 내용을 반론과 함께 제시한다.

첫째, (주장) 기자조선의 기자는 중국 상나라의 왕손으로 상의 멸망 후 주 왕실에서 임명한 제후이므로 기자조선은 주나라의 제후국이다. 위만조선을 세운 위만 역시 한(漢)나라 제후국인 연나라 사람이다. 한무제는 위만조선을 무너뜨리고 그 땅에 4군(한4군)을 두어 직접 통치하였다. 그러므로 기자조선, 위만조선, 한4군으로 이어지는 시기의 중국 동북지역의 역사는 중국사이다. 또한 이들 나라의 주축인 부여족도 한(韓)민족과는 상관없는 고대 중국의 소수민족 중의 하나이다.

(반론) 제 논에 물대기식 논리^{재)}가 이만저만이 아니다. 고조선은 독자적인 청동기 문화를 이룬 단군조선의 나라이다. 부여족은 고대 한민족의 원류인 예맥이 세운 나라로 현재 우리 말(언어)을 쓰던 한민족이다. 기자조선의 기자는 실체가 불분명하며 위만조선과 한4군은 명백히 고

대 중국이 우리나라를 침략하여 잠시 나라를 빼앗은 것에 불과하다. 이후 고구려에 의하여 이 영토들이 대부분 수복되었다. 이런 터무니없는 주장을 하다니 **배를 움켜잡고 웃다가 넘어질**[488] 지경이다.

둘째, (주장) 고구려는 중국 땅(한4군의 하나인 현도군)에 세워졌고 본토에 조공을 바치던 중국의 지방 정권이었다. 주체 세력도 우리 민족인 예맥이 아니라 당시 중국의 소수 민족이었던 고이족이다. 따라서 수와 당나라가 고구려와 벌인 전쟁도 내전이지 침략 전쟁이 아니다.

(반론) 참으로 **슬프고 분하여 의분이 북받칠**[재] 주장이다. 1990년대 이전 발간된 모든 중국의 역사서는 고구려가 예맥족이 세운 나라이며 고구려와 수·당의 전쟁도 침략전쟁임을 명시하였다. 고구려사 또한 백제, 신라와 함께 한국의 삼국시대로 다루었다. 조공은 당시 중국과 주변국 사이의 관례로 백제와 신라, 왜도 마찬가지였다. 유독 고구려사만이 중국역사라고 하는 것은 이치에 맞지 않다. 특히 광개토대왕 때에 영락이라는 연호를 사용했는데 고구려가 중국의 제후국이었다면 이는 불가능한 일이다. 이 또한 **강하게 끌어다 자기에게 유리하게 짜 맞춘**[재]억지 논리이다.

셋째, (주장) 발해의 국호는 말갈국으로 고구려인은 소수에 불과하므로 중국의 지방정권이라고 보는 것이 타당하다.

(반론) 이미 고구려사를 중국사라고 했으니 **이미 한 말을 자꾸 되풀이하는**[489] 주장에 불과하다. 발해는 고구려 유민이 말갈족과 함께 세운 나라이다. 당나라에 멸망한 고구려 영토 중 많은 지역을 차지하여 신라와 함께 남북국시대를 연 고구려의 계승국이다. 국호도 말갈국이 아니라 처음에는 진국이었으며 이후 고려, 고려국으로 불렸다. 반론보다 차라리 **하늘을 우러러 한바탕 크게 웃고**[490] 싶은 심정이다.

이 외에도 중국의 지방 정권인 고구려가 평양으로 도읍을 옮기고 한반도 북부지역을 차지하였으므로 한반도 북부 지역도 중국사라고 주장한다. 억지 논리와 무례함에 **크게 외치는 한 마디 소리로**[491] 꾸짖고 싶다.

정답: 재)아전인수 488.포복절도(할) 재)비분강개(할) 재)견강부회(식) 489.중언부언(하는) 490.앙천대소(하고) 491.대갈일성(으로)

10-6. 중국의 동북공정, 어떻게 대비해야 하는가?

중국의 동북공정 이전부터 우리는 일본과 독도 영유권 문제로 갈등을 겪고 있다. 러일전쟁 이후 일제 강점기 시대를 제외한 이전의 모든 역사 기록으로 볼 때 독도는 분명 우리 영토이다. 그럼에도 불구하고 우리가 아무리 강변해도 **동을 물었는데 서로 대답하는**[492] 식으로 일본은 줄기차게 자기네 영토라고 주장한다. 전에는 극히 일부였지만 요즘은 대부분의 일본 중고교 교과서에까지 이를 명시하고 있다. 국제사회에 대한 홍보 노력도 대단하다. 많은 서양의 지식인들조차 소수의 역사학자들 외에는 독도가 어느 나라 영토인지 헷갈려 할 정도이다.

이처럼 역사적 근거의 불리함에도 **소귀에 경 읽기**[재] 식으로 일본이 줄곧 독도영유권을 분쟁화하는 이유는 무엇일까? 그런 주장이 국제사회에 받아들여져 독도를 차지할 수 있다는 희망 때문일까? 하지만 그것은 절대 아니다. 그럴 확률은 마치 **아홉 마리의 소에서 털 하나**[493]일 정도로 낮다. **장난삼아 한 것이 진짜로 이루어지기**⁴⁹⁴⁾를 바라는 것도 아니다. 바로 100년, 200년 이후의 미래를 염두에 둔 때문이다. 임진왜란은 실패했지만 그로부터 300년 후 그들은 소원대로 우리 영토를 강점했다. 2차 세계대전의 패배로 원래의 위치로 돌아갔지만 수십, 수백 년 후의 세계역사는 또 어떻게 전개될지 모른다. 즉 1세기 전과 같은 시대가 다시 온다면 자연스럽게 독도를 자국영토에 편입시킬 수 있는 준비를 하고 있는 것이다.

중국의 동북공정 또한 일본의 독도 영유권 주장과 다를 바 없다. 그들 또한 100년, 200년 앞을 **멀리 내다보고 깊이 생각**^{재)}하여 추진하는 것이다. 다른 점이라면 일본은 우리를 강점할 기회를 **범이 먹잇감을 노리듯이**^{재2)} 엿보는 것이지만 다민족 국가인 중국은 미래에 있을지도 모를 분열의 시대에 이민족들의 독립을 저지하려는 목적이 크다. **실속은 없으면서 소리만 크게 지르는 것**⁴⁹⁵⁾처럼 보이지만 이와 같은 깊은 뜻이 담겨 있는 것이다.

이처럼 오늘날 한·중·일 3국은 정치·경제·사회 등 모든 면에서 미묘한 관계이다. 지리적으로 가까우면서도 뒤엉킨 역사로 인하여 서로 먼 나라인 듯 적대시한다. **같은 침상에서 서로 다른 꿈**^{재2)}을 꾸듯 자국의 입장에서만 상대를 바라본다. 역사의 교훈으로 미래만을 바라보기 때문이지만 그것은 올바른 역사 인식이 아니다. 개인에게 현재의 삶이 중요하듯 현 시대를 공유하는 3국간에 무엇보다 평화의 공존이 중요하다. 서로 **표현은 달라도 내용은 같은(동＊＊곡의)**⁴⁹⁶⁾ 배타적 국수주의를 버리고 상호 이해에 바탕을 둔 공동의 역사 인식이 필요하다. 비록 상대가 원수처럼 느껴지더라도 **한 배를 탄 오와 월나라**^{재)}인 듯 한마음으로 협력하는 것이 서로에게 이익이다.

그런 상생의 주장을 상대에게 바라기에 앞서 우리가 먼저 노력해야 하지 않을까? 어쩌면 그것이 **작은 것을 버리고 큰 것을 얻는**⁴⁹⁷⁾ 현명한 태도는 아닐까? 물론 그들의 논리를 아무 비판도 없이 수용하라는 것은 아니다. 먼저 민족적 관점과 장기적 안목에서 객관적 자료 확보와 치밀한 논리 개발 등 학술적 역량을 쌓아야 한다. 역사교육과 국제 홍보를 강화하는 등 현 시점에서 필요한 역사적 의무도 다해야 한다. 그것을 바탕으로 동북아시아의 평화와 번영을 위한 공동의 역사인식을 모색할 필요가 있다는 것이다.

이것은 개인은 물론 언론과 학계, 정치인 등 모두에게 주어진 책무이다. 특히 언론은 지금까지 보여준 비판 위주의 **개성이 없이 모두 비슷비슷한**⁴⁹⁸⁾ 논지가 아니라 **사실에 입각한 동호의 붓**⁴⁹⁹⁾처럼 정론을 펼쳐야 한다. 국민들도 **크게 깨닫고 각성**⁵⁰⁰⁾하여 그들의 정치·경제·사회·문화·역사 등 모든 면에 관심을 갖고 정확하게 알아야 한다. 지피지기(知彼知己) 백전불태(百戰不殆), 적을 알고 나를 알면 백번 싸워도 위태롭지 않다고 했다. 그들의 **오만하고 방자한**^{재)} 태도에 분노하기에 앞서 그들을 아는 것이 우선이다.

정답: 492.동문서답 재)우이독경 493.구우일모 494.가롱성진 재)심모원려 재2)호시탐탐 495.허장성세 재2)동상이몽 496.동공이곡(의) 재)오월동주 497.사소취대(의) 498.천편일률(적인) 499.동호지필 500.대오각성(하여) 재)오만방자

부록

❶ 「사자성어500」의 가나다순 목록

❷ 도가사상(道家思想)과 사자성어

❸ 불교(佛敎)와 사자성어

❹ 「사자성어500」 속 한자 상식

「사자성어500」의 가나다순 목록

순	사자성어	쪽	순	사자성어	쪽	순	사자성어	쪽	순	사자성어	쪽
1	가담항설	117	27	격세지감	138	53	고심참담	121	79	군자삼락	96
2	가렴주구	120	28	격화소양	110	54	고장난명	140	80	궁여지책	123
3	가롱성진	99	29	견강부회	108	55	고진감래	125	81	권모술수	131
4	가인박명	102	30	견리사의	104	56	곡학아세	113	82	권불십년	101
5	각고면려	128	31	견마지로	123	57	골육상쟁	120	83	권선징악	118
6	각곡유목	140	32	견물생심	140	58	공리공론	117	84	권토중래	132
7	각골난망	115	33	견원지간	115	59	공명정대	104	85	귤화위지	148
8	각자도생	123	34	견위치명	104	60	공피고아	133	86	극기복례	104
9	각자무치	140	35	견토지쟁	99	61	과공비례	100	87	근근득생	95
10	각주구검	109	36	결자해지	123	62	과대망상	108	88	근묵자흑	101
11	간난고초	94	37	결초보은	115	63	과유불급	100	89	금과옥조	126
12	간담상조	115	38	겸양지덕	105	64	관포지교	115	90	금란지교	115
13	간어제초	94	39	겸인지용	105	65	괄목상대	146	91	금상첨화	144
14	갈이천정	140	40	경거망동	108	66	교각살우	113	92	금슬지락	97
15	감언이설	142	41	경국지색	103	67	교언영색	100	93	금시초문	137
16	감탄고토	142	42	경당문노	128	68	교왕과직	100	94	금의야행	110
17	갑남을녀	103	43	경세제민	118	69	교학상장	129	95	금의환향	97
18	갑론을박	117	44	경이원지	115	70	구미속초	120	96	금지옥엽	97
19	강구연월	118	45	경천동지	143	71	구밀복검	113	97	급전직하	146
20	강목수생	120	46	계란유골	125	72	구사일생	146	98	기고만장	146
21	강호지락	96	47	계명구도	123	73	구상유취	111	99	기사회생	125
22	개과천선	125	48	고군분투	94	74	구우일모	146	100	기상천외	146
23	개국공신	118	49	고량진미	96	75	구화지문	101	101	기왕지사	137
24	개세지재	106	50	고립무원	95	76	군계일학	106	102	기호지세	121
25	거두절미	136	51	고목생화	99	77	군맹무상	110	103	낙화유수	135
26	건곤일척	130	52	고복격양	96	78	군웅할거	131	104	난공불락	131

순	사자성어	쪽	순	사자성어	쪽	순	사자성어	쪽	순	사자성어	쪽
221	비분강개	139	250	소극침주	147	279	안빈낙도	98	308	외유내강	106
222	비육지탄	133	251	소급적용	119	280	안하무인	109	309	외화내빈	143
223	빈이무원	97	252	소리장도	114	281	암중모색	124	310	요조숙녀	103
224	빙산일각	146	253	소탐대실	102	282	앙앙불락	139	311	요지부동	124
225	사고무친	95	254	수구초심	99	283	앙천대소	139	312	욕속부달	102
226	사면초가	95	255	수렴청정	119	284	앙천이타	111	313	용두사미	143
227	사불급설	102	256	수불석권	127	285	약육강식	135	314	용사비등	107
228	사상누각	146	257	수서양단	112	286	양두구육	143	315	용호상박	131
229	사생결단	131	258	수수방관	109	287	양약고구	149	316	우공이산	129
230	사석위호	124	259	수어지교	116	288	어두육미	143	317	우수마발	141
231	사소취대	142	260	수원수구	142	289	어부지리	100	318	우여곡절	144
232	사필귀정	125	261	수적천석	128	290	언감생심	137	319	우유부단	112
233	삭탈관직	135	262	수주대토	111	291	언어도단	137	320	우이독경	109
234	산전수전	144	263	숙맥불변	112	292	언중유골	141	321	우후죽순	141
235	산해진미	98	264	순망치한	116	293	역지사지	149	322	욱일승천	145
236	살신성인	105	265	승승장구	144	294	연목구어	111	323	원교근공	134
237	삼강오륜	118	266	시산혈해	135	295	염량세태	114	324	위편삼절	127
238	삼고초려	133	267	시시비비	142	296	오리무중	122	325	유구무언	143
239	삼천지교	130	268	시위소찬	120	297	오만방자	109	326	유명무실	143
240	상마지교	116	269	시종일관	137	298	오매불망	147	327	유비무환	133
241	상부상조	116	270	식자우환	148	299	오불관언	109	328	유언비어	117
242	상전벽해	148	271	신상필벌	119	300	오비삼척	141	329	유유상종	116
243	새옹지마	125	272	심기일전	124	301	오비이락	125	330	유일무이	145
244	선공후사	105	273	심모원려	144	302	오우천월	111	331	육적회귤	99
245	선남선녀	103	274	심사숙고	129	303	오월동주	133	332	은인자중	124
246	설상가상	144	275	십시일반	116	304	오합지졸	131	333	음풍농월	98
247	설왕설래	117	276	아비규환	135	305	옥골선풍	103	334	읍참마속	134
248	설중송백	105	277	아전인수	109	306	온고지신	127	335	이구동성	143
249	성동격서	134	278	안분지족	98	307	와신상담	133	336	이목지신	119

순	사자성어	쪽	순	사자성어	쪽	순	사자성어	쪽	순	사자성어	쪽
337	이실직고	137	366	일편단심	105	395	절체절명	122	424	천우신조	100
338	이심전심	130	367	일필휘지	107	396	절치부심	133	425	천의무봉	141
339	이열치열	149	368	임기응변	124	397	점입가경	145	426	천인공노	139
340	이율배반	149	369	임전무퇴	132	398	조령모개	120	427	천재일우	100
341	이이제이	134	370	임중도원	149	399	조변석개	120	428	천태만상	145
342	이전투구	131	371	입신양명	127	400	조삼모사	124	429	천편일률	147
343	이합집산	119	372	자가당착	126	401	좌고우면	112	430	천학지어	122
344	인과응보	126	373	자격지심	112	402	좌불안석	122	431	첩첩산중	95
345	인면수심	114	374	자고현량	127	403	좌정관천	113	432	청산유수	107
346	인명재천	102	375	자승자박	126	404	주객전도	149	433	청천벽력	139
347	인자무적	102	376	자업자득	126	405	주경야독	127	434	청출어람	130
348	인중유화	102	377	자중지란	122	406	주마가편	145	435	초근목피	96
349	인지상정	137	378	장계취계	134	407	주마간산	109	436	초동급부	103
350	일거양득	100	379	장삼이사	103	408	주지육림	121	437	초록동색	117
351	일구이언	143	380	재승박덕	143	409	죽마고우	116	438	초미지급	123
352	일기당천	147	381	적반하장	149	410	죽장망혜	98	439	초요과시	114
353	일등공신	119	382	적선여경	102	411	줄탁동시	130	440	초지일관	129
354	일망타진	135	383	적수공권	95	412	중과부적	122	441	촌철살인	107
355	일벌백계	130	384	적자생존	132	413	중구난방	117	442	추풍낙엽	136
356	일사천리	107	385	적재적소	119	414	중언부언	113	443	충언역이	149
357	일석이조	100	386	적폐청산	119	415	지록위마	114	444	취생몽사	111
358	일어탁수	141	387	전광석화	147	416	지리멸렬	136	445	칠전팔기	129
359	일엽지추	141	388	전대미문	137	417	진퇴양난	95	446	침소봉대	147
360	일장춘몽	102	389	전인미답	138	418	창해일속	147	447	쾌도난마	125
361	일진일퇴	131	390	전전긍긍	122	419	천려일실	147	448	타산지석	141
362	일촉즉발	122	391	전전반측	122	420	천방지축	109	449	탁상공론	118
363	일취월장	107	392	전호후랑	122	421	천석고황	98	450	탐관오리	121
364	일파만파	145	393	전화위복	126	422	천신만고	95	451	태평성대	119
365	일패도지	136	394	절차탁마	127	423	천양지차	147	452	토사구팽	136

순	사자성어	쪽	순	사자성어	쪽	순	사자성어	쪽	순	사자성어	쪽
453	파란만장	96	482	형설지공	128						
454	파부침선	134	483	호가호위	114						
455	파사현정	105	484	호구지책	96						
456	파안대소	139	485	호사다마	126						
457	파죽지세	132	486	호시우보	106						
458	팔방미인	108	487	호시탐탐	133						
459	패가망신	136	488	호연지기	106						
460	폐포파립	96	489	혹세무민	114						
461	포복절도	139	490	혼비백산	123						
462	포악무도	114	491	혼정신성	99						
463	표리부동	114	492	화룡점정	128						
464	풍비박산	136	493	화용월태	104						
465	풍성학려	111	494	화이부동	106						
466	풍수지탄	99	495	환골탈태	145						
467	풍전등화	123	496	황당무계	145						
468	풍찬노숙	96	497	회자정리	126						
469	필부필부	103	498	후생가외	130						
470	하석상대	149	499	후안무치	115						
471	학수고대	139	500	흑묘백묘	120						
472	한우충동	127										
473	함포고복	98										
474	함흥차사	141										
475	합종연횡	134										
476	허심탄회	125										
477	허장성세	134								.		
478	허허실실	135										
479	헌헌장부	103										
480	현하구변	108										
481	혈혈단신	96										

도가사상(道家思想)과 사자성어

도가사상의 이해

● **도가사상은** 중국 춘추전국시대 노자와 장자가 주장한 이론으로 훗날 도교라는 종교로 발전하였다. '노장사상'이라고도 한다. 옛날 중국과 우리나라 사람들의 삶에 불교와 더불어 가장 큰 영향을 끼친 유가(儒家)와 대립되는 사상이다. 유가의 대표적인 인물은 공자와 맹자이며 훗날 유교로 발전하였다.

● **무위(無爲)와 인위(人爲)**
무위(無爲)란 '자연의 이치에 따라 행위하고 사람의 생각이나 힘을 더하지 않는 것'이라는 뜻이다. 반의어 는 인위(人爲)이다 따라서. 인위적이라고 할 때의 인위는 '사람의 생각과 손에 의해 만들어진 것'이라는 의미이다.

● **도가에서의 '자연(自然)'의 의미**
도가에서의 자연(自然)은 산과 강과 바다와 들이라는 뜻의 자연을 의미하는 것이 아니다. 인간의 생각이나 말, 행위 등 삶의 바람직한 모습이 인위적이지 않은 것, 즉 무위의 자연스러움을 의미하는 것이다.

● **노자와 공자**
춘추시대 제자백가 중 상반되는 주장을 펼쳤던 유가의 공자와 도가의 노자는 같은 시대 사람이었다. 그들은 생전 교류도 하였는데 공자는 노자에게서 겸손함을 배웠다고 한다. 그러나 예의와 도덕을 중시했던 공자에 대하여 노자는 그것을 인위라고 비판하면서 무위를 주장하는 정반대의 이론을 펼쳤다.

● **노자의 '무위(無爲)' 이론**
노자는 무위의 자연스러움 속에서 인간 본래의 모습을 찾으려고 하였다. 유교의 인간 중심 사고를 부정하고 인간관계를 위한 도덕도 비판한다. 인간의 올바른 삶을 위해 만든 인의와 예절도 무익할 뿐만 아니라 오히려 유해하다고 주장한다. 가르침에 대하여는 '무위로써 일을 처리하고 말없이 가르친다.'고 하였다. 정치 또한 유교의 예치(예로서 다스리는 정치)를 인위의 정치라고 비판하면서 무위로서 다스려지는 무위정치야말로 이상적이라고 주장하였다.

● **장자의 '무위자연(無爲自然)'**
장자는 인간의 마음을 두 가지로 분류하였다, 하나는 태어날 때 지녔던 '상심(常心)', 다른 하나는 상심이 훼손된 '성심(成心)'이다. 성심은 상심을 가로막는 편견이 개입된 사고(생각)이다. 인간이 성심에 얽매이면 주관과 객관이 분열되고 이로써 긴장과 대립이 생긴다. 이러한 성심에서 벗어나 본래의 상심(上心)을 되찾는 참 모습이 바로 무위자연(無爲自然)이다.

이와 같은 도가사상은 이후 한국과 중국의 불교발전에 많은 영향을 미쳤다.

1. 망양지탄(望洋之歎)

- 훈과 음: 바라볼 망(望)·큰 바다 양(洋)·~하는 지(之)·탄식할 탄(歎)
- 직역/의역: 큰 바다를 보라보며 탄식함 / 자신의 힘이 미치지 못하거나 능력이 부족한 것을 탄식함. 자신의 생각이 좁음을 탄식함.

「장자, 추수」에 나오는 이야기이다.

홍수가 나서 모든 냇물이 황하로 들어오니 탁한 물결이 넘쳐흘러 양쪽 기슭에 놓아먹이는 소와 말을 분별하기 어려웠다. 황하의 신 하백은 흔연히 기뻐하여 천하의 모든 것이 자기에게 모여들었다고 생각하였다. 그러면서 물의 흐름을 따라 내려가다가 북해에 이르렀다. 북해의 물은 끝이 보이지 않았다. 하백은 한숨을 지으며 북해의 신에게 말했다.

"속담에 백 개의 진리를 깨치고 천하에 저보다 나은 자가 없다고 생각 한다더니 바로 나를 두고 한 말인가 보오. 나는 일찍이 공자의 학문을 하찮게 여기고 백이(상나라의 충신)의 굳은 의지를 가벼이 여기는 사람이 있다는 말을 믿지 않았었소. 이제 당신의 그 끝없음을 내 눈으로 보니 알겠구려. 만일 당신을 보지 못했다면 세상 사람들에게 웃음거리가 될 뻔했소이다."

그러자 북해의 신은

"우물 안 개구리는 바다를 말할 수 없고[1], 여름을 사는 벌레는 얼음을 말할 수 없는 법[2]이오."

라고 말하며, 하백이 바다를 보고 자신의 어리석음을 뉘우친 것 자체가 큰 발전이라고 위로했다. 그리고 우주에서 보면 중국 땅도 큰 곡식 창고 속의 좁쌀 한 알[3]과 같은 것이라 고도 했다.

관련 사자성어 [1) 좌정관청 *2) 하충의빙 *3) 창해일속

[예문] 여태까지 내가 가장 똑똑한 줄 알고 우쭐대면서 살아왔는데. 실력이 뛰어나면서 겸손한 너를 보니 망양지탄을 금할 수가 없다.

2. 무용지용(無用之用)

- 훈과 음: 없을 무(無)·쓸 용(用)·~의 지(之)
- 직역/의역: 쓸모가 없는 것이 도리어 쓸모 있음 / 쓸모가 없는 것이 어떤 경우에는 도리어 크게 쓰일 수 있음.

대목수였던 장석이 제나라로 가다가 매우 큰 상수리나무를 보았다. 수천 마리의 소를 가릴 정도로 크고 굵기는 백 뼘이나 되었다. 산을 내려다볼 만큼 높아 배를 만들 만한 가지도 여러 개였다. 구경꾼이 저자(시장)를 이룰 만큼 많았지만 장석은 한번 넌지시 보더니 그대로 지나가 버렸다. 제자들이 스승에게 물었다.

"저희들이 오래전부터 도끼를 들고 선생님을 따라다녔지만 아직 이처럼 좋은 재목은 본 적이 없었습니다. 선생님은 이것을 보자마자 별 생각도 없이 지나가시니 어찌 된 일입니까?"

그러자 장석이 대답했다.

"그만두어라. 그건 쓸모없는 나무다. 그것으로 배를 만들면 가라앉을 것이고 널을 짜면 곧 썩을 것이다. 그릇을 만들면 깨질 것이고 기둥을 만들면 좀이 먹어 오래 못갈 것이다. 그야말로 쓰지 못하는 나무다. 아무짝에도 쓸모가 없기 때문에 수명이 길어 크게 자란 것이다."

이 이야기는 「장자, 인간세」에 나온다. 무용지용(無用之用)은 이 고사의 '쓸모없기 때문에 오래 산다.'는 장석의 말에서 유래했다. 잘 살기 위해서는 반드시 쓸모가 있어야 하며, 쓸모가 없으면 잘 못살 것 같다. 그러나 쓸모 있는 나무가 일찍 베여지듯이 너무 잘나면 단명하기 쉽다. 즉 쓸모없는 것이 도리어 자신을 지키는데 유리하다는 것이다.

[예문] *세상에는 능력이 있는 사람이나 없는 사람 모두 공평하다. 능력 있는 사람이야 당연히 쓰임이 많겠지만 능력 없는 사람도 때로는 무용지용의 덕을 볼 때가 많기 때문이다.*

3. 무위자연(無爲自然) 공무원 기출 1회

- 훈과 음: 없을 무(無) · 할 위(爲) · 스스로 자(自) · 그럴 연(然)
- 직역/의역: 아무 것도 더하지 않은 자연 / 사람의 힘을 가하지 않은 그대로의 자연

무위(無爲)란 '자연의 이치에 따라 행위하고 사람의 생각이나 힘을 더하지 않는 것'이이라는 뜻이다. 춘추시대의 노자와 장자로 대표되는 도가는 '무위'의 자연스러움 속에서 인간 본래의 모습을 찾으려고 하였다. 공자와 맹자로 대표되는 유가의 인간 중심적인 사고와 사회 질서를 비판하면서 자연의 질서에 맞추어 따라가는 삶이 바람직하다고 하였다. 즉 인간관계의 속박에서 벗어나 자연과 하나가 되는 삶을 이상으로 삼은 것이다.

또한 노자는 인간이 삶의 본보기로 삼아야 할 표준으로서의 도(道)는 무위라고 하면서 인간의 행위 규범도 무위를 목표로 삼아야 한다고 주장했다. 가르침에 대하여는 무위로써 일을 처리하고 말없이 가르친다고 하였다. 정치 영역에서는 무위 정치론을 제시하면서 무위로서 다스리면 세상이 평온하고 개인 간에는 다툼이 없어질 것이라고 주장하였다.

즉 무위자연(無爲自然)은 인간과 사회를 바라보는 관점에서 아무것도 하지 않는 것(무위)의 자연스러움을 표현하는 사자성어이다.

[예문] *인의와 예절을 아무리 강조해도 안 지키는 사람이 많아 세상은 늘 혼탁하다. 그렇다고 해서 그것을 모두 없애고 모두가 무위자연으로 돌아가면 정말 행복한 세상이 될까?*

4. 물아일체(物我一體) 5. 호접지몽(胡蝶之夢)

- 물아일체(物我一體)
- 훈과 음: 만물(사물, 일) 물(物) · 나 아(我) · 한 일(一) · 몸 체(體)
- 직역/의역: 사물과 나는 한 몸임 / 어떤 사물에 집중하여 내가 그 사물이 된 듯 착각하는 것. 일체의 사물들과 내가 하나가 되는 것.

- 호접지몽(胡蝶之夢)
- 훈과 음: 호랑 호(胡) · 나비 접(蝶) · ~의 지(之) · 꿈 몽(夢)
- 직역/의역: 호랑나비가 된 꿈 / 장자(莊子)가 나비가 되어 날아다닌 꿈이라는 뜻으로, 물아일체의 경지, 또는 인생의 덧없음을 비유한 말

「장주(장자의 이름)는 꿈에 호랑나비가 되었다. 펄펄 나는 것이 확실히 나비였다. 스스로 유쾌하여 자기가 장주인 것을 몰랐다. 그러나 얼마 후 문득 꿈에서 깨어 보니 자기는 틀림없이 장주였다. 장주가 호랑나비가 된 꿈을 꾼 것인지, 아니면 호랑나비가 장주가 된 꿈을 꾼 것인지 알 수가 없었다.」

이 이야기는 「장자, 제물론」에 나온다. 이 이야기에서 장주와 호랑나비는 분명 별개의 사물이지만, 물아(사물과 나)의 구별이 없는 경지에서 보면 장주와 호랑나비, 꿈과 현실의 구분은 의미가 없다. 다만 의미 있는 것은 만물의 변화일 뿐이라는 것이다.

위 고사에서 유래한 호접지몽(胡蝶之夢)은 꿈속에서 나와 호랑나비가 구별이 안 된다는 뜻으로 인생의 무상함을 나타내는 성어이다. 또한 '호랑나비가 내가 되고, 내가 호랑나비가 되었다.'는 표현에서 사물과 내가 일체가 된다는 뜻의 물아일체(物我一體)가 유래하였다.

[예문] *1) 사람들은 걸핏하면 인생은 호접지몽에 불과하다며, 돈도 명예도 다 하잘것없다고 말한다.*
2) 시인들 중에는 자연과 서로 통하며 물아일체의 경지에 이르는 시를 쓰는 사람이 많다.

6. 백구과극(白駒過隙)

- 훈과 음: 흰 백(白) · 망아지 구(駒) · 지날 과(過) · 틈 극(隙)
- 직역/의역: 흰말이 문틈으로 지나감 / 세월이 매우 빨리 지나감

공자는 자신의 신념인 예의와 도덕을 좀 더 배우기 위해 여행을 떠났다. 도중에 노자를 만났다. 듣던 대로 노자는 세상을 보는 눈이 자신과 매우 달랐다. 공자가 노자에게 「지도(사람이 행해야 할 지극히 마땅한 도리)」에 대해 물었다. 노자가 대답하였다.

「사람이 하늘과 땅 사이에 나서 산다는 것은 마치 흰말이 문틈으로 지나가는 것처럼 순간일 뿐입니다. 모든 사물들은 물이 솟듯 문득 생겨나서 물이 흐르듯 아득하게 사라져 갑니다. 변화하여 태어났다 또 변화하여 죽을 뿐인데 살아 있는 것들은 이를 애달파합니다.

죽음이란 활 통을 풀고 옷 주머니를 풀듯 분분히 흩어지는 것이며, 혼백이 가려 하면 몸도 따라가는 것이니, 이는 곧 위대한 자연으로의 복귀입니다. 즉 삶이란 형체가 없이 흩어졌던 것들이 모인 것이고, 죽음이란 모여 있던 것이 흩어지는 것뿐입니다.

도는 뚜렷이 보려 하면 만날 수 없고, 말로 설명하기보다는 침묵을 해야 합니다. 또한 도는 귀로 들을 수 없으니 차라리 귀를 막는 것이 더 나은데 이를 일러 크게 터득했다 하는 것입니다.」

이 이야기는 「장자, 지북유」에 나온다. 이 고사 중 '마치 흰말이 문틈으로 지나가는 것처럼

순간일 뿐'이라는 말에서 백구과극(白駒過隙)이 유래했다.

> **[예문]** 평소에 펑펑 놀다가 때가 임박해서 막상 무언가를 준비하다보면 시간이 백구과극처럼 **빠르다는**
> 느낌을 누구나 경험했을 것이다.

7. 천학지어(泉涸之魚)　　8. 상유이말(相濡以沫)

- 천학지어(泉涸之魚)
- 훈과 음: 샘 천(泉) · 물마를 학(涸) · ~의 지(之) · 물고기 어(魚)
- 직역/의역: 말라가는 샘 속의 물고기 / 매우 힘들고 어려운 처지

- 상유이말(相濡以沫)
- 훈과 음: 서로 상(相) · 젖을 유(濡) · 써 이(以) · 거품 말(沫)
- 직역/의역: 서로 거품을 내어 적셔 줌 / 물이 마른 샘에서 물고기들은 거품을 품어 서로 적셔줌.
  어려움 속에서 서로 돕고 살아감

가뭄이 심한 어느 여름날 길을 가던 장자가 바닥이 드러난 샘을 보았다. 샘에는 물고기들이 등을 드러낸 채 숨을 몰아쉬고 있었다. 장자는 헐떡이는 물고기들을 보며 물이 완전히 마를 내일쯤이면 다 죽을 것이라 생각했다. 다음 날 와서 보니 샘물은 완전히 말랐지만 아직 물고기들은 죽지 않았다. 마른 샘에서 물고기들이 거품을 품어 서로의 몸을 적셔 주며 간신히 버티는 중이었다. 이 모습을 본 장자가 말했다.

"연못이 마르면 물고기들은 육지에서 말라 죽을 뿐이다. 서로에게 거품을 내어 주며 수분을 흡수하는 것은 일시적인 방편에 지나지 않는다."

장자는 넓고 깊은 강이나 호수에 살면서 서로 돕는 인정은 없지만 맘껏 풍요를 누리는 물고기와 마른 샘에서 서로 의지하고 돕는 물고기를 비교한 것이다. 서로 인정 없이 지내더라도 넓고 깊은 물속에서 자유롭게 헤엄치는 것이 가난해도 서로 정을 주며 돕고 사는 것보다 낫다는 것이다.

이 이야기는 「장자, 대종사」에 나온다. 이 고사에서 마른 샘의 물고기가 거품을 내 서로 적셔 의지한다는 '천학지어 상유이말'이 나왔다. 천학지어(泉涸之魚)는 매우 위험하고 급한 상황을 비유할 때 쓰인다. 그리고 그런 어려운 상황에서도 서로 돕는다는 뜻의 상유이말(相濡以沫)도 함께 쓰인다.

> **[예문]** 코로나19라는 전염병으로 2020년 사람들은 고스란히 천학지어 신세가 되었다. 그런 가운데서도
> 어려운 사람들끼리 상유이말하는 아름다운 이야기가 많이 전해졌다.

부록 3 불교 사상(佛敎思想)과 사자성어

불교의 기초 상식

● **부처의 이름**

부처는 석가모니의 다른 이름으로 한자로는 불타(佛陀)라고 하며 '진리를 깨달은 사람'이라는 뜻이다. 부처에 대한 존칭으로 여래(如來), 불세존(佛世尊)이 있으며 그 외에 석가, 붓다, 불(佛), 여래불, 세존으로도 불린다. 영어식 표현으로는 싯다르타, 고타마 싯다르타, 고타마 붓다 등의 이름이 있다.

● **나무아미타불**

불교에서는 누구나 진리를 깨치면 부처가 될 수 있다고 한다. 옛날에 우리나라에서 미륵이 미륵불이 되었다는 것이 좋은 예다. 아미타불은 극락세계인 서방정토에 머물면서 보통 인간의 무리라는 뜻의 중생을 극락세계로 이끈다는 부처이다. 나무아미타불은 '아미타불을 존경한다'는 의미이며, 이를 계속 부르면서 생각하면 아미타불이 있는 극락으로 간다고 한다.

● **대승불교와 소승불교**

소승불교는 수행자 자신의 정신세계에만 몰입하고 그를 통해 개인적 진리를 깨우치는 것이 수행의 목적이다. 반면에 대승불교는 스스로 깨우친 진리를 대중에게 전파하여 그들과 공유하는 것에 의미를 둔다. 소승불교는 주로 동남아시아, 대승불교는 동아시아 국가인 중국과 우리나라에서 발전하였다.

● **교종과 선종**

불교의 종파는 크게 교종과 선종으로 나뉜다. 부처의 가르침인 불경을 공부하여 진리를 깨우치는 것이 교종이다. 반면에 선종은 생각할 거리라는 뜻의 화두를 잡고 끊임없이 생각하는 선(참선)을 통하여 진리를 깨치는 종파이다.

● **참선과 화두, 선문답**

참선은 하나의 주제를 갖고 끊임없는 생각을 통해 진리를 깨닫는 과정이다. 이때의 생각거리인 주제를 '이야기의 말머리'라는 뜻의 화두(話頭)라고 한다. 참선을 통하여 진리를 깨치면 이것을 선문답을 통하여 스승이나 제자들과 공유한다. 선문답은 '깨달음을 위해 서로 주고받는 질문과 답'이라는 뜻이다.

● **선종의 한 분파로서의 조사선**

달마대사에 의해 중국에 전해진 조사선이라는 선종의 한 종파에서는 개인이 스스로 깨친 진리를 문자나 언어에 의하지 않고 바로 전달하는 방법이 있다고 한다. 즉 마음에서 마음으로 전하는 것으로 교외별전, 불립문자, 직지인심이 그것이다. 이심전심과도 같은 뜻이다. (교외별전 유래 참조)

1. 공명지조(共命之鳥)

- 훈과 음: 한 가지 공(共) · 목숨(운명) 명(命) · ~의 지(之) · 새 조(鳥)
- 직역/의역: 공동 운명체인 새 / 하나가 죽으면 같이 죽고, 살아도 같이 살아야 하는 공동운명체의 관계

공명조라고도 부르는 이 새는 불교의 경전인 「불본행집경」에 등장하는 몸 하나에 머리가 두 개 달린 상상 속의 새이다.

눈으로 덮인 히말라야 산중에 공명조가 살고 있었다. 몸뚱이는 하나인데 머리는 둘이 달려 있는 전설의 샴쌍둥이였다. 한쪽 머리는 '카루다', 다른 머리는 '우파카루다'라고 불렀다. 한 머리는 낮에 노래하고, 다른 머리는 밤에 노래하는 역할 분담이 잘 되어 있었다. 그러나 둘의 사이는 좋았지만 혼자 있을 때는 엉뚱한 생각을 할 때가 많았다.

어느 날 오후 우파카루다가 낮잠을 자고 있었다. 깨어있던 카루다가 맛있는 음식을 발견하였다. 우파카루다를 깨워 같이 먹을까 생각하다 성격이 까다로운 그가 그까짓 것을 가지고 깨웠다고 화를 낼 것 같았다. '누가 먹든 배가 부르기는 마찬가지.'라고 생각하며 혼자 먹어 버렸다.

곤하게 단잠을 자던 우파가루다는 갑자기 배가 불러오자 낮잠에서 깨어났다. 카루다가 자기를 깨우지 않고 혼자만 먹었다는 걸 알고 화가 났다.

"맛있는 것을 혼자서만 먹어? 그렇게도 의리가 없냐? 두고 봐라"

며칠 후 카루다가 큰 나무에 기댄 채 낮잠을 잤다. 그때 우파카루다가 나무 둥치에 있는 독버섯을 보았다. 카루다를 혼낼 좋은 기회라 생각하고 그 독버섯을 먹어 버렸다. 독버섯의 맹독이 온몸에 퍼졌고 우파가루다 자신도 같이 죽고 말았다. 살아도 같이 살고 죽어도 같이 죽는 공동운명체였다는 것을 몰랐기 때문이다.

[예문] 너와 나는 단짝이지? 그럼 우리 둘은 공명지조야. 서로에게 좋은 일만 권하고 나쁜 일은 절대 하지 않기로 약속하자.

2. 교외별전(敎外別傳) 공무원 기출 3회

- 훈과 음: 가르칠 교(敎) · 바깥 외(外) · 나눌 별(別) · 전할 전(傳)
- 직역/의역: 가르침 외 별도로 전함/ 진리를 마음에서 마음으로 전함.

조사선은 선종 불교의 한 종파이다 달마대사에 의해서 중국에 전해진 조사선에서는 문자나 언어로 진리를 전하지 않고 다른 방법을 제시한다. 즉 어떤 경전의 문구에도 의하지 않고 마음에서 마음으로 전하는 방법이다. 구체적인 방법으로 교외별전, 불립문자, 직지인심이 있다.

교외별전(敎外別傳)은 선종이 교종과 뚜렷이 대비되는 대표적인 용어이다. 문자에 의존하지 않고 진리를 전하는 방식이므로 마음에서 마음으로 전하는 이심전심(以心傳心)과도 뜻이 같다. 그러나 교외별전이 불경의 교리에 담긴 근본적 취지를 벗어나 전혀 다른 가르침을

주는 것은 아니다. 다만 문자에 대한 집착을 없애고 마음으로 직접 유도하여 깨닫도록 하는 것이다.

문자에 의하지 않는다는 뜻의 불립문자(不立文字)와 사람의 마음에 직접 가르친다는 뜻의 직지인심(直指人心)도 교외별전(敎外別傳)과 더불어 선종 불교의 입장을 나타내는 대표적인 말이다.

- 직지인심: 곧을 직(直) · 가리킬 지(指) · 사람 인(人) · 마음 심(心)
- 불립문자: 아니 불(不) · 설 립(立) · 글월 문(文) · 글자 자(字)

[예문] 1) 가르침은 반드시 말로서만 이루어지는 것이 아니다. 이심전심처럼 마음으로 전하는 교외별전의 방법도 있다. 2) 사랑이나 우정이라는 말은 언어나 문자로 표현하지 않고 마음에서 마음으로 전하는 불립문자의 개념을 가지고 있다.

3. 용두사미(龍頭蛇尾)

- 훈과 음: 용 용(龍) · 머리 두(頭) · 뱀 사(蛇) · 꼬리 미(尾)
- 직역/의역: 용의 머리에 뱀 꼬리/ 시작은 좋았으나 갈수록 나빠짐. 또는 시작은 거대했지만 끝은 보잘것없게 되는 것을 비유하는 말.

중국 선종의 큰 스님이었던 원오선사의 선문답과 관련한 기록인 「벽암록」에 다음과 같은 이야기가 나온다.

육주 용흥사의 승려 진존숙은 젊은 시절 도를 깨치기 위해 절을 떠나 천하를 두루 방랑했다. 나이 들어 조사(큰 스님)가 되어 천하를 방랑하던 중에 모인 사람들과 선문답을 주고받는 자리가 만들어졌다. 문득 진존숙이 화두 하나를 던지고 해석을 달자 일행 중 한 사람이 일갈했다. 일갈이란 큰 소리로 꾸짖는다는 뜻이다. 민망해진 진존숙이 말했다.

"노승이 그대에게 일갈을 당했구료."

그러자 상대가 계속해서 몇 번이나 갈(대갈)을 하고 나왔다. 호흡이 꽤 깊은 걸로 보아 상당한 수양을 쌓은 것처럼 보였다. 그러나 그의 말을 찬찬히 살펴보니 수상한 구석도 엿보였다.

진존숙은 '이 중이 그럴듯해 보여도 진짜 도를 깨친 것 같지는 않다. 용의 머리에 뱀의 꼬리(용두사미)는 아닌지 의심스럽구나.'라고 생각하면서 상대에게 물었다.

"그대가 그렇게 세 번 네 번 큰 소리로 떠든 후에는 무엇으로 마무리를 지을 것인가? 어디 한 번 들어보세."

그러자 상대는 그만 슬그머니 답변을 피하고 말았다. 진존숙이 예상했던 것처럼 용두사미(龍頭蛇尾)의 인간이었던 것이다.

[예문] 너는 어떻게 하는 일마다 용두사미냐? 네가 일을 시작하는 것은 아주 많이 보았는데 끝내는 것은 한 번도 본 적이 없는 것 같다.

4. 아비규환(阿鼻叫喚)

- 훈과 음: 언덕 아(阿)ㆍ코 비(鼻)ㆍ부르짖을 규(叫)ㆍ소리칠 환(喚)
- 직역/의역: 아비지옥과 규환지옥/ 사고나 불행한 일 등을 당해 몸부림치고 비명을 지르는 것. 차마 눈뜨고 볼 수 없는 끔찍한 상태.

불교에는 사후 죄를 지은 사람이 가는 8개의 지옥이 있다. 그 중에 아비지옥과 규환지옥이 있다. 아비규환은 이 두 지옥의 끔찍한 모습을 표현한 말이다. 「법화경」에서는 두 지옥에 대하여 다음과 같이 설명하고 있다.

'아비'에서 '아'는 '없을 無', '비'는 '구할 求'로 '구제받을 수 없다'는 뜻이다. 아비지옥은 가장 아래에 있는 지옥이다. 이곳은 부모를 살해한 자, 부처님 몸에 피를 낸 자, 삼보(보물ㆍ법물ㆍ승보)를 훼손한 자, 사찰의 물건을 훔친 자, 비구니를 범한 자 등 오역죄를 범한 자들이 가는 곳이다. 이곳에서는 하루에 수천 번씩 죽었다가 살아나는 고통을 받으며 잠시도 평온할 수 없다.

규환지옥은 네 번째 지옥이다. '규환'은 '고통에 울부짖는다.'는 뜻이다. 이곳에는 살인ㆍ질투ㆍ도둑ㆍ음탕ㆍ음주를 일삼은 자들이 떨어진다. 이들은 물이 펄펄 끓는 가마솥에 빠지거나 불이 훨훨 타오르는 쇠로 된 방에 들어가 뜨거운 열기의 고통을 받는다. 너무 울부짖으므로 규환지옥이라고 한다.

[예문] 전쟁은 늘 아비규환의 참상을 낳는다. 어떤 경우에도 막아야 한다.

5. 염화미소(拈花微笑) 〔공무원 기출 2회〕

- 훈과 음: 집을 염(拈)ㆍ꽃 화(花)ㆍ작을 미(微)ㆍ웃음 소(笑)
- 직역/의역: 꽃을 집어 들자 미소를 지음/ 마음에서 마음으로 진리를 전함.

석가모니가 영산에 있을 때 범왕이 금색의 바라 꽃을 바치며 가르침을 청했다. 석가모니가 연꽃을 들어 사람들에게 보였다. 모든 사람이 무슨 뜻인지 몰라 멍한 표정이었다. 그런데 가섭은 무슨 뜻인지 알겠다는 듯이 빙그레 미소를 지었다. 석가모니 또한 미소를 지으며 말했다.

"나에게 정법안장과 열반묘심이 있으니 이를 가섭에게 맡기겠다."

이후 이 이야기는 중국에서 참선에 관한 여러 책에 인용되면서 선종의 근거가 되는 중요한 방법으로 채택되었다. 우리나라 선종의 경우에도 '석가모니가 왜 꽃을 들었으며, 가섭은 왜 미소를 지었는가?' 하는 것이 하나의 중요한 주제가 되어 깊이 연구되었다.

[예문] 수업을 하다가 장난삼아 누구도 대답하기 어려운 질문을 할 때가 있다. 뜻밖에도 빙그레 웃는 아이가 있다. 그 때마다 염화미소가 생각난다.

6. 자가당착(自家撞着)

- 훈과 음: 스스로 자(自) · 집 가(家) · 부딪칠 당(撞) · 붙을 착(着)
- 직역/의역: 스스로 부딪치기도 하고 붙기도 함 / 자기가 한 말이 앞뒤가 맞지 않거나, 말과 행동이 일치하지 않는 것.

「선림유취, 간경문」에 남당정의 시가 있다.

"수미산은 높아 봉우리도 보이지 않고 / 바닷물은 깊어 바닥이 보이지 않네 / 흙을 뒤집고 먼지를 털어도 찾을 수 없는데 / 머리 돌려 부딪치니 바로 자신이로다."

이 시의 마지막 구절에서 자가당착(自家撞着)이 나왔다. 이것은 본래 불교에서 자기 자신 속에 있는 불성을 깨닫지 못하고 외부에 헛된 목표를 만들어 헤매는 것을 조심하라는 뜻이었다. 후에 뜻이 확대되어 자기가 한 말이 앞뒤가 맞지 않는 것을 비유하는 데 쓰이게 되었다.

[예문] 그의 행동은 결국 자기가 한 말을 스스로 부정하는 자가당착에 빠진 것으로 보인다.

7. 줄탁동시(啐啄同時)

- 훈과 음: 쪼을 줄(啐) · 쪼을 탁(啄) · 같을 동(同) · 때 시(時)
- 직역/의역: (병아리가 알을 깨고 나오기 위해서는 새끼와 어미 닭이) 안과 밖에서 서로 쪼는 것이 동시에 이루어져야 함/ 가장 바람직한 스승과 제자의 관계. 서로 합심하여 일이 잘 이루어지는 것.

중국 선종의 큰 스님인 경청은 항상 줄탁동시로 후학들을 깨우쳐 주었다. 그는 일찍이 대중들에게 말했다.

"사방을 떠도는 중은 반드시 줄탁동시의 눈을 가져야 하고, 이를 행해야 비로소 승려라 할 수 있다. 마치 어미가 밖에서 쪼려고 하면 새끼가 안에서 쪼지 않을 수 없고, 새끼가 안에서 쪼려고 하면 어미가 밖에서 쪼지 않을 수 없는 것과 같다."

알 속의 병아리가 때가 되면 밖으로 나오려고 부리로 껍데기 안쪽을 쪼는데 이를 '줄(啐)'이라 한다. 어미 닭이 병아리가 쪼는 소리를 듣고 밖에서 같이 쪼아 도와주는 것을 '탁(啄)'이라고 한다. 병아리는 깨달음을 향하여 앞으로 나아가는 수행자이고 어미 닭은 수행자에게 깨우침의 방법을 일러 주는 스승으로 비유할 수 있다.

제자와 스승이 안과 밖에서 쪼는 행위는 동시에 일어나야 한다. 제자는 안에서 수양을 통해 쪼아 나오고 스승은 제자를 잘 관찰하다가 시기가 무르익었을 때 촌철살인의 깨우침을 주어야 한다. 이 가르침과 배움이 일치해야 제자에게서 비로소 진정한 깨달음이 일어난다. 「벽암록」에 나오는 이 고사에서 줄탁동시(啐啄同時)가 유래하였다.

[예문] 제가 전교에서 1등을 한 것은 선생님의 줄탁동시하는 배려와 보살핌 덕분입니다. 선생님 감사합니다.

8. 촌철살인(寸鐵殺人)

- **훈과 음**: 작을 촌(寸) · 쇠 철(鐵) · 죽일 살(殺) · 사람 인(人)
- **직역/의역**: 작은 쇠붙이로 사람을 죽임/ 짤막한 경구나 단어로 사람을 감동시키거나 사물의 핵심을 드러내는 것

종고가 참선을 논하여 말하기를,

"비유컨대, 어떤 사람이 무기를 한 수레 가득 싣고 와서 하나를 꺼내 휘두르고 또 하나를 꺼내 휘둘러도 사람을 죽이지 못한다. 그러나 나는 한 치 쇳조각만 있어도 사람을 죽일 수 있다."

남송 나대경의 「학림옥로」에 나오는 이야기이다. 이 고사 중 '한 치 쇳조각만 있어도 사람을 죽일 수 있다.'는 말에서 촌철살인(寸鐵殺人)이 유래하였다. 여기서 살인은 실제 죽이는 것이 아니라 마음속의 잡된 생각을 없애고 깨달음에 이르는 것을 말한다. 정신을 집중하고 수행하여 깨달음을 얻는다면 그것이 아주 작은 것이라도 사물을 변화시키고 사람을 감동시킬 수 있다는 말이다. 오늘날에는 짤막한 문구로 사람을 감동시키거나 어떤 일의 핵심을 찌르는 것을 비유하는 말로 쓰인다.

[예문] 대영아, 너는 평소 별로 말이 없으면서 가끔 던지는 말들이 가히 촌철살인이더구나. 감히 네 앞에서 함부로 말을 못하겠어.

부록 4 「사자성어500」속 한자 상식

읽기 전에

사자성어 속 한자의 해석구조를 안다는 것은 사자성어를 좀 더 정확하게 이해하는데 도움이 된다. 그러므로 모든 한자를 다 공부하는 것은 어려운 일이지만 사자성어에 자주 나오는 한자는 꼭 외워둘 필요가 있다. 예컨대 일, 십, 백, 천, 만 등의 숫자나 어조사, 그리고 하나의 사자성어에 동시에 쓰이는 뜻이 반대인 글자들이다.

여기서는 「사자성어500」 안에서 자주 쓰인 한자들을 제시하고 그것들이 어떻게 해석되는 것인지 구조적 특징을 제시하였다.

1. 길이와 거리의 단위 척(尺)과 장(丈), 리(里)

옛날 중국에서는 물체의 길이와 거리를 재는 단위로 척(尺)과 장(丈), 리(里)를 사용하였다. 이를 오늘날 우리가 쓰는 미터법으로 환산하면 1척은 약 30cm, 1장은 10척으로 약 3m이다. 1리는 약 400m이며, 따라서 오리는 2km, 십리는 4km, 천리는 400km이다.

그러나 사자성어에 나오는 이와 같은 단위들은 실제의 크기가 아니라 상황을 과장해서 쓰이는 경우가 많으므로 뜻을 해석할 때 주의가 필요하다.

- 오비삼척(나 吾, 코 鼻, 석 三, 자 尺): 내 코가 석 자(90cm)임/ 내 사정이 급박하여 남의 처지를 돌볼 겨를이 없음.
- 백척간두(일백 百, 자 尺, 장대 竿, 머리/꼭대기 頭): 크기가 30m인 장대 꼭대기/ 매우 위태롭고 어려운 상황에 처함.
- 파란만장(물결 波, 물결 瀾, 일만 萬, 길이 丈): 물결이 30km 높이로 임/ 인생을 살아가면서 수없이 많은 어려움을 겪음.
- 기고만장(기운/기세 氣, 높을 高, 일만 萬, 길이 丈): 기세가 30km 높이까지 이름/ 우쭐하면서 뽐내는 기세가 대단함.
- 오리무중(다섯 五, 거리 里, 안개 霧, 가운데 中): 2km 이내가 안개 속임/ 상황 파악이 안 되고 일의 갈피를 잡기가 어려움.
- 일사천리(한 一, 쏟을 瀉, 일천 千, 거리 里): (강물이) 한 번 쏟아져 400km를 감 / 어떤 일이 거침없이 단 번에 진행이 됨

2. 사자성어 속 숫자 구(九), 百(백), 千(천), 萬(만)의 의미

사자성어에는 숫자가 나오는 경우가 많다. 그 중 구(九)나 백(百), 천(千), 만(萬)의 경우는 숫자 자체의 의미가 아니라 '많은', '무수한', '엄청난', '숱한', '온갖(갖은)' 등의 의미를 지니는 경우가 대부분이다.

- 백난지중(어려울 難, ~의 之, 가운데 中): 백가지 어려운 일 가운데에 있음/ 온갖 어려움을 겪는 중임.
- 천신만고(매울 辛, 괴로울 苦): 천 가지로 맵고 만 가지로 괴로움/ 온갖 어려움을 겪으며 고생함.
- 일파만파(물결 波): 하나의 물결이 만 개의 물결이 됨/ 어떤 하나의 일로 다른 많은 일들이 잇달아 일어나는 것을 비유한 말.
- 구사일생(죽을 死, 한 一, 살 生): 아홉 번 죽다 한 번 살아남/ 죽을 고비를 수없이 넘기고 겨우 살아남.
- 불원천리(아니 不, 멀 遠, 거리 里): 천리도 멀지 않음/ 아주 먼 천리 길도 멀다고 여기지 않음.
- 구우일모(소 牛, 털 毛): 아홉 마리 소의 털 하나/ 아주 많은 것 가운데에서 극히 적은 것 하나 또는 일부분.

3. 之(갈 지)의 뜻과 쓰임

之(갈 지)의 사전적 의미는 '① 갈(가다) ② 이(지시대명사) ③ ~의(조사)'의 세 가지이다. 이 중「사자성어500」에서 ①은 쓰임이 없으며, ②는 4개, ③은 43개가 쓰였다.

3-1. '이(지시대명사)'의 쓰임

- 결자해지(맺을 結, 사람 者, 풀 解): 맺은 사람이 이를 풀어야 함/ 어떤 일이 꼬였을 때 그 일을 저지른 사람이 직접 해결해야 함.
- 경이원지(공경할 敬, 말 이을 而, 멀 遠): 공경하지만 이를 멀리 함/ 어떤 사람을 존경은 하는데 그를 가까이 하지는 않음.
- 역지사지(바꿀 易, 땅 地, 생각 思): 땅을 바꾸어 이를 생각함/ 남과 처지를 바꾸어(상대방의 입장에서) 생각함.
- 일필휘지(한 一, 붓 筆, 휘두를 揮): 붓을 한 번 들어 이를 휘두름/ 붓을 들고 놓지 않은 상태에서 글씨를 단숨에 죽 써 내려감.

3-2. '~의(조사)'가 쓰인 예

- 강호지락(강 江, 호수 湖, 즐거울 樂): 강과 호수에서의 즐거움/ 자연을 벗 삼아 더불어 살

아가는 즐거움.

- 견원지간(개 犬, 원숭이 猿, 사이/틈 間): 개와 원숭이의 사이/ 사이가 몹시 좋지 않은 관계.
- 견토지쟁(개 犬, 토끼 兔, 다툴 爭): 개와 토끼의 싸움/ 사이가 좋지 않은 두 사람(단체)의 싸움으로 제삼자가 이익을 봄. 유래 **7** 참조
- 구화지문(입 口, 재앙 禍, 문 門): 입은 재앙의 문임/ 말을 잘못하면 재앙이 생길 수 있으므로 말을 조심해서 해야 함.
- 낭중지추(주머니 囊, 가운데 中, 송곳 錐): 주머니 속의 송곳/ 능력이 뛰어난 사람은 숨어 있어도 저절로 사람들이 알게 됨. 유래 **26** 참조
- 동량지재(용마루 棟, 대들보 樑, 재목 材): 용마루 대들보의 재목/ 한 나라나 집안을 능히 떠받들어 이끌어갈 능력이 있는 인재.
- 백중지세(맏 伯, 버금/둘째 仲, 기세 勢): 맏이와 둘째의 기세/ 힘이나 세력이 엇비슷하여 우열을 가리기가 어려운 형세.
- 수어지교(물 水, 물고기 魚, 사귈 交): 물과 물고기의 사귐/ 서로 떨어져 살 수 없는 아주 밀접한 관계. 유래 **70** 참조
- 천양지차(하늘 天, 땅/흙 壤, 어긋날/차이 差): 하늘과 땅의 차이/ 매우 차이가 큼.
- 형설지공(반딧불 螢, 눈 雪, 공 功): 반딧불과 눈의 공/ 반딧불과 눈빛으로 글을 읽어 이룬 성공. 갖은 고생을 하며 열심히 공부해 성공함.

4. 而(말 이을 이)의 뜻과 쓰임

而(말 이을 이)의 사전적 의미는 여러 개가 있으나 본 책「사자성어500」에서는 말을 이어주는 접속사로서 '① 그러나 ② 그리고(그러면)'의 2가지가 쓰였다.

4-1. '그러나'의 쓰임

- 노이무공(일할/힘쓸 勞, 없을 無, 공 功): 일은 한다. 그러나 공이 없다/ 애는 썼지만 보람이 없음. 노력은 하지만 이룬 것이 없음.
- 박이부정(넓을 博, 아니 不, 자세할 精): 널리 안다. 그러나 자세히는 아니다./ 널리 알지만 자세히는 모름. 널리 알지만 정밀하지는 않음.
- 빈이무원(가난할 貧, 없을 無, 원망할 怨): 가난하다. 그러나 원망하지는 않는다./ 가난하면서도 남을 원망하지 않음. 🔵 안빈낙도(가난함을 편안하게 여기고 도를 즐김)
- 화이부동(화할/사이좋을 和, 아니 不, 함께 同): 사이가 좋다. 그러나 함께 어울리지는 않는다./ 남과 사이는 좋으나 무턱대고 한데 어울리지는 않음. 🔴 부화뇌동(주관 없이 남이 하는 대로 무턱대고 따라 함)

4-2. '그러고(그러면)'의 쓰임

- 앙천이타(우러를 仰, 하늘 天, 침 뱉을 唾): 하늘을 우러러 본다. 그리고 침을 뱉는다./ 하늘을 우러러(누워서) 침을 뱉음. 남에게 해를 가하려다가 도리어 자기가 해를 입음.
- 갈이천정(목마를 渴, 뚫을 穿, 우물 井): 목이 마르다. 그러면 우물을 판다/ 미리 준비하지 않고 있다가 일이 닥친 뒤에 서두름.

5. 以(이)와 於(어)의 뜻과 쓰임

以(써 이)는 '~로써, ~에서, ~부터'의 사전적 의미가 있으나 본 책에서는 '~로써'의 뜻만 쓰였다. 於(어조사 어)는 '~에, ~에서, ~보다, ~에게' 등의 여러 가지 중 '~에, ~에서'가 쓰였다.

5-1. 以(이)의 쓰임

- 이심전심(마음 心, 전할 傳): 마음으로써 마음을 전함/ 마음과 마음으로 서로 뜻이 통함.
- 이열치열(열/더울 熱, 다스릴 治): 열로써 열을 다스림/ 더울 때는 뜨거운 것으로 추울 때는 찬 것으로 대응하는 것.
- 이이제이(오랑캐 夷, 누를 制): 오랑캐로써 오랑캐를 제압함/ 어떤 적을 이용하여 다른 적을 물리침.
- 이실직고(사실 實, 바를 直, 알릴 告): 사실로써 바르게 알림/ 사실을 바른대로 말함

5-2. 於(어)의 쓰임 (~에서, ~에, ~보다)

- 간어제초(사이/틈 間, 나라이름 齊와 楚): 제나라와 초나라에 끼임/ 약한 자가 강한 자들의 사이에 끼어 괴로움을 당함. 유래 3 참조
- 청출어람(푸를 靑, 날 出, 쪽(남)색 藍): 푸른색은 쪽색에서 나옴/ 쪽(남)색에서 나온 푸른색이 쪽색보다 더 푸름. 제자가 스승보다 더 나음

※ 「청출어람」은 본래 「청출어람 청어람(靑出於藍 靑於藍)」에서 나왔다. 이것은 '푸른색(靑)은 쪽(남)색(藍)에서(於) 나왔으나(出), 쪽(남)색(藍)보다(於) 푸르다(靑).'는 뜻이다. 앞에 쓰인 於(어)는 '~에서'로, 뒤에 쓰인 於(어)는 '~보다'로 읽힌다. 그러나 오늘날에는 '청어람'을 생략하고 '청출어람'만으로도 '청출어람 청어람'의 온전한 뜻을 갖는다.

6. 뜻이 반대인 두 한자가 있는 사자성어

뜻이 반대인 한자어로 이루어진 사자성어의 뜻풀이는 비교적 쉽다. 왜냐하면 글자 그대로 풀이하면 대부분 저절로 뜻이 통하기 때문이다.

1) 東·西 : (동녘·서녘) 동문서답, 동분서주, 성동격서,

2) 內·外 : (안·밖) 내유외강, 외유내강, 내우외환, 외화내빈

3) 大·小 : (크다·작다) 대동소이, 소탐대실, 사소취대, 능소능대, 침소봉대

4) 同·異 : (같다·다르다) 동성이속, 이구동성, 동공이곡, 동상이몽

5) 有·無 : (있다·없다) 유명무실, 유비무환, 유구무언, 유일무이

6) 頭·尾 : (머리·꼬리) 어두육미, 용두사미, 거두절미

7) 進·退 : (나아가다·물러나다) 진퇴양난, 일진일퇴

8) 男·女 : (남자·여자) 남부여대, 갑남을녀, 선남선녀

9) 朝·夕. 暮(저물) : (아침·저녁) 조령모개, 조변석개, 조삼모사

10) 生·死 : (살다·죽다) 사생결단, 취생몽사

11) 公·私 : (공공·개인) 멸사봉공, 선공후사

※ 그 외에 권선징악(착할 善·악할 惡), 전화위복(재앙 禍·복 福), 주경야독(낮 晝·밤 夜), 주객전도(주인 主·손님 客), 좌고우면(왼 左·오른 右), 하석상대(아래 下·위 上) 등이 있다.

저자 약력

    – 서울교대, 한국외대(독일어)

    – 건국대교육대학원(교육학 석사), 숭실대대학원(평생교육학 박사)

    – (전) 동부교육지원청 장학사, (전) 서울면목, 인수초등학교 교장

    – (현) 서울을지초등학교 교장

편집 이임광   **디자인** (주)세원문화사 편집부   **삽화** 이혜진

사자성어 500 이야기

2021년 7월 30일 초판 1쇄 발행

지은이 이광호
펴낸이 김기열
펴낸곳 (주)세원문화사

주　　소 서울특별시 중구 서애로5길 26(필동3가)
대표 전화 02-2265-1141(代)